ERZIEHUNG UND PSYCHOLOGIE

Beihefte der Zeitschrift »Psychologie in Erziehung und Unterricht«
Herausgegeben von Prof. Dr. H.-R. Lückert, Prof. Dr. H. Nickel, Dr. A.-M. Tausch
Nr. 73

WALTER F. NEUBAUER

Selbstkonzept und Identität im Kindes- und Jugendalter

1976

ERNST REINHARDT VERLAG MÜNCHEN BASEL

CIP-Kurztitelaufnahme der Deutschen Bibliothek

Neubauer, Walter F.
Selbstkonzept und Identität im Kindes- und Jugendalter.
  (Erziehung und Psychologie; Nr. 73)
  ISBN 3-497-00780-3

ISBN 3 497 00780 3

© 1976 by Ernst Reinhardt Verlag in München
Satz, Druck- und Bindearbeit: Ilmgaudruckerei Pfaffenhofen/Ilm
Printed in Germany

Vorwort

Die vorliegende Schrift ist die gekürzte und überarbeitete Fassung einer Arbeit, die mit dem Titel »Selbstkonzept und Identität« im Jahr 1971 von der Hochschule für Sozial- und Wirtschaftswissenschaften Linz, der jetzigen Johannes Kepler-Universität, als Habilitationsschrift angenommen wurde. Hauptgrund für die Beschäftigung mit diesem Thema war für mich die unbefriedigende Situation, daß die Begriffe »Selbst« und »Identität« trotz einer beobachtbaren wachsenden Beliebtheit äußerst unterschiedlich verwendet werden. Für die begriffliche Ordnung war es daher zunächst notwendig, unter Bezug auf eine kognitiv akzentuierte Handlungstheorie ein einfaches aber tragfähiges Modell der Person zu entwickeln. Auf dieser theoretischen Grundlage werden dann die Befunde zu den allgemeinen und speziellen Bedingungen der Genese des Selbstkonzepts, das Problem der Identität und die Effekte unterschiedlicher Ausprägungen des Selbstkonzepts behandelt. Den Abschluß bilden Überlegungen zur therapeutischen Beeinflussung des Selbstkonzepts und einige Thesen zum Erzieherverhalten, die aus den Ergebnissen vorhandener empirischer Untersuchungen abgeleitet werden. Diese Thesen sind sicher nicht unproblematisch, da Erziehung immer ein normorientiertes Verhalten darstellt, das unterschiedlichen Zielsetzungen folgen kann. Trotzdem wurde jedoch versucht, dem Problem der Umsetzung in die Praxis bewußt nicht auszuweichen. Die Thesen sind daher als Anstoß zur Reflexion für den Erzieher und als Anregung für weitere Forschung aufzufassen.

Danken möchte ich Herrn Prof. Dr. Th. Scharmann für seine behutsame Betreuung bei der Anfertigung der Habilitationsschrift, sowie Herrn Prof. Dr. K. H. Seifert und Herrn Prof. Dr. R. Wohlgenannt für ihre wohlwollende Förderung und Kritik. Nicht zuletzt danke ich Herrn Prof. Dr. H. Nickel und Herrn Prof. Dr. H. R. Lückert für die wichtigen Anregungen und für das Interesse an dieser Arbeit.

Bonn im Oktober 1975 *Walter F. Neubauer*

Inhaltsverzeichnis

1. **Geschichtliche Entwicklung und Bedeutung des Selbstbegriffs** ... 9
   1.1. Existentielle Erfahrung und Erklärungsansätze ... 10
   1.2. Systematische Ansätze einer Theorie des Selbst ... 15
      1.2.1. Das Konstrukt »Ich« ... 15
      1.2.2. Das Konstrukt »Selbst« ... 16
         1.2.2.1. Personales Selbst ... 16
         1.2.2.2. Soziales Selbst ... 18
   1.3. Umfassende Ordnungsversuche ... 19

2. **Struktur und Funktion des Selbstkonzepts** ... 25
   2.1. Allgemeines Modell der Person ... 25
      2.1.1. Erfahrungserwerb und Entwicklung von Schemata ... 25
         2.1.1.1. Kognitive Schemata ... 26
         2.1.1.2. Nicht-kognitive Schemata ... 27
         2.1.1.3. Erfahrung und Kodierungssysteme ... 28
      2.1.2. Merkmalskonzepte und Bewertungskonzepte ... 29
      2.1.3. Aktivierung der Schemata und Verhalten ... 32
      2.1.4. Lernprozesse und Veränderung der Schemata ... 35
   2.2. Selbstkonzept als persönliches Konstrukt ... 36
      2.2.1. Informationsquellen ... 38
      2.2.2. Selbstkonzept als »Theorie« über sich selbst ... 39
   2.3. Interne Struktur des Selbstkonzepts ... 45
      2.3.1. Formale Funktionen ... 45
         2.3.1.1. »Ich« als Bewußtseins-Subjekt ... 46
         2.3.1.2. »Ich« als Entscheidungsinstanz ... 46
      2.3.2. Inhalt des Selbstkonzepts ... 47
         2.3.2.1. Gegenstandsbezug ... 47
         2.3.2.2. Zentralität ... 49
         2.3.2.3. Subjektive Erwünschtheit ... 51
         2.3.2.4. Extension ... 52
   2.4. Bedeutung der Selbstwertschätzung ... 53

3. **Genese des Selbstkonzepts** ... 59
   3.1. Grundlegende Prozesse ... 59
      3.1.1. Reifungs- und Stabilisierungsprozesse ... 59
      3.1.2. Aufbau von Bezugssystemen ... 61
         3.1.2.1. Egozentrische Bezugssysteme ... 61
         3.1.2.2. Heterozentrische Bezugssysteme ... 63
      3.1.3. Lernprozesse im interpersonellen Kontext ... 65
   3.2. Bedeutung von Bewertungsprozessen ... 66
      3.2.1. Fremdbewertung und Vermittlung von Verhaltensnormen ... 66
      3.2.2. Selbstbewertung und Idealkonzept ... 69

3.3. Experimentierfelder 72
    3.3.1. Entwicklung des Körper-Konzeptes 72
    3.3.2. Gruppenbeziehungen und Entwicklung des Selbstkonzepts . . 78
3.4. Effekte differentieller Sozialisationsbedingungen 87
    3.4.1. Sozioökonomische Variablen 87
    3.4.2. Familienbedingungen 91
        3.4.2.1. Anwesenheit signifikanter Personen 91
        3.4.2.2. Grad der elterlichen Zuwendung 93
        3.4.2.3. Geschwisterposition 95
        3.4.2.4. Stabilität der Primärgruppen 96
        3.4.2.5. Bewertung des Verhaltens 98
        3.4.2.6. Art der Kontrolle 100

4. Das Problem der Identität 102
4.1. Aktuelle und strukturelle Aspekte der Identität 102
4.2. Krisen der Identität und individuelle Entwicklung 105
4.3. Bedingungen des Identitätswandels 112
    4.3.1. Eigenname 112
    4.3.2. Körpergestalt und Aussehen 113
    4.3.3. Besitz 114
    4.3.4. Soziale Beziehungen 115
4.4. Techniken der Identitätsstabilisierung 116
    4.4.1. Eklektizistische Verifikation 116
    4.4.2. Manipulation der erfolgten Bewertung 117
    4.4.3. Abwehrmechanismen 118

5. Auswirkungen unterschiedlicher Selbstkonzepte 120
5.1. Selbstwahrnehmung und Umweltbezug 120
5.2. Soziale Partizipation 123
5.3. Interessen und Leistungseinstellung 126

6. Therapeutische Möglichkeiten einer Veränderung der Selbstwahrnehmung 129

7. Thesen zum Erzieherverhalten 133
7.1. Förderung der eigenen Aktivität des Kindes 133
7.2. Handlungsspielraum und Begrenzung 134
7.3. Ermöglichung von »Origin«-Erfahrungen 135
7.4. Bereitstellung von geeigneten Konzepten 135
7.5. Allgemeine Wertschätzung und Anerkennung von Erfolg . . . 136
7.6. Konsistenz des feedback 137
7.7. Fremdkontrolle und Selbstkontrolle 137
7.8. Selbständigkeit und Erziehung 138

Literaturverzeichnis 139
Namenverzeichnis 151
Sachverzeichnis 154

1. Geschichtliche Entwicklung und Bedeutung des Selbstbegriffes

Die Frage nach der Existenz und nach dem »Wesen« des Menschen als erlebender und sich verhaltender Organismus ist sicher schon so alt wie die Menschheit. Es ist daher nicht verwunderlich, daß entsprechend dem ehrwürdigen Alter dieser Problematik mannigfaltigste Theorien und Erklärungsversuche vorwissenschaftlicher, aber auch wissenschaftlicher Art entwickelt wurden. Dies gilt für den Bereich der Philosophie und der Theologie, aber insbesondere für das Gebiet der Psychologie — seit ihrer Verselbständigung als Wissenschaft.

Die wachsende Bedeutung des Selbst-Begriffes in der Psychologie demonstriert *Viney* (1969) anhand einer Übersicht über die verzeichneten Publikationen im »Psychological Index« und in den »Psychological Abstracts« für den englischsprachigen Bereich. So gibt es nach *Viney* im Psychological Index in den Jahren von 1894 bis 1935 kein Jahr mit mehr als fünf Erscheinungen unter dem Thema »Self«, wobei auch die jeweilige Plazierung dieses Themas hinsichtlich der Kategorisierung im »Psychological Index« einen bemerkenswerten langfristigen Trend erkennen läßt. In den frühen Bänden erscheint »Self-Consciousness« unter der Kategorie »Consciousness« (Bewußtsein), ab der Jahrhundertwende unter »Cognition«. Im Jahre 1910 wurde »Self« eingeordnet unter »Attitudes and Intellectual Activities« und seit 1915 findet man »Self« im Abschnitt »Social Functions of the Individual«. Schon dieser beobachtbare Wechsel der Kategorisierung spiegelt die Entwicklung der psychologischen Theorienbildung wider, läßt aber ebenso zeit-typische Schwerpunkte der Konzeptentwicklung ablesen. Die seit 1927 erscheinenden »Psychological Abstracts« zeigen zwar einen wesentlich geringeren Wandel hinsichtlich der Einordnung, lassen jedoch einen enormen Anstieg der Anzahl von Veröffentlichungen unter den Themen »Self-Consciousness«, »Self-Esteem«, »Self-Image«, »Self-Perception« und »Self-Rating« erkennen. Allein seit 1950 hat sich die Anzahl der einschlägigen Publikationen innerhalb von 10 Jahren verdreifacht (vgl. *Viney*, 1969, S. 349).

Um so auffälliger ist es, daß im kontinental-europäischen, besonders aber im deutsch-sprachigen Bereich mit seiner langen und kontinuierlichen Tradition auf dem Gebiete der Charakterologie und der Persönlichkeitstheorie starke Bedenken gegen die Verwendung des Ich-Begriffes, aber auch des Selbst-Begriffes, vorgebracht wurden (vgl. *Thomae*, 1955, 1965 b, *H. A. Müller*, 1969). *Thomae* nennt als Gegengründe vor allem die Mehrdeutigkeit und die unterschiedliche Verwendung dieser Begriffe, sowie die Gefahr einer unkritischen substantialisierenden oder kausalistischen Verwendung. Wie aus den Arbeiten von *G. W. Allport* (1943), *Coopersmith* (1967), *Diggory* (1966), *Viney* (1969) und aus einer kritischen Anmerkung von *Guilford* (1964) hervorgeht, gelten diese von *Thomae* angeführten Bedenken in gleicher Weise für die Verwendung der Begriffe »Ich« und »Selbst« in der anglo-amerikanischen Literatur. Der Trend zu einem zunehmenden expliziten Bezug auf die Begriffe »Ich« oder »Selbst« als Bezeichnung eines bestimmten

Sachverhaltes trotz vorhandener allgemeiner Bedenken, der sich neuerdings auch bei *Thomae* (1968) deutlich abzeichnet, weist darauf hin, daß die stärkere Berücksichtigung dieses bestimmten Sachverhaltes offensichtlich einer funktionalen Erfordernis folgt.

1.1. Existentielle Erfahrung und Erklärungsansätze

Die Geschichte der Psychologie als der Wissenschaft von der »Seele« ist zugleich eine Geschichte ihres jeweiligen Gegenstandes, seiner Bedingungen und Auswirkungen. Schon immer gab es die merkwürdigen Phänomene des Traumes, des Schlafes und des Todes, die durch ihre Bedeutung für die individuelle Existenz den menschlichen Geist immer wieder beschäftigten und die gerade wegen dieses existentiellen Bezuges zu Deutungen und Erklärungsversuchen geradezu zwingend herausforderten. Das »Urphänomen« *(Goethe)* des Bewußtseins mit seiner eigenartigen, nur der inneren Erfahrung (Introspektion) zugänglichen Qualität in Verbindung mit dem Körper in seiner gegenständlichen Gegebenheit bildete schon immer den Doppelaspekt des Gegenstandsbereiches der Psychologie und der damit gegebenen Problematik des Zusammenhanges von Innen und Außen, des Psychischen mit dem Physischen, ein Problem, das einen wesentlichen Teil der wissenschaftlichen Auseinandersetzung innerhalb der Psychologie ausmacht.

Eine naive, introspektive Untersuchung des *Traumes* zeigt, daß im Traum offensichtlich die Gesetze von Zeit und Raum nicht mehr zu gelten scheinen bzw. daß der Träumende selbst oder ein »Teil« des Träumenden erlebnismäßig den Gesetzen von Zeit und Raum nicht mehr unterworfen zu sein scheint. So kann man sich beispielsweise im Traum an einem sehr weit entfernten Ort aufhalten, während man sich nach dem Aufwachen wieder am gewohnten Ort befindet, ein Erlebnis, das Spekulationen über die »Geschwindigkeit der Fortbewegung« zuläßt. Man kann beispielsweise fliegen und verfügt über Fähigkeiten und Kräfte, die ansonsten nicht zur Verfügung stehen, oder man kann Verstorbene treffen und mit ihnen sprechen. Ferner ist man aber im Traum anscheinend in der Lage, sich seines Leibes zu entäußern und ihn »von außen« (von der Seite, von oben, von hinten etc.) zu erleben und handelnd zu sehen.

Bemerkenswert ist, daß bei einer solchen Konstellation der stofflich gegebene, von außen intersubjektiv unmittelbar beobachtbare Körper und der »Beobachter« getrennt bzw. trennbar erscheinen. Diese Tatsache legt bei einer naiven Interpretation die Vermutung nahe, daß es sich bei Körper (Leib) und »Beobachter« um verschiedene Dinge handeln muß, die zwar prinzipiell trennbar, aber normalerweise merkwürdig vermischt zusammenwirken. »Verifiziert« wird diese These ferner durch die weiteren Beobachtungen, daß im *Schlaf* der »Beobachter« ruht, aber auch der Körper nicht aktionsfähig ist, sowie daß beim *Tode* offenbar dieses formerhaltende Prinzip aus dem Körper entwichen (ausgehaucht!) sein muß, da bald darauf objektiv beobachtbar ein Zerfall dieser körperlichen Form einzusetzen beginnt (vgl. *Hofstätter*, 1957 b).

Es lag daher nahe, ein Prinzip anzunehmen, das diese Merkmale als Eigenschaften enthält, nämlich die *Seele*. Dieses Seelen-Konzept ist nichts anderes als ein theoretisches Konzept, das sich auf subjektiv und objektiv beobachtbares Verhalten stützt (vgl. *Topitsch*, 1972).

Es ist hier nicht der Ort, auf die einzelnen theologischen und philosophischen Konzepte und Ausprägungen der Seelen-Lehre einzugehen, wie sie etwa von *Plato, Aristoteles* und später dann vor allem von *Descartes, Leibniz* und *Spinoza* entwickelt wurden. In ihrer ausdifferenzierten Form läßt sich jedoch nach *Pongratz* (1967, S. 37 f.) für den Seelenbegriff ein Satz von Funktionen herausdestillieren, der für die im einzelnen verschiedenartig konzipierten Systeme zur Erklärung psychischer Erscheinungen mehr oder weniger einheitlich extrahierbar ist. *Pongratz* unterscheidet die folgenden *Funktionen* des Seelenbegriffes:

1. Der Seelenbegriff wird als *Unterscheidungsbegriff* zur Trennung von Psychischem gegenüber dem Körper, aber auch überhaupt gegenüber der materiellen Welt verwendet, beispielsweise bei *Descartes*. In dieser Hinsicht handelt es sich um einen klassifikatorischen Begriff für seelische Erscheinungen.
2. Eine zweite Funktion des Seelenbegriffes ist die Verwendung als Bezeichnung eines *Subjekts*, d. h. eines Trägers und Ursprungs des seelischen Geschehens. In dieser Funktion wird die Seele ursprünglich substantiell betrachtet, sie wird jedoch in der Folgezeit, als man immer mehr von einem substantiellen Seelenbegriff abrückte, durch andere Begriffe ersetzt, die jedoch funktional an die Stelle des alten Seele-Begriffes traten.
3. Ferner verwendet man die Seele als *»Einheitsgrund der seelischen Vorgänge«*. Dies bedeutet, daß phänomenal trotz des steten Wandels und Wechsels der Ereignisse die Einheit des seelischen Geschehens erlebbar ist. *Pongratz* erfaßt unter diesem Aspekt folgende Funktionen:

   a) *Kontinuität des Verlaufs*
   Gemeint ist damit die beobachtbare Kontinuität des seelischen Geschehens über den Zeitablauf hinweg als eine Form der Verbindung von Vergangenheit und Gegenwart. Beispiel dafür ist etwa die Tatsache, daß man einen bestimmten Gedächtnisinhalt wieder als seinen eigenen erkennt, daß man sich für die Zukunft etwas vornehmen und auch verwirklichen kann, daß man ein bestimmtes Objekt wieder erkennt.

   b) *Identität des Subjektes*
   Die Identität des Subjektes bezieht sich auf das Erlebnis, auch im Wandel der Ereignisse immer die gleiche Person zu sein, der diese Ereignisse widerfahren. Identität ist jedoch nicht zu verwechseln mit Unveränderlichkeit. Wenn ich weiß, daß ich immer mit mir selbst identisch bin, heißt das nicht, daß ich hinsichtlich meiner Eigenschaften gleich geblieben bin. Wie ein solches Mit-sich-selbst-identisch-bleiben trotz geänderter Umweltverhältnisse und — damit zusammenhängend — trotz veränderter einzelner Persönlichkeitsmerkmale möglich ist, soll später ausführlicher untersucht werden.

   c) *Konstanz des Objektes*
   Pongratz bezieht sich hierbei auf die Dinge außerhalb der Person, d. h. des »Nicht-Ich«, die eine gewisse Konstanz aufweisen müssen und die durch ihre Konstanz zu einem »Anker« des Erlebnisses der Kontinuität und der Identität werden. Freilich weisen neuere Untersuchungen der Wahrnehmungsprozesse (vgl. *Graumann*, 1956; 1966) mit aller Deutlichkeit darauf hin, daß gerade den subjektiven Faktoren für die Interpretation objektiv gegebener Sachverhalte eine bedeutsame Rolle zukommt, so daß durch die Wirksamkeit von Gestalttendenzen, sowie Stabilisierungs- und Kompensationstendenzen erst die »Konstanz« der Objekte als wahrgenommene Konstanz maßgeblich unterstützt wird. Die Wichtigkeit solcher mehr oder weniger unveränderlicher Objekte für die Erhaltung der Einheit bzw. der wahrgenommen (perzipierten) Identität des Subjektes als Verbindung von Vergangenheit, Gegenwart und Zukunft wird im Zusammenhang mit der Diskussion der »Identitäts-Ausstattung« *(Goffman)* behandelt.

Eine Ablösung des Seele-Begriffes als Bezeichnung des zentralen Gegenstandsbereiches erfolgte dann nach *Pongratz* (1967, S. 38 f.) nicht zuerst von der Psychologie, sondern von der Philosophie durch den Einfluß des englischen Empirismus, des französischen Materialismus, des deutschen Idealismus kantianischer und neukantianischer Prägung, sowie nach 1830 durch den deutschen Materialismus. In der Folgezeit wurde schließlich das Schlagwort von der »Psychologie ohne Seele« geprägt und man distanzierte sich vom substantiellen Seele-Begriff. Es zeigte sich jedoch, daß die ursprünglich dem Seele-Begriff zugedachten Funktionseigenschaften, nämlich als Substratbegriff und als Prinzip der Einheit des seelischen Geschehens, durch neue Begriffe im Rahmen neuerer Theorienbildung abgedeckt werden mußten. An die Stelle des Seele-Begriffes traten in der Folgezeit dann beispielsweise das Gehirn im psychophysischen Materialismus, das Bewußtsein in der klassischen Periode, aber auch das Ich bzw. das Selbst im Rahmen charakterologischer Modellbildung. Obgleich der Ich-Begriff unter dem Einfluß behavioristischer Konzepte zu Gunsten des Organismus-Begriffes etwas in den Hintergrund gedrängt wurde, zeigt aber gerade — wie eingangs erwähnt (vgl. *Viney*) — die Entwicklung in jüngster Zeit, daß der Organismus-Begriff durch eine mehr oder weniger große Anzahl intermediärer Konstruktvariabler abgelöst wird, wobei dem Ich (Ego) bzw. Selbst (self) eine wachsende Bedeutung zukommt.

Da das Ich bzw. Selbst im allgemeinen zumindest hinsichtlich seiner Funktionen und Auswirkungen einen bewußtseinsmäßig gegebenen Tatbestand ausmacht, erscheint es zweckmäßig, zunächst einen kurzen Blick auf die *Merkmale des Bewußtseins* zu werfen (vgl. auch *Diggory*, 1966).

Eine nähere Analyse des Bewußtseins zeigt, daß das Bewußtsein hinsichtlich seines Inhaltes in einen Ich- oder Subjektpol und einen Welt- oder Objektpol unterschieden werden kann. Man spricht demgemäß von einem *Ich-Bewußtsein* und von einem *Gegenstands-Bewußtsein* (vgl. *Pongratz*, 1967, S. 132 f.). Das »Gegenstands-Bewußtsein« bezieht sich darauf, daß ein Objekt beispielsweise als Wahrnehmung im Bewußtsein psychisch präsent ist. Man kann es auch so ausdrücken, daß sich hierbei ein Subjekt auf ein Objekt, das es nicht selbst ist, bezieht. Normalerweise ist jedoch im Gegenstands-Bewußtsein gleichzeitig immer ein Ich-Bezug enthalten, d. h. ich weiß, daß es sich um meine Wahrnehmung, um meine Vorstellung, um mein Gefühl handelt (vgl. *Merleau-Ponty*, 1966). Dies bedeutet, daß die eigene Person im Sinne des »Ich-Bewußtseins« in der Regel bei Wahrnehmungen, Vorstellungen u. a. mehr oder minder »mit-bewußt« ist *(Rohracher)*. Trotzdem gibt es Grenzfälle, bei denen das »Ich-Bewußtsein« so stark in den Hintergrund tritt, daß das Bewußtsein inhaltlich nur durch den Gegenstand erfüllt ist, so daß es beispielsweise zu Wahrnehmungen mit Depersonalisationserlebnissen kommt. Solche Erscheinungen treten vereinzelt in schizophrenen Zuständen, aber typischerweise vor allem auch unter dem Einfluß von Drogen und Rauschgiften wie Mescalin, Heroin etc. auf (vgl. *Jaspers*, 1965, S. 105 f.). In solchen Zuständen erfolgt eine mehr oder weniger totale Identifikation mit dem Wahrnehmungsobjekt oder Vorstellungsobjekt; man *ist* eine Lampe, eine Orange u. a. Zu ähnlichen Depersonalisationserlebnissen kann auch die mystische Versenkung führen, wo im »raptus mentis« der eigene Name, die eigene Person und alle individuellen Besonderheiten »vergessen« werden, eine Technik, die offensichtlich neuerdings bei den »Jesus People« und ähnlichen Bewegungen den Drogengenuß wenigstens partiell abzulösen scheint.

Bei diesen Phänomenen handelt es sich um Erlebnisse im Zustand einer Regression auf eine Stufe der Ungeschiedenheit von Ich und Nicht-Ich, wie sie vermutlich für die ersten Lebenswochen des Kleinkindes und für seine Erlebnisse im perzipierten Zustand des »Ur-Wir« *(Künkel)* zutrifft. Die Bedeutung dieser Phänomene wird im Zusammenhang mit dem Problem der individuellen Identität näher diskutiert.

Ein besonderes Kennzeichen differenzierter Bewußtseinsprozesse ist das Merkmal der *Reflexivität*. »Die gegenständliche Intention biegt sich gleichsam zurück, reflektiert sich auf die Seele und macht nunmehr zum Gegenstande, was Ich, Selbst, Persönlichkeit genannt wird« (*Jaspers*, 1965, S. 90). Dies bedeutet, daß sich das Ich, d. h. der »Beobachter« nach obiger vorläufiger Terminologie, selbst zum Gegenstand macht, indem es sich in ein Subjekt- und ein Objekt-Ich verdoppelt. *Pongratz* hebt hervor, indem er sich auf *E. Cassirer* beruft, daß diese Unterscheidung in ein »Subjekt-Ich« und ein »Objekt-Ich« bereits bei *Leibniz* vorzufinden sei, der zwischen einem »empirischen Ich«, das uns in der inneren Erfahrung gegeben sei, und einem »rationalen Ich«, das eine Voraussetzung für die empirische Identität des Ich sei, unterschied. Mit dieser Unterscheidung hat *Leibniz* die Ich-Lehre *Kants* im wesentlichen vorweggenommen. *Kant* geht bei seinem Ansatz davon aus, daß die Idee des Subjekts, das sich selbst Objekt sei, eine Kontradiktion darstelle (vgl. *Kant,* 1956, S. 431 f.). Er unterscheidet daher das empirische Ich von einem transzendentalen (reinen) Ich als postulierte notwendige Voraussetzung der wahrgenommenen Einheit der Bewußtseinserscheinungen.

Dagegen versuchte *Hume* ohne eine transzendentale Setzung auszukommen, indem er ein solches Selbst-Bewußtsein als Subjekt-Ich ablehnt, da er bei Introspektion lediglich die Bühne des Bewußtseins mit Perzeptionen vorzufinden glaubt. In seinem Buch »A Treatise of Human Nature« (Bk. I, Sect. VI) schreibt *Hume* dazu:

> »For my part, when I enter most intimately into what I call *myself* I always stumble on some particular perception or other ... Were all my perceptions removed, could I neither think, nor feel, nor see, nor love, nor hate ... I should be entirely annihilated. ... If anyone thinks he has a different notion of *himself,* I must confess I can reason no longer with him ... he may perhaps perceive something simple and continued which he calls *himself,* though I am certain there is no such principle in me.« (zit. n. *Johnstone,* 1970, S. 104).

Hume argumentiert damit gegen ein substantielles Selbst, indem er betont, daß die Sukzession der Impressionen nicht irgendjemandem präsentiert sei, sondern daß dieser Ablauf gleichbedeutend mit dem Subjekt sei (vgl. *Diggory,* 1966, S. 7). Die Tatsache, daß *Hume* im Wege der Introspektion dieses Subjekt-Ich nicht beobachten konnte, ist freilich nach *Kant* nicht verwunderlich, da eben dieses nicht als Objekt beobachtbar sei.

Wenngleich hier nicht auf diese Problematik näher eingegangen werden kann, so zeigt sich doch, daß die von *Leibniz* und *Kant* eingeführte Unterscheidung in der nachfolgenden Philosophie und Psychologie des Bewußtseins als Problem wiederkehrt. So glaubt man einerseits nicht ohne die Zusatzannahme eines substantiellen Selbstes bzw. Ich oder eines verbindenden Prinzips beispielsweise als »inexplicable tie« bei *J. Mill* und ähnlich auch bei *J. St. Mill* in Abhebung vom Gegenstandsbewußtsein auskommen zu können. Andererseits wird jedoch von *W. James* im Jahre 1890 vor allem in seiner berühmten Abhandlung über »The pure Ego« (1901, S. 329 f.) ein solches substantielles Selbst oder ein Prinzip der personalen Einheit und Identität radikal abgelehnt. *James* unterscheidet zwar in seinem Ansatz ebenfalls ein wissendes Selbst oder reines Ich (pure Ego), um das der Empiriker weiß, das er aber nicht fassen kann und das sich nach *James* aus dem Strom der Gedanken (»stream of thought«) definiert.

> »This me is an empirical aggregate of things objectively known. The I which knows them cannot itself be a aggregate, neither for psychological purposes need it be considered to be an unchanging metaphysical entity like the Soul, or a principle like the pure Ego, viewed as ›out of time‹. It is a Thought, at each moment different from that of the last moment, but appropriative of the latter, together with all that the latter called its own.« (1901, S. 400).

Diese Differenzierung der mit »Ich« oder »Selbst« bezeichneten typischen Erlebnisse in ein Subjekt-Ich und in ein empirisches Ich oder »me« wurde vor allem von *G. W. Allport* in einem Aufsatz über »The Ego in contemporary psychology« im Jahre 1943 und in seiner Proprium-Theorie (1958, 1970) aufgegriffen und weitergeführt, wo *Allport* ein »wissendes Ich« (Ego as knower) als wissende Funktion deutlich von den anderen Funktionen des Propriums unterschied. Der Verdacht, daß *Allport* mit seiner wissenden Funktion ein substantielles Selbst meint, hat vor allem bei *Mowrer* (1950, S. 204 f.) eine scharfe Polemik hervorgerufen. Tatsächlich hat sich *Allport* nie entschieden und die Frage expressis verbis offengelassen (vgl. 1970, S. 126).

Versucht man eine grundsätzliche zusammenfassende Kritik dieses Abschnittes, so läßt sich Folgendes feststellen:

1. Es gibt eine Klasse von eigenartigen subjektiven Erlebnissen in Relation zur eigenen Person, die durch ihren existentiellen Bezug zu einer Strukturierung und zu dem Versuch einer kognitiven Bewältigung durch begriffliche Einordnung geradezu herausfordern.

2. Die Untersuchung der üblicherweise als »Ich« oder »Selbst« bezeichneten Phänomene durch Introspektion erfolgt erst zu einem Zeitpunkt der menschlichen Entwicklung, an dem durch Lernprozesse im Rahmen des Sozialisationsgeschehens bereits ein etabliertes System kognitiver Ordnungsstrukturen für die zwangsläufige Einordnung von Erlebnissen in verfügbare Kategorien bereitsteht und dessen Wirksamkeit bewußt höchstens partiell beeinflußbar ist.
Dies bedeutet, daß im allgemeinen jedes Ergebnis der Introspektion vom vorhandenen Kategoriensystem sprachlicher und nichtsprachlicher Art mitbestimmt wird.

3. Eine adäquate theoretische Erfassung kommt offensichtlich nicht ohne die Berücksichtigung einer »wissenden Funktion« aus, deren nähere Bestimmung ein philosophisches Problem darstellt, das den eigentlichen Bereich der Psychologie überschreitet. Zweckmäßigerweise wird man allerdings eine solche Zusatzannahme vorziehen, aus der sich empirisch überprüfbare Aussagen ableiten lassen, d. h. man wird letztlich eine pragmatische Entscheidung zugunsten der Position von *W. James* in dieser Frage bevorzugen (vgl. *Wohlgenannt*, 1969).

4. Infolge der aufgezeigten unterschiedlichen individuellen Introspektionsbedingungen kam es im Zusammenhang mit der Verwendung verschiedener Zusatzannahmen und theoretischer Ansätze zur Entwicklung einer Vielzahl divergierender Auffassungen über den mit den Begriffen »Ich« bzw. »Selbst« zu bezeichnenden Sachverhalt. Das Ziel des folgenden Abschnittes ist es daher, die wichtigsten unterschiedlichen Bedeutungen der Begriffe »Ich« und »Selbst« herauszuarbeiten.

1.2. Systematische Ansätze einer Theorie des Selbst

Bevor die wichtigsten vorhandenen systematischen Ordnungsversuche als Ansätze zu einer umfassenden Theorie des Selbst näher behandelt werden können, ist es zweckmäßig, eine Art Bestandsaufnahme der unterschiedlichen terminologischen Verwendung der Begriffe »Ich« und »Selbst« vorzunehmen.

1.2.1. Das Konstrukt »Ich«

Die begriffsanalytische Untersuchung der Verwendung des *Ich-Begriffes*, wie sie neuerdings vor allem von *Thomae* (1965 b), von *Pongratz* (1967) und von *H. A. Müller* (1969) geleistet wurde, zeigt eindeutig, daß von einer auch nur halbwegs ähnlichen oder gar konsistenten Verwendung dieses Begriffes überhaupt nicht die Rede sein kann. Dies gilt sowohl für den Bedeutungsumfang als auch für das Verhältnis zum Bereich des Bewußtseins. Solange die cartesische Position aufrecht erhalten wurde, wonach das Seelische rational sei, kam man in der Regel zu dem Ergebnis, »daß das ›Ich‹ zwar ein unerläßlicher Bezugs- oder Koordinationspunkt der psychischen Vorgänge sei, daß sich darüber hinaus aber nichts über dieses Ich sagen lasse« (*H. A. Müller*, 1969, S. 117). Eine Erweiterung des Ich-Begriffes ergab sich erst durch die Einführung des Unbewußten in den theoretischen Bezugsrahmen durch *Freud*, wonach es Vorgänge gibt, die von der Person nicht als ihre eigenen erlebt oder nicht anerkannt werden. Mit der Einführung des Unbewußten erfolgte damit eine Ausweitung des Ich-Begriffes auf Probleme, die sich aus der dynamischen Beziehung zum Unbewußten ableiten.

Thomae kommt in seiner begriffsanalytischen Untersuchung schließlich zu einer Klassifikation nach sieben verschiedenen Bedeutungen des Ich-Begriffes (vgl. 1965 b, S. 99 ff.):

1. Ich als Inbegriff aller Bewußtseinsinhalte
   Es handelt sich hierbei um eine Gleichsetzung von Ich und Bewußtsein hinsichtlich des Umfanges, wobei das Ich als die Gesamtheit aller einem Individuum präsenten Ich-Inhalte definiert wird. Bei dieser Verwendung wird nach *Pongratz* (1967, S. 136) ein »weitgefaßter« Bewußtseinsbegriff zugrundegelegt.
2. Ich als Bewußtseinssubjekt
   In dieser Form tritt der Begriff vor allem bei *G. Kafka* auf, aber auch bei *W. James* im Sinne des »pure Ego« als das der Beobachtung entzogene Subjekt aller Bewußtseinsvorgänge, d. h. als »wissendes Selbst« nach *Allport*.
3. Ich als »Objekt der Erkenntnis als Gegenstand des Selbstbewußtseins«
   Thomae bezieht sich hier vor allem auf das »me«, das empirische Selbst von *W. James* mit seinen drei Aspekten des materiellen Selbst (material self), des sozialen Selbst (social self) und des geistigen Selbst (spiritual self) als kognitive Abbildungen des Ich.
4. Ich als »Substrat aller Erlebnisse«
   Hier bezieht sich *Thomae* auf die »Phänomenologie des Ich« von *K. Österreich* (1910).
5. Ich als »aktuell erlebte oder ›im Akte sich vollziehende Instanz‹«
   Gemeint ist damit eine Bedeutung des Ich-Begriffes, wie sie in ähnlicher Weise bei *Husserl* und bei *Schilder* verwendet wird. Das Ich wird dabei aufgefaßt als konstant und unveränderlich über die Zeit hinweg, das die Kontinuität des Erlebens von der Vergangenheit über die Gegenwart in die Zukunft hinein garantiere. Im Zusammenhang mit der Identität wird dieses Problem noch näher zu behandeln sein.

6. Ich als entscheidende, neutrale Instanz
Diese Auffassung, wonach das Ich als neutrale Instanz bei Motivkonflikten den Ausschlag gibt, wird vor allem von *Pfänder* vertreten. *Thomae* bemerkt kritisch dazu, daß damit nur ein Teil des Ich erfaßt sei, da sehr viele affektive und emotionale Regungen in einer »konfliktfreien Zone« (*H. Hartmann*) ablaufen.
7. Das Ich als Gegensatz zum »Es«, als »Organ der Realitätsanpassung« *(Freud)* und als Kontrollinstanz
In Anlehnung an *Freud* wird das Ich als Kontrollinstanz bei *Lersch* (1966, S. 498) zu einem formalen Vollzugszentrum des personellen Oberbaues mit den beiden Hauptfunktionen »Wollen« und »Denken«, wobei die »inhaltliche Fülle und Bestimmtheit« nach *Lersch* aus der Thematik der endothymen Erlebnisse entspringt. Insofern, als hier nur auf bestimmte Bewußtseinsinhalte Bezug genommen wird, legt *Lersch* in ähnlicher Weise wie auch *Klages* einen »enggefaßten« Bewußtseinsbegriff nach *Pongratz* seiner Bestimmung des Ich-Begriffes zugrunde.

Aus dieser Vieldeutigkeit des Ich-Begriffes zog *Thomae* im Jahre 1965 die Konsequenz, »man solle diesen innerhalb der Psychologie möglichst meiden, bzw. nur im Zusammenhang mit einem erklärenden Adjektiv gebrauchen« (1965 b, S. 103).

1.2.2. Das Konstrukt »Selbst«

Korrespondierend zur Vieldeutigkeit des Ich-Begriffes lassen sich auch eine Reihe von verschiedenen Bedeutungen des *Selbst-Begriffes* unterscheiden, die sich zum Teil inhaltlich mit den unterschiedlichen Aspekten des Ich-Begriffes überlappen. Der Grund dafür ist darin zu suchen, daß zum Teil eine begriffliche Gleichsetzung zwischen Ich und Selbst vorgenommen wurde, zum Teil aber auch eine abweichende begriffliche Tradition im kontinental-europäischen und im amerikanischen Sprachraum vorherrschend ist. Für die systematische Verwendung des Selbst-Begriffes lassen sich zwei prinzipiell unterschiedliche Auffassungen unterscheiden (vgl. *Neubauer*, 1967), nämlich einmal als *personales Selbst*, als »Kern der Person« (*Seifert*, 1969), und zum anderen als *soziales Selbst* im Sinne des empirischen Selbstes oder »me« nach W. *James*.

1.2.2.1. Personales Selbst

Das *personale Selbst* wurde nach *Seifert* (1969, S. 218 f.) in Fortentwicklung der Innererlebnisse der deutschen Mystik und in Abhängigkeit vom Individualitätsbegriff, wie er sich vor allem in der *Leibniz*'schen Monadologie ausdrückte, konzipiert. In Abhebung vom »Ich« als zumeist formales, kontrollierendes oder steuerndes Prinzip, das jedoch nach *Nietzsche* der »Selbsttäuschung« unterliegt, wird das personale Selbst als »Kernstruktur der Persönlichkeit« (*Revers*, 1953) oder als »wahre« bzw. »eigentliche« Persönlichkeit interpretiert.

C. G. *Jung* schlug daher vor, »die vorhandene, jedoch nicht völlig erfaßbare Gesamtpersönlichkeit als das Selbst zu bezeichnen« (1951, S. 18). Das Selbst ist hierbei eine normative Größe, es ist »empirisch ein vom Unbewußten spontan hervorgebrachtes Bild des Lebenszieles, jenseits der Wünsche und Befürchtungen des Bewußtseins. Es stellt das Ziel des ganzen Menschen dar, nämlich das Wirklichwerden seiner Ganzheit und Individualität mit oder gegen seinen Willen« (1967, S. 111). Das Selbst ist bei *Jung* also die Idee der eigentlichen, integrierten Persönlichkeit, die Einheit von Bewußtsein und Unbewußtem, verdichtet in archetypischen Symbolen, und es repräsentiert das Ziel und den Endpunkt des Individuationsweges. Das Selbst ist nur insofern »potentiell empirisch« (*Jung*, 1960, S. 512; *Jacobi*, 1959, S. 204), als es im Zuge der Selbstwerdung empirische Zustandsänderungen herbeizuführen vermag. *Seifert* (1969, S. 219) betont, daß zwar *Jung* das Verdienst habe, den Selbst-Begriff in die neuere Psychologie eingeführt zu haben, kritisiert aber gleichzeitig, daß bei *Jung* das Selbst als apersonaler Begriff verwendet werde, da es aus der archetypischen Schicht des kollektiven Unbewußten abgeleitet sei, wobei um dieses Selbst als »Zentrum der psychischen Totalität« nicht in einer personalen Auseinandersetzung gerungen werde. Man kann diese Kritik insofern noch weiterführen, als die *Jung*'sche Theorie der Archetypen ex definitione keine differenzierten Hypothesen über die Entwicklung der Individuations-Zielsetzung und ihres Bedingungsgefüges zuläßt, vor allem aber im Hinblick auf den inter-individuellen Kontext kaum eine Möglichkeit für die Ableitung und empirische Überprüfung von sinnvollen Hypothesen bietet. Aus diesem Grunde kommt man nicht umhin, in den Archetypen ein Relikt einer längst überholten Vermögenspsychologie zu sehen. Diesen von *Seifert* kritisierten apersonalen Bezug vermeidet *Lersch,* indem er das personale Selbst als »die eigentliche Mitte der menschlichen Person« definiert. Das Selbst realisiert sich nach *Lersch,* wo endothymer Grund und personeller Oberbau »gegeneinander offen sind und integrativ zusammenwirken« (1966, S. 498). *Lersch* betont außerdem, daß diese Integration sich vor allem im Hinblick auf die Gegensätzlichkeit zwischen der Thematik des individuellen Selbstseins und der des Über-sich-hinaus-seins vollzieht, wobei gerade diese Integration »zur Mitte des personalen Selbstes und zur Einheit der Person nicht von vornherein gegeben, sondern dem einzelnen Menschen recht eigentlich *aufgegeben* ist« (S. 499). Ähnlich wird der Begriff des Selbst von W. *Arnold* (1969) gefaßt, der ihn weitgehend identisch mit dem Begriff Person setzt.

Das Konzept der *Selbst-Verwirklichung* oder *Selbst-Aktualisierung,* d. h. sein »wirkliches« Selbst zu entdecken und im Laufe des Lebens zu verwirklichen, wurde dann vor allem im Bereich der Tiefenpsychologie und der Psychotherapie aufgegriffen und weiter entwickelt. Nach *Cofer* und *Appley* (1964, S. 656 f.) sind hier vor allem zu nennen *K. Goldstein* (1939) mit seiner These der »self-actualisation«, *E. Fromm* (1941) mit dem Konzept der »productive orientation«, *D. Snygg* und *A. Combs* (1949) mit dem Konzept der »preservation and enhancement of the phenomenal self«, sowie *K. Horney* (1950), die von dem »real self« und seiner Realisierung spricht. Besonders sind hier auch die theoretischen Konzepte von *C. Rogers, A. Maslow* (1954, 1973) und *G. W. Allport* (1955 bzw. 1958) mit dem Konzept des »creative becoming« zu nennen. Ähnliche Anliegen vertraten auch *A. Adler, O. Rank, H. S. Sullivan,* aber auch *Ch. Bühler* (1969) mit dem Konzept der »Selbst-Erfüllung« im Zusammenhang mit ihrer Theorie der menschlichen Entwicklung.

Wesentliche Impulse für eine Theorie der »Selbst-Gestaltung« und »Selbst-Entfaltung« (*H. A. Müller,* 1961; *E. Höhn,* 1959) wurden auch von der Existenzphilosophie geleistet, wobei vor allem *Jaspers, Heidegger, Sartre,* aber auch *Tillich* anzuführen sind.

Als relevanten gemeinsamen Grundgedanken dieser theoretischen Ansätze für den vorliegenden Zusammenhang läßt sich als Forderung das Hauptziel herausarbeiten, die eigene Existenz zu verwirklichen, um der »Uneigentlichkeit des Man« zu entfliehen und dadurch zur Freiheit zu gelangen. In einer Formulierung von *Kierkegaard* würde das heißen, verzweifelt man selbst zu sein. »Die Existenz bedeutet jenen innersten Kern im Menschen, der auch dann noch unberührt übrig bleibt, ja dann überhaupt erst richtig erfahren wird, wenn alles, was der Mensch in dieser Welt besitzen und an das er zugleich sein Herz hängen kann, ihm verloren geht oder sich als trügerisch erweist« (*Bollnow*, 1953).

Evidenz für die Ansicht, das Selbst als Entwicklungsprinzip bzw. die Realisierung des eigentlichen Selbstes als Entwicklungsziel zu betrachten, gewinnen die meisten der genannten Autoren vor allem aus der Tatsache, daß bei neurotisch gestörten Menschen immer eine Diskrepanz zwischen dem »eigentlich« zu verwirklichenden Ideal in Form des »wahren« Selbstes oder eines Ideal-Konzeptes und dem tatsächlich gelebten Daseinsvollzug bzw. dessen individuelle Wahrnehmung festzustellen ist, deren Reduzierung jedoch auf Grund des augenblicklichen, pathologischen Zustandes nicht erreicht werden kann (*Maslow; Maslow* und *Mittelmann; Rogers* und Mitarbeiter; *Sullivan* u. a.).

Untersuchungen von *Butler* und *Haigh* (1954), *Chodorkoff* (1954) und *Rudikoff* (1954) über das Selbst- und das Ideal-Bild zeigten, daß nach einer erfolgreichen psychotherapeutischen Behandlung eine signifikante Annäherung beider Konzepte stattgefunden hatte. Diese Befunde sind jedoch insofern nicht eindeutig als Beleg für diese Auffassung heranzuziehen, als sich dabei zeigte, daß die Annäherung des Selbst- und des Ideal-Konzeptes durch die Veränderung des Selbstkonzeptes in Richtung eines weitgehend stereotypen, d. h. allgemeineren Idealkonzeptes erfolgte. Dieses Ergebnis legt aber nahe, daß das »wahre« Selbst als idealisiertes Bild der eigenen Person vom existentiellen Standpunkt aus eher nicht-individuell strukturiert und mehr oder weniger gruppenspezifische Ähnlichkeit aufweisen würde. Auf die Bedeutung dieser Befunde wird bei der Entwicklung des eigenen theoretischen Modells und bei seiner Diskussion näher eingegangen.

1.2.2.2. Soziales Selbst

Die zweite grundsätzliche Bedeutung des Selbst-Begriffes als *soziales Selbst* knüpft an die Ausführungen von *W. James* aus dem Jahre 1890 über das »social self« als Konstituent des empirischen Selbstes oder »me« an, das sich in Abhängigkeit vom Urteil der Interaktionspartner entwickelt. Diese Aufeinanderbezogenheit von »Selbst« und »anderer Person« (alter) wurde dann besonders von *Baldwin* im Jahre 1897 herausgearbeitet (vgl. *Baldwin*, 1968). Die Theorie des sozialen Selbstes wurde später von *Ch. Cooley* (1904 bzw. 1922) mit seiner Theorie des »Spiegel-Selbst« (looking-glass self) aufgegriffen und vor allem durch *G. H. Mead* (1934 bzw. 1963) näher ausgeführt und expliziert. Das soziale Selbst entwickelt sich demnach aus den Erfahrungen und Bewertungen von »signifikanten« Personen *(Mead)*, nach *James* aber speziell unter dem Einfluß von geliebten Personen (1901, S. 294), und enthält das perzipierte Bild der eigenen Person in den Augen der Interaktionspartner. Eine Person hat nach dieser Theorie »soviele soziale Selbste als es Individuen gibt, die sie anerkennen (recognize) und sich ein Bild über sie machen« (*James*, 1901, S. 294). Insofern, als das Individuum durch die bewußte Steuerung seines eigenen Verhaltens bzw. durch die Art seiner »Präsentation« *(Goffman)* einen Einfluß auf das Bild der eigenen Person bei seinen jeweiligen Interaktionspartnern nehmen kann, d. h. insofern das sich präsentierende Individuum eine bestimmte »Rolle« (vgl. *Sader,* 1969) spielt, besteht ein sehr enger inhaltlicher Bezug zwischen dem präsentierten sozialen Selbst und dem Begriff der »Persona« bei *C. G. Jung.* Eine genauere Analyse dieser Relationen wird im systematischen Teil gegeben.

Eine Weiterentwicklung dieses theoretischen Ansatzes zu einer Theorie des sozialen Verhaltens erfolgte vor allem durch den »symbolischen Interaktionismus« im Anschluß an *G. H. Mead* (vgl. *Goffman,* 1969; *Stryker,* 1970; *Krappmann,* 1971), wobei die Beziehung zwischen dem subjektiv registrierten Verhalten der eigenen Person und dem Verhalten der jeweiligen Interaktionspartner im Zusammenhang mit den antizipierten, gemutmaßten Reaktionen im Wege des »roletaking« *(Mead)* im Mittelpunkt der Theorie steht (vgl. auch *Lindesmith* und *Strauss,* 1974).

1.3. Umfassende Ordnungsversuche

Die unterschiedliche Verwendung sowohl der Begriffe Ich (Ego, I) und Selbst (me, self) in den verschiedenen theoretischen Systemen führte dazu, daß nach *Guilford* (1964, S. 25) nicht einmal zwei Autoren völlig darin übereinstimmen, was jeder der Begriffe eigentlich bedeutet und wo er anzuwenden sei. Um einen Überblick zu gewinnen, der schließlich in einen eigenen Ordnungsversuch ausmünden soll, seien daher zunächst die wichtigsten systematischen *Ordnungsversuche* als theoretische Ansätze einer umfassenden Theorie des Selbst von *G. W. Allport, Vernon,* sowie die sich explizit auf *Thomae* beziehende Systematik von *Pongratz* dargestellt und auf Übereinstimmungen geprüft.

G. W. Allport veröffentlichte im Jahr 1943 seine inzwischen klassische Abhandlung über »The Ego in contemporary Psychology« (wiederabgedruckt 1960), in der er eine Analyse der wichtigsten Ich- bzw. Selbst-Begriffe vornahm. Die Weiterentwicklung dieses Ansatzes führte dann zu seiner »Proprium-Theorie« in dem 1955 erschienenen Buch »Becoming« (dt.: »Werden der Persönlichkeit«, 1958), deren letzte Fassung in dem Buch »Pattern and Growth in Personality« (dt.: »Gestalt und Wachstum in der Persönlichkeit«, 1970) vorliegt.

Der Ausdruck »Proprium« stammt ursprünglich von Emanuel *Swedenborg* (1907) und dient bei *Allport* zur Bezeichnung des einmalig Individuellen des Menschen. *Allport* unterscheidet im ganzen acht Aspekte oder Funktionen des Propriums, die hier in der von *Allport* vorgenommenen Reihung kurz skizziert seien:

Als erste Funktion nennt *Allport* den *Körpersinn* (1958) oder das *körperliche Selbst* (1970). Diese Funktion entspricht dem Körper-Selbst als Teil des »material self« bei *W. James,* sowie dem »Körperschema« nach *P. Schilder.* Dieses Körper-Selbst bleibt unser Leben lang ein »Anker« für das Bewußtsein von uns selbst (1958, S. 45), wird jedoch erst im Laufe der Entwicklung erworben, wenn das Kind die dem Körper verbundenen sensorischen Ereignisse als eigene erkennen und lokalisieren kann. Als zweiten Aspekt nennt *Allport* die *Selbst-Identität.* Auch die Selbst-Identität muß erst entwickelt werden und bleibt bis zum vierten oder fünften Lebensjahr instabil. Wichtige Anker für die Identität sind nach

Allport der Eigenname der Person, aber auch Kleidung und soziale Wechselwirkung. »Wie groß die Schwierigkeit ist, daß sich in der Kindheit Selbst-Identität entwickelt, zeigt sich darin, wie leicht ein Kind sich in Spiel und Rede entpersönlicht« (1958, S. 46).

Der dritte Aspekt des Proprium ist die *Ich-Erhöhung* (1958) oder *Selbstachtung* (1970), womit bei *Allport* einerseits die etwa ab dem Alter von zwei Jahren auftretenden Tendenzen gemeint sind, Tätigkeiten alleine ohne Hilfe von anderen ausführen zu wollen, aber auch Phänomene wie Egoismus, Selbstsucht und Narzißmus.

Eine andere Dimension umfaßt der vierte Aspekt des Propriums, nämlich die *Ich-Ausdehnung*. Während die bisher genannten Aspekte entwicklungspsychologisch relativ früh auftreten, kommt es im Laufe der weiteren Entwicklung durch den Umgang mit Personen und Objekten allmählich zu einer Ausdehnung des Bereiches, den eine Person als »mein« apostrophiert, wobei sich dieser Bereich über den eigentlichen Besitz hinaus auf Familie, Heimat, Tätigkeitsbereich usw. erstrecken kann.

Das *rationale Ich* nennt *Allport* als fünften Aspekt des Propriums. Es handelt sich hier um das denkende Ich als einer organisierenden Instanz im Sinne *Freuds*, das Lösungen herbeiführen und Pläne entwickeln kann, jedoch nach *Allport* eher in einer passiven Art solche Leistungen erbringt.

Das *Selbst-Bild* wird als sechstes unterscheidbares Merkmal des Propriums genannt. Es entspricht dem phänomenalen Selbst nach *Snygg* und *Combs* (1949) und beinhaltet die Art und Weise, wie sich ein Individuum selbst sieht, sowie welche Fähigkeiten, Rollen etc. es sich selbst zuschreibt. Darüber hinaus impliziert aber das Selbst-Bild nach *Allport* auch Aspirationen in der Gestalt eines idealisierten Selbst-Bildes im Sinne von *K. Horney*. »Das ideale Selbst-Bild ist also sozusagen der Zukunfts-Aspekt des Propriums« (*Allport*, 1958, S. 48).

Das *Eigenstreben* (1958) oder das *propriate Streben* (1970), im ursprünglichen Ansatz als »Ego as a ›fighter for ends‹« bezeichnet, umfaßt als siebtes Merkmal den teleologischen Aspekt des Individuums, d. h. den Aspekt der Selbstverwirklichung im Gegensatz zur »opportunistischen Anpassung«. *Allport* weist in diesem Zusammenhang besonders auf *McDougall's* Gesinnung der Selbstachtung (self-esteem, self-regard) hin, sowie auf die Möglichkeit einer Verwirklichung von langfristigen Interessen und Lebenszielen auch angesichts großer äußerer Widerstände. An anderer Stelle (*Allport*, 1958, S. 64) führt er sogar an, daß die Ziele des Eigenstrebens — genau gesehen — nicht erreichbar seien, eine Formulierung, die in ähnlicher Form bereits bei *W. James* aufscheint, wonach das »potentielle Selbst« eine reine Möglichkeit darstellt, deren Realisierung vom Individuum zumeist nur erhofft wird (*W. James*, 1901, S. 315).

Schließlich nennt *Allport* als letzten Aspekt des Propriums das *wissende Ich*, das dem »pure Ego« bei *William James* entspricht. »Das Selbst als Wissender erhebt sich als endgültiges und unumgängliches Postulat« (*Allport*, 1958, S. 52). Die wissende Funktion entspricht also dem Subjekt-Ich, das die übrigen sieben Funktionen registriert.

Es kann bereits an dieser Stelle kritisch zu dem *Allport*'schen Ansatz einer umfassenden Theorie des Selbst angemerkt werden, daß zwar nach der Art eines »systematischen Eklektizismus«, wie *Allport* das Vorgehen selbst nennt, versucht wurde, alle relevanten Daten zu sammeln und ungefähr nach dem Zeitpunkt ihres Auftretens innerhalb des Ablaufes der individuellen Entwicklung zu ordnen. Dies bedeutet allerdings nicht, daß damit etwas über die Relationen der einzelnen Funktionen ausgesagt ist, wenn man von der Aussage absieht, daß die restlichen sieben Aspekte der wissenden Funktion irgendwie präsent seien.

Einen ähnlichen, jedoch gekürzten Katalog legt *Vernon* (1964, S. 115 f.) vor, wobei er auch auf *G. W. Allport* Bezug nimmt, aber nur zu fünf Funktionen gelangt. Bei der hier vorgenommenen Beschreibung wird ebenfalls die ursprüngliche Reihenfolge von *Vernon* beibehalten.

Als erste Funktion nennt *Vernon* das »*Selbst als zur-Kenntnis-nehmendes*« (self as perceiver). Diese Funktion des Selbst bezieht sich darauf, daß die äußere Welt, aber auch die eigenen Gedanken und Gefühle »wahrgenommen« werden. Es handelt sich hier also um die Funktion des Subjekt-Ich, die dem »wissenden« Ich bei *Allport* entspricht.

Als zweiten Aspekt des Selbst führt *Vernon* das »*Gefühl des ›mein‹*« (feeling of »me«) an. Der genannte Aspekt umfaßt alle jene Bereiche und Gegenstände, die ich als zu mir gehörig betrachte, wobei *Vernon* in erster Linie an die Körperempfindungen wie Schmerz u. a. denkt. Diese Funktion ist ein klassischer Aspekt, der bereits von William *James* der Definition des Selbstes unterlegt wurde und der bei *Allport* in der, allerdings dynamischen, Funktion der Ich-Ausdehnung erfaßt wurde.

Die dritte Funktion bei *Vernon* ist das »*Selbst als Objekt oder Bild*« (self as object or image). Diese Funktion entspricht dem Selbst-Bild bei *Allport* oder allgemeiner dem Selbst-Konzept. *Vernon* warnt hier allerdings davor, in diesem phänomenalen Selbst-Bild etwa im Sinne von *Snygg* und *Combs* das ganze »wirksame« (effective) Selbst zu sehen, da nach *Hilgard* (1968) auch mit verdrängten Teilen infolge der besonders durch *Freud* nachgewiesenen Wirksamkeit der Abwehrmechanismen gerechnet werden muß, obwohl auch gerade diese Teile weiterhin das individuelle Erleben und Verhalten zu beeinflussen vermögen. *Vernon* führt daher eine zusätzliche Differenzierung in verschiedenen Stufen dieser Funktion des Selbst (levels of self) ein:

a) *Soziale Selbste;* diese entsprechen dem »social self« von W. *James* und werden von *Vernon* dem Rollenbegriff gleichgesetzt.
b) Der »*wahre*« *Kern* oder das *zentrale* bzw. *private Selbst* (»real« core or central self, private self). Hierbei handelt es sich um ein Bild darüber, wie man »eigentlich« ist oder wie man sich vielleicht im Kreise der engsten Bekannten gibt oder von diesen eingeschätzt wird.
c) Das »*einsichtige Selbst*« (insightful self). Diese Stufe zeigt sich im Gefolge einer psychotherapeutischen Behandlung (vgl. *Rogers* u. a.).
d) Das *Tiefenselbst* (»depth self« oder »repressed self«). Dieses Tiefenselbst oder verdrängte Selbst umfaßt den Anteil des Selbstes, der grundsätzlich nach *Vernon* phänomenal nicht erfaßt werden kann, auch nicht in therapeutischen Situationen, wie dies für das »einsichtige« Selbst zutrifft.

Alle hier aufgeführten Stufen des Selbst zusammen machen dann erst das »erschlossene« (inferred) Selbst nach *Hilgard* (1968) aus. Ähnliche Unterscheidungen, vor allem zwischen zentralen und peripheren Aspekten des Selbst wurden von *Goffman* (1967, 1969), *D. R. Miller* (1963) und von *Krappmann* (1971) vorgenommen. Die Differenzierung stützt sich auf die Tatsache der Möglichkeit einer mehr oder minder willkürlich manipulierten »Präsentation« *(Goffman)* vor allem im sozialen Kontext, die man etwa in Anlehnung an *Lersch* auch als das Problem der »Echtheit« oder »Unechtheit« eines gezeigten Verhaltens interpretieren könnte. Die Bedeutung dieser Möglichkeit einer bloßen Übernahme von Verhaltensmustern in Abhängigkeit von wechselnden situativen Bedingungen im Hinblick auf eine positive Präsentationswirkung und die dabei bestehenden Gefahren für die Personalisation wurde besonders von *Th. Scharmann* (1963 a; 1963 b; 1966 b) wiederholt herausgearbeitet. An einem ähnlichen Konzept orientiert sich auch *Riesman* (1957) mit dem Ideal einer »autonomen Persönlichkeit«. Auf diese Problematik wird jedoch im systematischen Teil noch näher einzugehen sein.

Als vierte Funktion nennt *Vernon* »die Einstellung oder das Gefühl der *Selbstwertschätzung*« (the attitude or sentiment of self-esteem). Es handelt sich hierbei um ein fundamentales Phänomen, daß sich die eigene Person einem bestimmten Grad der Wertschätzung zuordnet. Diese Funktion entspricht dem »Eigenstreben« bei *Allport*, allerdings in einer allgemeineren Form. *Vernon* konstatiert lediglich die Tatsache einer individuellen Wert-Zuordnung zur eigenen Person, während bei *Allport* ausdrücklich auf den Zukunftsbezug hingewiesen wird.

Schließlich nennt *Vernon* als letzte Funktion das »Selbst als *Vollzugsorgan* oder *Motivator*« (self as executive or motivator), also in der Funktion des Ausgangspunktes zentraler Motivationssysteme. In diesem Fall wird das Selbst als »bewirkende Struktur« *(Thomae,* 1965 b, S. 106) aufgefaßt; es entspricht damit dem »self as doer« von *Hall* und *Lindzey* (1965).

Auch der Ordnungsversuch von *Vernon* stellt, ähnlich wie der etwas differenziertere von *Allport*, streng genommen nur einen Katalog von allgemein in der Literatur dem »Ich« oder »Selbst« zugeschriebenen Funktionen oder Merkmale dar, wobei versucht wurde, die Mannigfaltigkeit der genannten Eigenschaften unter eine überschaubare Anzahl kategorialer Funktionen zu subsumieren. Freilich handelt es sich dabei aber trotzdem nur um eine akzentuierende Deskription offensichtlich relevanter Merkmale, die aber bei beiden Ordnungsversuchen weder explizit noch implizit — etwa durch die Reihung der Hauptaspekte — eine befriedigende Systematik oder Aussagen über den systematischen Zusammenhang der extrahierten Hauptfunktionen oder Hauptaspekte erkennen lassen.

Ähnliches gilt übrigens auch für den Definitionsversuch von *H. B. English* und *A. C. English* (1958, S. 485).

Zur Ergänzung und zur weiteren Gewinnung relevanter Merkmale soll noch der Systematisierungsversuch von *Pongratz* (1967, S. 147 ff.) herangezogen werden. *Pongratz* stellt im Anschluß an seine sehr verdienstvolle Analyse vorhandener Ich- und Selbst-Konzepte unter Bezugnahme auf *Thomae* folgende »Grundzüge« des »Ich« heraus:

1. *Zentralität:* Im Gegensatz zu den peripheren Prozessen sind alle ich-haften Prozesse für das Individuum zentral, bedeutsam und »kernnah«.
2. *Aktualität: Pongratz* schließt sich hier ausdrücklich *Thomae* an, der eine aktual-dynamische Interpretation des Ich vorschlägt, um auf alle Fälle eine explizite oder implizite Annahme eines substantiellen Ich zu vermeiden. Dies besagt, daß das Ich wie bei W. *James* nur durch den Ablauf der psychischen Prozesse definiert sei.
3. *»Sozialität des Ich«:* Dieses Merkmal bezieht sich auf die Theorie des sozialen Selbstes nach W. *James,* wird aber von *Pongratz* recht einseitig im Sinne einer »Entwicklung durch Prägung« *(Thomae)* interpretiert. Es wird dabei de facto von einem per-

sönlichkeitstheoretischen Standpunkt ausgegangen, wonach die soziale Umgebung bestenfalls »prägenden« Einfluß etwa im Sinne von *K. Lorenz* auszuüben vermag. Die grundlegenden Prozesse einer aktiven Auseinandersetzung zwischen dem Individuum und seiner sozialen Umwelt werden dabei ebensowenig berücksichtigt wie die entsprechenden theoretischen Ansätze. So hat in den letzten Jahren vor allem *Th. Scharmann* in einer Reihe von Veröffentlichungen mit seiner Theorie der »sozial-individualen Integration« die dialektische Beziehung zwischen Individuum und Gesellschaft eingehend behandelt (vgl. *Th. Scharmann*, 1954, 1959 a, 1963 a, 1963 b, 1966 b). Die Vernachlässigung dieser dynamischen Beziehung zwischen Individuum und Gesellschaft wird besonders von *H. Kilian* (1971) in seinem Ansatz einer »dialektischen Sozialpsychologie« scharf kritisiert, da vor allem im Zusammenhang mit einem individualistisch-subjektivistischen Standpunkt ein ahistorisches Realitätsmodell impliziert sei, das »die psychische Repräsentanz psychosozialer Strukturen und Prozesse der Geschichte« unberücksichtigt läßt.

4. *Individualität:* Das Merkmal der Individualität bezieht sich auf den Einzelnen in seiner Einmaligkeit und Unverwechselbarkeit mit anderen.
5. *Identität:* Das Erlebnis, mit sich über den Ablauf der Zeit hinweg »identisch« zu sein, ist ein weiterer wesentlicher Aspekt des Ich nach *Pongratz*. Er betont dabei besonders, daß das Merkmal »Identität« nicht verwechselt werden darf mit Unveränderlichkeit, denn die Identität erreicht »ihre Hochform überhaupt erst, wenn sie über aller Veränderung, die auch das Ich erleidet, erhalten bleibt« (1967, S. 148).
6. *Subjekthaftigkeit:* Subjekthaftigkeit meint nach *Pongratz*, daß das Ich der erlebte Träger psychischer Ereignisse und der Verhaltensweisen sei. Sie beruht auf der Abgehobenheit des Ich vom Nicht-Ich und zeichnet sich nach *Pongratz* durch Reflexivität aus.

Im Vergleich zu den Systematisierungsversuchen von *G. W. Allport* und *Vernon* enthält die Zusammenstellung von *Pongratz* sehr abstrakte Merkmale als »Teilbestimmungen« des Ich, die im wesentlichen wohl Merkmale des Ich bezüglich des aktuellen Erlebnisvollzuges darstellen, aber kaum einen Bezug auf strukturelle Merkmale wie beispielsweise das Selbst-Bild aufweisen. Die einseitige prozessuale Betonung und die weitgehende Vernachlässigung sozialer Interdependenzen macht es auch verständlich, wieso bei *Pongratz* die evaluativen Aspekte einer subjektiven Wertigkeitsschätzung im Sinne des Selbstwertgefühls (self-esteem), aber auch die motivationalen Aspekte im Hinblick auf die Erhaltung oder Steigerung eines bestimmten Selbst-Wertes im Sinne des »Selbstwertstrebens« (*W. Keller*, 1963) oder einer Selbst-Vervollkommnung (*G. W. Allport* u. a.) kaum berücksichtigt werden oder zumindest nicht expressis verbis herausgearbeitet werden.

Die hier diskutierten Ordnungsversuche als Ansätze einer umfassenden Theorie des Selbst lassen erkennen, daß für die Systematisierung recht unterschiedliche Kriterien zugrunde gelegt wurden. Während *Pongratz* mit seinem Vorschlag hinsichtlich der »Teilbestimmungen« des Ich oder Selbst im wesentlichen von aktuellen, prozessualen Gegebenheiten ausgeht, wird bei *Vernon*, aber besonders bei *G. W. Allport* ein umfassenderer Ansatz versucht, der sich auch auf strukturelle Merkmale bezieht. Trotzdem muß als Kritik auch bei diesen Ordnungsversuchen angemerkt werden, daß eigentlich kein Versuch unternommen wird, die einzelnen genannten Funktionen oder Merkmale aufeinander zu beziehen bzw. ihre Relationen zu definieren. Ausgenommen davon ist lediglich die Bemerkung *Allports*, daß das Selbst-Bild jenes Bild sei, »das sich die wissende Funktion von dem Rest des Propriums macht« (1958, S. 56).

Aufgrund dieser unbefriedigenden Situationen und unter dem Zwang der Notwendigkeit eines geschlossenen theoretischen Systems zur Ableitung weiterführender Hypothesen soll, trotz großer Bedenken angesichts der Vielfalt vorhandener, divergierender begrifflicher Auffassungen, ein eigener zusammenfassender Ansatz versucht werden.

2. Struktur und Funktion des Selbstkonzepts

Um die Bedeutung des Selbstkonzepts und seiner Substrukturen für die invididuelle Verhaltensorientierung aufzeigen zu können, ist es aus systematischen Gründen erforderlich, zunächst ein allgemeines Modell der Person zu entwickeln. Es wurde dabei angestrebt, eine Theorie des »Selbstes« in den Rahmen einer sozialpsychologisch akzentuierten kognitiven Orientierungs- und Handlungstheorie zu stellen. Maßgeblichen Einfluß auf die Gestaltung des allgemeinen Modells hatten *Piaget* (1966, 1969), *Kelly* mit seiner Psychologie der persönlichen Konstrukte (1955), *Kaminski* mit seinen Arbeiten über kognitive Ordnungsprozesse und Ordnungsstrukturen (1959, 1964, 1970), das »psychologische Modell« von *Tolman* (1962), die »Medientheorie der psychologischen Repräsentation« von *Bruner* et al. (1971) sowie die vorhandenen theoretischen Ansätze und systematischen Ordnungsversuche zur Psychologie des Selbst.

2.1. Allgemeines Modell der Person

Versucht man, ein allgemeines Modell der Person zu entwickeln, so kann man zunächst davon ausgehen, daß auf eine Person (oder ganz allgemein auf einen Organismus) von außen bestimmte *Reize* (als Eingabedaten, »in-put«) einwirken und daß die Person darauf mit *Verhalten* (als Ausgabedaten, »out-put«) reagiert. Reize und Verhalten sind dabei unmittelbar beobachtbar, während die Verarbeitungsprozesse in der Person selbst (»black box«) nicht unmittelbar der Beobachtung zugänglich sind. Es erweist sich daher als notwendig, *Konstrukte* einzuführen, um diese nicht unmittelbar beobachtbaren Prozesse innerhalb der Person zu erfassen (vgl. *Schneewind,* 1969). Um anhand des allgemeinen Modells die Struktur und die Funktion des Selbstkonzepts aufzeigen zu können, wird auf das Konstrukt »kognitives Schema« *(Piaget)* zurückgegriffen, wobei es sich allerdings als zweckmäßig erwies, den Schema-Begriff wesentlich auszuweiten, um die Wirkungsweise des Selbstkonzepts im Rahmen der hier angestrebten kognitiven Handlungstheorie im Modell möglichst umfassend abbilden zu können. Obwohl für die verwendeten Konstrukte eine ausreichende empirische Evidenz vorliegt, ist der hier vorgelegte Versuch lediglich als heuristisches Modell aufzufassen, das in diesem Kontext vor allem der Veranschaulichung und der Vereinfachung des äußerst komplexen Sachverhaltes dienen soll.

2.1.1. Erfahrungserwerb und Entwicklung von Schemata

Jeder Mensch (und ganz allgemein jeder Organismus) ist in der Lage, über seine verschiedenen Sinnessysteme Informationen aufzunehmen, diese Informationen zu verarbeiten und auch zu speichern. Die Möglichkeit zur Speicherung von Informationen wird üblicherweise als »Gedächtnis« bezeichnet. Im Laufe der Auseinandersetzungen des Individuums mit der Umwelt als »Nicht-Ich«, d. h. mit Sachen und Personen, bilden sich konkrete Erfahrungen im Umgang mit diesen Gegenständen heraus, die sich auf die Gegenstände selbst und auf ihre Relation zum erlebenden Individuum beziehen. Diese Erfahrungen betreffen also einerseits Strukturierungsvorgänge der kognitiven Abbildung von Gegenständen bzw. über die Generalisierung solcher Erfahrungen auch von Gegenstandsbereichen, aber auch Strukturierungsprozesse der Herausbildung bestimmter Handlungs- bzw. Verhaltensmuster. Zweckmäßigerweise muß daher grundsätzlich zwischen den beiden Klassen von Strukturierungsvorgängen zur Entwicklung von »Schemata« unterschieden werden.

2.1.1.1. Kognitive Schemata

Das Ergebnis der Abspeicherung von Erfahrungen über Gegenstände oder Gegenstandsbereiche sind »kognitive Schemata« *(Piaget)* oder »kognitive Konzepte«. In ihrer Gesamtheit repräsentieren diese kognitiven Schemata die »subjektive« Realität als eine mehr oder weniger genaue Abbildung der »objektiven« Realität (vgl. *Berger* und *Luckmann,* 1966). Diese »kognitive Ordnung« ist als »geordnete Erfahrung« gleichbedeutend mit »Tuns- und Erlebnisbereitschaft, Handlungsvoraussetzung kognitiver Art« *(Herrmann,* 1965, S. 15). Anders ausgedrückt handelt es sich um geordnete Kognitionen (Wissen) bezüglich bestimmter Objekte, die im Falle einer realen oder virtuellen Konfrontation mit diesem Gegenstand ein strukturiertes Bündel von Erwartungen als Antizipationen künftiger Erfahrungen mit diesem Gegenstand aktivieren und die gleichzeitig auch die mit diesem Gegenstand verbundenen Eintrittswahrscheinlichkeiten von Einzelerwartungen implizieren. Nach *Klix* (1971) handelt es sich dabei um ein durch Lernen erworbenes inneres Modell von einwirkenden Umgebungszuständen, wobei ebenso wie bei *Piaget* die »Erfahrung des Widerspruchs zwischen Wissen und Wirklichkeit, zwischen Hypothese und ausbleibender Bestätigung ... (den) Anlaßmechanismus zur Vervollkommnung der kognitiven Struktur« bildet *(Klix,* 1971, S. 513).

Bemerkenswert ist nun aber, daß diese kognitiven Schemata in verschiedenen Zeichensystemen »kodiert« werden können, die nach zwei Hauptklassen zu unterscheiden sind (vgl. *Neubauer,* 1975).

Die eine fundamentale Art der Abspeicherung von Informationen ist die *konkret-sensorische Kodierung,* bei der die Informationen direkt im Zusammenhang mit dem jeweiligen Sinnessystem, das die Information vermittelt, abgespeichert werden. So werden beispielsweise die kognitiven Repräsentanzen der Stimulierung des optischen Systems als »Bilder« kodiert und abgespeichert. Ähnliches gilt grundsätzlich auch für die anderen Sinnessysteme. Die konkret-sensorisch kodierten Informationen bilden kognitive Schemata, die im Beispiel der visuellen Kodierung als »konkret-anschauliche Vorstellungen« aktiviert werden, aber auch über ihre Verknüpfungen bei Denkprozessen (z. B. Phantasie) Verwendung finden können. Andere Beispiele der Aktivierung von konkret-sensorischen Schemata sind das Wiedererkennen von Gerüchen oder des Geschmacks einer bestimmten Speise.

Die zweite Hauptform ist die *symbolische Kodierung.* Hier erfolgt die Kodierung nicht in konkret-sensorischer Form, sondern durch die Verwendung eines Systems von Symbolen. Als wichtigste Unterform ist hier die *verbale Kodierung* zu nennen, bei der die gewonnenen Erfahrungen mit Hilfe der Sprache, d. h. in Begriffen und deren Zusammensetzung nach bestimmten Regeln, erfolgt. Ein verbales Konzept kann daher aufgefaßt werden »als eine ›Marke‹ für eine Menge von Objekten ... deren Elemente alle einer gemeinsamen Beschreibung genügen« (*Dörner, Lutz, Meurer*, 1967, S. 196), wobei diese ›Marke‹ üblicherweise durch eine sprachliche Bezeichnung, d. h. durch einen Begriff, repräsentiert wird. Die Aktivierung solcher verbal kodierter gespeicherter Information geschieht dann beispielsweise durch den Satz »das Gras ist grün« oder »ich habe Hunger«.

Bei beiden beschriebenen Hauptformen der Kodierung handelt es sich um kognitive Schemata (oder kognitive Konzepte), da sich das aktuelle Erlebnisgeschehen wie beispielsweise Wahrnehmungen, Vorstellungen, begriffliches Denken, Meinungen u. a. in Teilstrukturen jener beiden Kodierungssysteme manifestiert. Besonders vorteilhaft für die Lösung von Problemen ist dabei die symbolische Kodierung, da hier ohne weiteres nach bestimmten Regeln hierarchische kognitive Strukturen aufgebaut werden können. Grundsätzlich kann man daher bei beiden kognitiven Konzepten unterschiedliche Grade der Strukturiertheit, der Präzision und der Stabilität unterscheiden. Dies bedeutet jedoch nicht, daß diese kognitiven Konzepte nach ihrer Etablierung starre kognitive Strukturen seien, sondern sie bleiben durchaus im Zuge der individuellen Lerngeschichte anpassungsfähig, etwa in dem Sinne, wie es *Piaget* für die kognitiven Schemata in Form der »Assimilation«, d. h. der Funktion der kognitiven Konzepte als Interpretationsschemata für die Wahrnehmung und die Verhaltensorientierung, oder der »Akkomodation«, d. h. einer Veränderung der kognitiven Konzepte durch nicht erwartetes Handlungsfeedback, annimmt (*Piaget*, 1966; vgl. auch *Montada*, 1970, S. 45 f.). *Kaminski* definiert daher Konzept als »ein als Einheit auffaßbares Gebilde, das selbst noch weiter ausgebaut, durchdifferenziert werden kann« (1970, S. 94). Bemerkenswert ist in diesem Zusammenhang, daß auch die Inhalte konkret-sensorischer Konzepte in der Art einer »konkreten Abstraktion« zu prägnanten Vorstellungsbildern verdichtet werden können. Diese Erscheinungen einer konkret-symbolhaft verdichteten Repräsentanz von Inhalten ist im Bereich der »Traumarbeit« und der »Traumsymbolik« (*Freud*, 1961) sowie in den symbolischen Projektionen bei der Selbstkonfrontation im autogenen Training etwa als Kamel, Esel, Kaninchen u. a. bestens bekannt (vgl. *Thomas*, 1970). Überdies wird dieses Faktum beispielsweise bei dem Verfahren der »Familie in Tieren« von *L. Brem-Gräser* (1970) und in ähnlichen projektiven Verfahren diagnostisch genutzt.

2.1.1.2. Nicht-kognitive Schemata

Neben den beiden Hauptformen der Kodierung der kognitiven Schemata, die mit dem traditionalen Begriff »Erinnerungsgedächtnis« erfaßt sind, ist es jedoch notwendig, den Bereich der Schemata auch auf den nicht-kognitiven Bereich zu erweitern, um jene Sachverhalte zu erfassen, die als »Erfahrungsgedächtnis« (*Lersch*) oder als Erwerb von Verhaltensmustern bezeichnet werden. Gemeint ist damit die beobachtbare Tatsache, daß es möglich ist, Bewegungsfolgen zu speichern und wieder zu aktivieren. Beispiele dafür sind Radfahren oder Schwimmen. Auch hier handelt es sich offensichtlich um Schemata, die jedoch nicht-kognitiver Art sind und die gewissermaßen in »Maschinensprache« kodiert werden. Solche nicht-kognitiven Schemata sind zwar als Verhaltensmuster reproduzierbar (und damit sekundär auch wahrnehmbar), aber sie sind nicht unmittelbar in den kognitiven Kodierungssystemen erlebbar. In Anlehnung an *Rohracher* (1965) kann man sie als »submentale« Schemata bezeichnen. Die genannten Beispiele sprechen zunächst für das Vorhandensein eines motorischen Kodierungssystems. Die Befunde der empirischen Untersuchung des emotionalen Geschehens, aber auch der klassischen und der instrumentellen Konditionierung legen jedoch nahe, daß es lernbare submentale Schemata gibt, die weit über den motorischen Bereich hinausgreifen und vor allem die vegetativen Funktionen mit erfassen. Empirische Untersuchungen zur Angst haben gezeigt, daß es einerseits angeborene (vorprogrammierte) submentale Schemata gibt, die bei schädlichen Reizen als »unbedingte« Angstreaktion aktiviert werden. Andererseits können solche submentalen Schemata jedoch durch Lernprozesse entscheidend modifiziert oder sogar neu erworben werden, so daß individuell typische Erregungs- und Verhaltensschemata entwickelt werden. Als Beispiel sei die Entwicklung bestimmter neuro-vegetativer Syndrome im Zusammenhang mit psychischen Problemen erwähnt (z. B. Herzneurose).

2.1.1.3. Erfahrung und Kodierungssysteme

Grundsätzlich kann Erfahrung in den verschiedenen Kodierungssystemen (vgl. Tabelle 1) gespeichert werden, wobei jedoch die Eigenart der Kodierungssysteme eine wesentliche Rolle spielt. Während die submentalen Kodierungssysteme auf Bewegungsfolgen und physiologische Erregungskonstellationen beschränkt sind, ist es jedoch möglich, diese Vorgänge in den kognitiven Kodierungssystemen abzubilden. So kann man beispielsweise eine bestimmte Handbewegung durchführen (Aktivierung des motorischen nicht-kognitiven Schemas), das Bewegungsmuster be-

Tabelle 1: Systematik der »Schemata«

Art der Schemata und Kodierung	Aktivierte Form
1. *Kognitive Schemata* (= Konzepte)	
1.1. Konkret-sensorische Kodierung wichtigste Arten: — visuelle K. — auditive K. — olfaktorische K. — taktile K. u.a.	Vorstellungen, Träume
1.2. Symbolische Kodierung wichtigste Art: verbale Kodierung	Begriffe, Sprache Die aktivierten Schemata wirken im Sinne von Erwartungen (»Hypothesen«) als Interpretationsschemata bei der Wahrnehmung
2. *Nicht-kognitive Schemata* (= submentale Schemata) in »Maschinensprache« kodiert wichtigste Arten: — motorische Kodierung	Bewegungsmuster (z.B. Radfahren) Verhaltensmuster
— Erregungsschemata bei Gefühlen u.a.	z.B. körperl. Syndrom der Angst

obachten (konkret-sensorische Kodierung) und mit sprachlichen Ausdrücken beschreiben. Die Besonderheiten der Speichersysteme lassen sich gerade in ihrer gegenseitigen Beziehung sehr gut unterscheiden. Während es außerordentlich mühsam und in den meisten Fällen ineffizient ist, eine Bewegung verbal zu beschreiben (vgl. die militärische Instruktion »Das Kolbenhals-umfassen«), ist der optische Speicher wesentlich eher in der Lage, solche Bewegungsmuster exakt (gewissermaßen analog) abzubilden. Auf diese Weise ist es sogar möglich, durch die Beobachtung einer Modellperson einfache Verhaltensmuster visuell zu kodieren und dieses visuelle Schema als Kriterium für eigene Verhaltensversuche zu verwenden. Demgegenüber hat das verbale Kodierungssystem den Vorteil, durch Superzeichenbildung und durch Gliederung eines Vorgangs nach Prinzipien oder Phasen den Informationsgehalt zu reduzieren und damit das Behalten zu erleichtern.

Obwohl vermutlich alle eigenen Bewegungs- und Reaktionsmuster in kognitiven Kodierungssystemen repräsentierbar wären, ist es hier eine Frage der zur Verfügung stehenden Informationen, ob solche eigenen Verhaltensweisen überhaupt kognitiv präsent sind. Der Grund kann einmal darin liegen, daß man diese Verhaltensreaktionen nicht mehr bewußt kontrolliert oder daß man andererseits selbst überhaupt noch nicht diese Reaktionen als solche erkannt hat. Beispiel dafür sind neurotische Verhaltensschemata, die zwar in irgendeinem Kontext erworben wurden und beibehalten werden, ohne daß jedoch deren Generalisierung auf andere Situationen in der Regel bewußt ist. Es wird noch zu zeigen sein, daß gerade für das individuelle Selbstkonzept die Art der zur Verfügung stehenden Informationen und deren Repräsentanz im verbalen Kodierungssystem von großer Bedeutung sind.

2.1.2. Merkmalskonzepte und Bewertungskonzepte

Für die Verhaltensorientierung einer Person haben vor allem die kognitiven Schemata eine sehr wichtige Funktion, da sie sich auf die Gegenstände (Sachen und Personen) der Umwelt beziehen und auf alle Erfahrungen, die das Individuum direkt oder indirekt mit diesen Gegenständen gemacht hat. Die objektspezifische Ordnung dieser Erfahrungen führt schließlich dazu, daß jedes Individuum ein mehr oder weniger differenziertes *Modell* der Umwelt entwickelt, das sich streng genommen aus Modellen der einzelnen Gegenstände zusammensetzt. Auf diese Weise sind alle relevanten Gegenstände der Umwelt modellhaft repräsentiert, indem für jedes Objekt bestimmte Merkmale oder Attribute als konstitutiv für diesen Gegenstand angenommen werden. Diese *Merkmalskonzepte* beziehen sich also auf den inhaltlichen Aspekt im Sinne einer »Objektinformation« nach *Watzlawick* u. a. (1969). Daneben gibt es jedoch auch *Bewertungskonzepte*, die eine individuelle Wertzuordnung zu den angenommenen Merkmalen und Eigenschaften angeben, d. h. im Sinne einer »Meta-Information« *(Watzlawick)* die Wertschätzung bestimmter, konkreter Ausprägungen von Merkmalen oder Eigenschaften in Abhängigkeit von bestimmten Bezugssystemen. *Watzlawick* nennt solche Informationen daher auch »Beziehungsinformationen« (1969, S. 53 f.). Hierbei kann sich die Relativierung angenommener Merkmale einerseits von einer »faktisch-motivationalen« *(Graumann,* 1965) Orientierung ableiten, »die sich auf die aktuelle oder potentielle Befriedigung oder Deprivation von Bedürfnissen des

Handelnden« bezieht *(Parsons* und *Shils,* 1962, S. 58), d. h. die also die Brauchbarkeit eines Gegenstandes zur individuellen Bedürfnisbefriedigung im Sinne eines »instrumentellen Wertes« *(Neubauer,* 1971, S. 65 f.) zu Grunde legt. Andererseits gibt es eine »normativ-wertbezogene« Orientierung *(Graumann,* 1965), die sich im wesentlichen von gesellschaftlichen, transindividuellen Wertsetzungen herleitet. *Graumann* beschreibt diesen Zusammenhang wie folgt: »Während wir also im Bewertungs-Modus der ›motivationalen Orientierung‹ eine Art Gleichgewicht herzustellen bestrebt sind zwischen den verschiedenen Deprivations- und Gratifikationsbedeutungen einzelner Handlungen, um — auf die Länge gesehen — maximale Befriedigung zu erreichen, meint die ›Wert-Orientierung‹, daß wir uns dabei bestimmter kulturell vorgegebener Richtlinien oder Regeln bedienen können, die unser Handeln auch im Hinblick auf die Interessen der Anderen optimal einzurichten gestatten« (1965, S. 280). Die Bewertungskonzepte liefern daher dem Individuum Informationen über nützliche und/oder erlaubte Mittel zur Realisierung einer bestimmten Zielsetzung. Aus diesem Grunde lassen sich streng genommen beide Klassen von Konzepten nur theoretisch unterscheiden, da die individuellen Erfahrungen immer innerhalb eines bestimmten Bezugssystems gewonnen werden und somit neben den »sachlichen« bzw. »wertfreien« Informationen der Merkmalskonzepte mehr oder weniger zwangsläufig auch Bewertungen als Relativierung dieser sachlichen Informationen mitenthalten. Diese Zuordnung von Inhalt und Bewertung entspricht etwa der »belief-value«-Beziehung nach *Tolman* (1962). Die Gesamtstruktur aller für einen bestimmten Gegenstandsbezug relevanten Merkmals-Bewertungs-Konzepte bezeichnet *Tolman* als »belief-value-matrix« (1962, S. 290).

Die besondere Bedeutung der Bewertungskonzepte besteht aber nun nicht nur in ihrer Funktion einer Relativierung der sachlichen Informationen, sondern vor allem auch darin, daß sie durch ihre antizipatorische Funktion im Hinblick auf künftig zu erwartende Bewertungen in der augenblicklichen Handlungssituation entsprechende Gefühlserlebnisse und motivationale Zustände hervorzurufen vermögen. Insofern handelt es sich bei den Bewertungskonzepten in der Tat um »kathektische Prädispositionen« *(Newcomb,* 1959 b, S. 387) oder um dauerhafte »Energiebesetzungen« im Sinne *Freuds,* da sie die Art und Intensität der damit erfahrungsgemäß verbundenen Emotionen indizieren oder tatsächlich aktivieren.

Die modelltheoretische *Beziehung zwischen sachlichen und evaluativen Konzepten* läßt sich so darstellen, daß jedem sachlichen, gegenstandsbezogenen Element ein evaluatives Attribut zugeordnet ist (vgl. D. R. *Miller,* 1963). Dies bedeutet, daß sich evaluative Konzepte auch indirekt durch Merkmalsausprägungen ausdrücken lassen.

Wie wichtig übrigens diese evaluative Funktion ist, ersieht man aus den Ergebnissen von *Osgood, Suci* und *Tannenbaum* (1957), wonach der evaluative Faktor mit Abstand den größten Varianzanteil der Gesamtvarianz abdeckt. Es zeigte sich, daß das evaluative Bezugssystem im allgemeinen zu maximaler Einfachheit tendiert, wobei häufig eine Polarisierung der Urteile nach »gut« und »schlecht« eintritt. Das einfachste Bewertungssystem ist deshalb eine kognitive Ordnung nach »guten« und nach »schlechten« Inhalten oder Begriffen. *Osgood, Suci* und *Tannenbaum* fanden ferner, daß die Polarisierung und der Varianzverlust bei den übrigen Dimensionen »Aktivität« und »Potenz« des semantischen Raumes bei überwiegend emotional gesteuerten Personen und bei geistig weniger reifen Personen stärker auftritt als bei intelligenten und kritischen Personen. Die grundsätzliche Wichtigkeit des evaluativen Faktors für das phänomenale Selbstbild zeigte sich auch bei *Ertel* in mehreren Untersuchungen (1970).

Die Bewertungskonzepte sind nichts anderes als »Wenn-Dann-Schemata«, die konkret-sensorisch (z. B. Schmerz beim Schlag auf den Fingernagel mit dem Hammer) oder als »instrumentelle Überzeugungen« verbal kodiert sein können. Komplexere Strukturen, die sich aus Merkmalskonzepten und funktionalen Konzepten (Wenn-Dann-Schemata) zu umfassenderen Modellen zusammensetzen, sind beispielsweise implizite Persönlichkeitstheorien oder allgemeine subjektive (d. h. nicht-wissenschaftliche) Erziehungs- und Handlungstheorien.

Die Wichtigkeit der individuellen Modellbildung als persönliches Konstrukt zur Abbildung der Umwelt erhellt auch aus der Tatsache, daß das Individuum im Falle unzureichender eigener Erfahrungsbasis auf vorgefertigte Konzepte zurückgreift, die dann als Vorurteile häufig in hochgradig stereotyper Form für die Orientierung des Verhaltens herangezogen werden. Als Beispiele seien die allgemeinen Vorstellungen über das »Wesen der Frau« oder bestimmte gesellschaftliche und berufliche Gruppen, aber auch die speziellen »Konsumententypen« im Bereich der psychologischen Meinungs- und Marktforschung genannt (vgl. R. *Bergler*, 1963, 1966; *Neubauer*, 1972). Gerade solche Vorstellungskomplexe, wie sie im »Konsumententyp« im Zusammenhang mit spezifischen Marken-Images beobachtbar sind, machen deutlich, daß das Individuum unter dem Zwang der Orientierung in anonymen sozialen Beziehungen die generalisierte soziale Antizipation des Verhaltens beliebiger Interaktionspartner in das Modell einer »Standard«-Person verdichtet, die stellvertretend als fiktiver Interaktionspartner mittels eines Prozesses des »role-taking« verhaltenssteuernd wirkt. Ein Beispiel für diese konkretisierte Form antizipierter Rollen-, Normen- und Verhaltenserwartungen ist der sog. »generalisierte Andere« (generalized other), der nach G. H. *Mead* (1963) die Einheit des Selbst konstituiert.

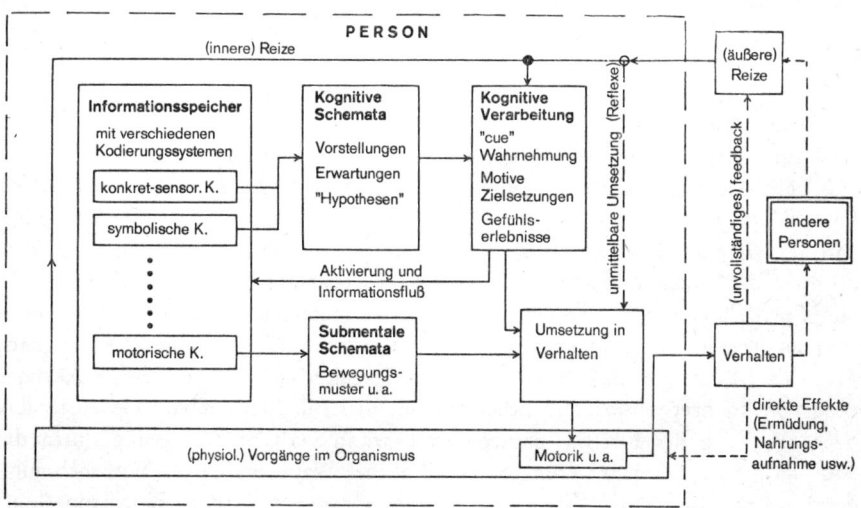

Abb. 1: Vereinfachtes Modell der Person

2.1.3. Aktivierung der Schemata und Verhalten

Kognitive und nicht-kognitive Schemata haben eine außerordentliche Bedeutung für die Orientierung in einer Handlungssituation und für die Realisierung bestimmter Verhaltensweisen. In Abbildung 1 wurde versucht, durch eine einfache schematische Darstellung die funktionale Bedeutung der Schemata aufzuzeigen. Geht man davon aus, daß bereits solche Schemata vom Individuum erworben wurden, so folgt daraus, daß alle aktuell auftretenden Stimuli (objektive Reize) unter Bezug auf diese vorhandenen kognitiven Schemata interpretiert werden, d. h. es erfolgt eine Bedeutungszuordnung im kognitiven System. Konkret kann man sich das so vorstellen, daß die Stimulus-Repräsentanz im kognitiven System mit den bereits vorhandenen kodierten Informationen verglichen wird, wobei als Ergebnis dieses »trial and check«-Verfahrens die Reizquelle »erkannt« wird; es erfolgt eine Zuordnung von aktueller Stimulus-Repräsentanz und dem dazu passenden spezifischen Umwelt-Modell des betreffenden Gegenstandes oder Ereignisses. Die kognitiven Konzepte liefern jedoch gerade auch durch die Möglichkeit einer Extrapolation auf zukünftige Situationen als »Erwartungen« oder »Hypothesen« wichtige Hinweise für die allgemeine und spezielle Orientierung im Hinblick auf die sachliche Geeignetheit von Gegenständen, deren mutmaßlichen Effekt auf die eigene Person und damit deren aktuelle Valenz (vgl. *Rotter*, 1954). Durch diese antizipatorische Wirkung haben die kognitiven Konzepte hinsichtlich der Wahrnehmung eine stark selektive Funktion und stellen damit sozusagen »Dauerorientierungen« als schematische Interpretationsformen der begegnenden Wirklichkeit dar. In verbalisierter Form handelt es sich um die »beliefs« oder »Überzeugungen« im Sinne von *Rokeach* (1968). Da diese Konzepte nur unter der Bedingung ihrer Aktivierung wirksam werden können, entsprechen sie im aktivierten Zustand vor allem auch durch ihre Verbindung mit nicht-kognitiven Schemata den »Einstellungen« oder »Attitüden«, die gewöhnlich definiert werden als »allgemeine Bereitschaften«, in einer bestimmten Weise wahrzunehmen, zu denken, zu fühlen und zu handeln (vgl. *Newcomb*, 1959 a; *E. Roth*, 1967). Auch die Definition nach *Krech, Crutchfield* und *Ballachey* (1962), nach der bei Einstellungen eine kognitive, affektive und handlungsspezifische Komponente unterschieden wird, läßt sich dem hier vorgeschlagenen Modell der Aktivierung von Schemata unschwer subsumieren.

Dieser Vorgang der kognitiven Verarbeitung von Sinnesdaten (Auge, Ohr usw.) gilt entsprechend auch für die Reizdaten von Vorgängen im Körperinneren (z. B. Magenkontraktionen oder Herzklopfen). Auf diese Weise ist es möglich, daß aktuell auch *Motive* und *Gefühle* kognitiv repräsentiert sind. In klassischer Form wurde dieser Vorgang der kognitiven Repräsentation von Motiven bereits von *Freud* beschrieben, der zwischen »Vorstellungen« und deren »Affektbesetzung«« unterschied. Nehmen wir als Beispiel das Motiv »Hunger«, so ist nach *Freud* damit gemeint, daß sich dieses Motiv kognitiv entweder durch die Aktivierung von konkret-sensorischen Schemata mit den Inhalten »eßbare Gegenstände« oder »Vorgang des Essens« manifestiert bzw. in verbaler Kodierung durch die Aktivierung des Schemas »Hunger«. In ähnlicher Weise erfolgt die Wahrnehmung der Intensität des Motivs durch die Aktivierung entsprechender Bewertungskonzepte, die für die Evaluation der aktuell vorhandenen Daten des sensorischen Inputs (z.B. Häufigkeit der Magenkontraktionen, motorische Unruhe u.a.) herangezogen werden. Aus diesem Beispiel geht hervor, daß das Motiv »Hunger« selbst ein persönliches Konstrukt, d. h. ein kognitives Schema, darstellt, das durch entsprechende Lernprozesse erworben wurde und nun für die Interpretation momentaner sensorischer Daten und deren Konfiguration Verwendung findet. Entwicklungspsychologisch ist dazu bemerkenswert, daß erst sehr spät eine differenzierte Wahrnehmung der eigenen Körpervorgänge gelernt wird. So können Kinder beispielsweise noch im Schulalter zwar feststellen, daß sie »Bauchweh« (kognitives Schema!) haben, jedoch nicht unterscheiden, ob es »Hunger« ist oder ob eine andere Ursache vorliegt. Besonders auffällig ist dieses Unvermögen zur Beschreibung körperlicher Zustände beim Auftreten von Krankheiten, wenn die Kinder zur Unterstützung der ärztlichen Diagnose Aussagen über Körpervorgänge machen sollen. Wie unsicher selbst Erwachsene noch bei der Wahrnehmung der eigenen Körpervorgänge sind, zeigt sich auch gerade beim Auftreten neuartiger Symptom-Kombinationen, zu deren Interpretation gerade im Zusammenhang mit schweren Krankheiten (z. B. Krebs) sehr ausgefallene »Hypothesen« entwickelt werden. Ein weiterer Hinweis für die Subjektivität des Konstruktes »Hunger« und dessen erlebter Intensität ergibt sich aus der Tatsache, daß es recht unterschiedliche subjektive Kriterien für die Beendigung des Eßverhaltens gibt. Solche »Identifikatoren« für das »Stillen« des Hungers können vom Aufhören der Magenkontraktionen bis hin zum Beginn des angenehmen Zustandes der Sättigung reichen.

Damit ist es auch verständlich, daß Motive individuell repräsentiert sein können, so daß sich daraus methodologisch auch verschiedene Möglichkeiten ihrer Operationalisierung und Erfassung ergeben. Die verschiedenen Ansätze der Dissonanztheorien (vgl. *Festinger*, 1957) versuchen, die Motive aus der Größe der Dissonanz zwischen zwei oder mehreren kognitiven Strukturelementen abzuleiten, beispielsweise zwischen dem erlebten IST-Zustand und dem erlebten SOLL-Zustand (vgl. *Heckhausen*, 1963 b). Die effektive Größe der dynamischen Komponente ergibt sich dann nach *Festinger* aus der Größe der kognitiven Dissonanz und der subjektiven Bedeutsamkeit dieser Dissonanz. Obwohl sich gerade in den empirischen Untersuchungen von *Brehm* und *Cohen* (1965) aber auch von *Rokeach* (1968) die subjektive Bedeutsamkeit als sehr wichtig erwies, wurde sie bisher im Rahmen der Dissonanztheorie eher stiefmütterlich behandelt (vgl. auch *Oerter*, 1970).

Die Untersuchungen von *Schachter* und *Singer* (1962) sprechen dafür, daß auf ähnliche Weise auch die kognitive Repräsentanz von Gefühlserlebnissen erfolgt, wobei die aktuell auftretenden sensorischen Daten der verschiedensten Art nach gelernten kognitiven Schemata interpretiert werden (z. B. als »Gefühlstönungen«). *Magda Arnold* hat bereits im Jahre 1960 ein derartiges Sequenzmodell der emotionalen Reaktionen vorgeschlagen, das von *Lazarus* (1968) weiter ausgebaut wurde. Berücksichtigt man, daß die für die Wahrnehmung herangezogenen kognitiven Schemata in bestimmten sozialen Kontexten gelernt werden, dann ist es unmittelbar verständlich, daß als Folge des Sozialisationsprozesses eine kultur- und gesellschaftsspezifische Überformung und Ausdifferenzierung der individuellen Gefühlserlebnisse beobachtbar ist.

Die Aktivierung der kognitiven und nicht-kognitiven Schemata erfolgt innerhalb funktionaler Beziehungen, die vor allem durch die aktuelle Motivationslage und durch die aktuellen Reizbedingungen bestimmt werden. Als Beleg kann man eine große Anzahl von Untersuchungen heranziehen, die allerdings jeweils meist nur einen Teilaspekt dieser funktionalen Beziehung erfassen. So wurde in einer Reihe von Untersuchungen über die »nicht-sinnlichen« Determinanten des Wahrnehmens (*Graumann*, 1956, 1965) gezeigt, daß die Art der Wahrnehmung sehr deutlich durch den Motivations- und Gefühlszustand der wahrnehmenden Person im Sinne einer selektiven Sensitivierung bezüglich bestimmter Stimuli beeinflußt wird. *Cofer* und *Appley* (1964) sprechen in diesem Zusammenhang von einem »Sensitivierungs - Verstärkungs - Mechanismus« (sensitization-invigoration-mechanism), wobei sie nach einer außerordentlich umfangreichen Analyse betonen, daß dieser Mechanismus durch Lernen modifizierbar zu sein scheint.

Andererseits gibt es ebenfalls eine Reihe von Untersuchungen über die funktionale Beziehung zwischen der Art und der Intensität der Stimuli und der Aktivierung von kognitiven Konzepten. Es zeigte sich nämlich, daß ein Reiz selbst durch seine Intensität einen Einfluß auf die aktuelle Motivationslage auszuüben vermag, indem er nach unserer Terminologie die Aktivierung eines bestimmten Konzeptes und damit eine Konkretisierung des Motivationszustandes herbeiführt. Insofern ist die »Anmutungsqualität« *(Lersch)* oder der »Aufforderungscharakter« *(Lewin)* eines Objektes nichts anderes als eine Funktion motivational »aufgeladener« individueller Konzepte. Anders ausgedrückt heißt dies, daß ein Stimulus erst durch ein entsprechendes Konzept zum »cue«, d. h. zum Hinweisreiz wird (vgl. *Miller* und *Dollard*, 1962). Auch die »incentive-motivation« bei C. *Hull* (1952) bezieht sich auf diesen funktionalen Zusammenhang. *Cofer* und *Appley* (1964, S. 821 f.) bezeichnen diesen Sachverhalt als »Antizipations-Verstärkungs-Mechanismus« (anticipation-invigoration mechanism). In analoger Weise ist wohl auch hier anzunehmen, daß diese Beziehungen durch Lernen modifizierbar sind.

Faßt man das Ergebnis dieser verschiedenen Untersuchungen zusammen, so ist es sehr wahrscheinlich, daß es zwei unterschiedliche Arten der Aktivierung von Schemata gibt:

1. *Motivationale Aktivierung:*

Hierbei erfolgt die Aktivierung von Schemata (kognitive und submentale Schemata) im Dienste der Reduzierung oder Beseitigung motivationaler Zustände.

2. *Stimulative Aktivierung:*

Bei dieser Form geschieht die Aktivierung über die Art, Intensität oder Neuartigkeit der aufgenommenen Reizdaten. Vielfältige Untersuchungen zur »*Orientierungsreaktion*« haben gezeigt, daß Reize, die neu, überraschend oder von besonderer biologischer oder persönlicher Bedeutung sind, eine verstärkte Aufmerksamkeitsreaktion zur Folge haben (vgl. *Bindra*, 1959). Durch Wiederholung der gleichen Reize gewöhnt ich der Organismus sowohl physiologisch als auch psychologisch an den Reiz, d. h. es tritt eine *Habituation* (Gewöhnung) ein, wenn der Reiz keine neuen oder signifikanten Informationen mehr vermittelt. In der Regel habituiert sich eine Orientierungsreaktion bereits nach 10 bis 30 Wiederholungen. Bei einer auffallenden Veränderung des Reizes tritt eine Dishabituation (Entwöhnung) auf, so daß es erneut zu einer Orientierungsreaktion kommt. *Sokolov* (1960) entwickelte aufgrund der vorhandenen Ergebnisse ein Gehirnmodell, das diese Vorgänge veranschaulicht.

2.1.4. Lernprozesse und Veränderung der Schemata

Die genannten Befunde der experimentellen Untersuchungen zur Orientierungsreaktion und zur Habituation belegen die Tatsache, daß die vorhandenen »Hierarchiemodelle« des menschlichen Lernens (beispielsweise von *Gagné*) noch um die fundamentalste Lernform zu erweitern sind, nämlich die Fähigkeit des zentralen Nervensystems, auftretende Reizmuster in der Form submentaler Schemata abspeichern und für die Identifikation nachfolgender Reizkonfigurationen verwenden zu können. In der hier vorgeschlagenen Terminologie läßt sich dieser Vorgang so beschreiben, daß durch die Verknüpfung der neurophysiologischen Repräsentanzen von Reizdaten ein einfaches submentales Schema entsteht. Daraus ergibt sich die Möglichkeit, spätere Reizdaten unter Zuhilfenahme des gelernten submentalen Schemas als »Identifikator« zu überprüfen. Dieses Verfahren ist in hohem Grade ökonomisch, da erst bei neuartigen Reizdaten eine aktuelle Neuorientierung, d. h. eine »Orientierungsreaktion«, notwendig ist.

Auch die Vorgänge der klassischen Konditionierung nach *Pawlow*, bei der ein bislang neutraler Stimulus (genauer gesagt: seine neurophysiologische Repräsentanz) mit einem angeborenen Reaktionsschema nach dem Prinzip der Kontiguität verbunden wird, lassen sich unschwer als Verknüpfung von Schemata auffassen. Beim operanten oder instrumentellen Konditionieren (Lernen am Erfolg) werden bereits komplexere Verknüpfungsmuster im Sinne der »Wenn-Dann«-Schemata entwickelt, die aber in dieser Form kognitiv noch nicht zugänglich sind. Erst die Wahrnehmung solcher Kontingenzen im Sinne des »Zusammensehens« der Gestaltpsychologie oder die Verbalisierung dieser Zusammenhänge liefern entsprechende kognitive Konzepte im Sinne instrumenteller Überzeugungen. Empirische Untersuchungen auf dem Gebiet der Verhaltenstherapie haben ziemlich deutlich gezeigt, daß zwar grundsätzlich eine Verhaltensmodifikation ohne die gleichzeitige kognitive Repräsentanz der Verstärkungskontingenzen möglich ist, wobei jedoch die Einsicht des Probanden das Verfahren beschleunigt (vgl. *Bandura*, 1969).

In analoger Weise lassen sich auch alle übrigen Lernformen »höherer« Art beschreiben, die sich überwiegend im kognitiven Bereich abspielen. Für die Vorgänge des Beobachtungslernens wurde dies bereits an früherer Stelle getan (vgl. S. 29).

Jedes Lernen ist also nichts anderes als die Verknüpfung von Schemata im kognitiven und/oder im nicht-kognitiven Bereich. Auf diese Weise ist es möglich, neben den angeborenen und gewissermaßen »festverdrahteten« Verknüpfungen (beispielsweise bei den Tieren auch zwischen Schlüsselreiz und Instinktverhalten) eigene Verknüpfungsrelationen zu bilden, die allerdings modifizierbar bleiben. Für die Person ergibt sich dann die Notwendigkeit zur Modifikation von Schemata bzw. deren Verknüpfung, wenn abweichende Informationen auftreten. Dies gilt in gleicher Weise für den kognitiven Bereich wie auch für den Verhaltensbereich. Aus Gründen der bereits angesprochenen Ökonomie, die angesichts der nahezu unendlichen Vielfalt vorhandener Reize sicher notwendig ist, werden daher Reizdaten unter Verwendung vorhandener Schemata zunächst identifiziert und nach Ähnlichkeit klassifiziert, ein Vorgang, den *Piaget* als »Assimilation« bezeichnet. Wenn die erworbenen Schemata nicht mehr haltbar sind, erfolgt eine Veränderung der Schemata, d. h. nach *Piaget* eine »Akkomodation«.

Wie noch bei dem Problem der Identität (vgl. Kapitel 4) zu zeigen sein wird, ist die Modifizierbarkeit von kognitiven Schemata dann stark eingeschränkt, wenn sie subjektiv sehr hoch bewertet werden. In diesem Fall tritt bei Informationen, die in erkennbarem Widerspruch zu den hoch bewerteten kognitiven Konzepten stehen, je nach dem Grad der Wichtigkeit der in Frage gestellten Konzepte eine *Ich-Beteiligung* (ego-involvement) auf, die man als eine besondere Form der Orientierungsreaktionen ansehen kann. Subjektiv wird das Auftreten solcher dissonanter Informationen als Gefährdung der eigenen Person wahrgenommen. Für die Erziehung ergibt sich daraus das Sonderproblem, solche Bedingungen herzustellen, unter denen von der Person neue oder unerwartete Informationen akzeptiert werden können (vgl. Teil 6 und Teil 7).

2.2. Selbstkonzept als persönliches Konstrukt

Da die eigene Person ein außerordentlich wichtiger Gegenstand ist, wird vom Individuum auch bezüglich der eigenen Person ein mehr oder weniger aufeinander bezogenes System von Konzepten entwickelt, das man gewöhnlich mit der Sammelbezeichnung »Selbst-Konzept« (self-concept) oder »Selbst-Bild« (self-image, self-picture) anspricht:

> In der anglo-amerikanischen Literatur wird meist der Begriff »self-concept« verwendet. *Turner* (1968) hat jedoch diesbezüglich besonders hervorgehoben, daß durch die Verwendung des Begriffes »self-concept« der Bedeutungsunterschied verwischt werde, der zwischen »concept« im Sinne eines definierten Begriffes der Wissenschaftssprache (vgl. *Bunge*, 1967) und »conception« als eine mehr oder weniger subjektive Auffassung über einen Gegenstand bestehe. Da in der neueren deutschen Literatur der Begriff »Konzeption« üblicherweise nicht in dieser Bedeutung vorkommt, wurde hier diesem Bedeutungsunterschied durch die Verwendung der Begriffe »Selbst-Begriff« und »Selbst-Konzept« entsprochen.

Dieses Selbstbild oder »Selbstkonzept« *(Rogers,* u. a.) bildet als Gesamtkonzept die kognitive Repräsentanz der eigenen Person, nämlich das »Selbst als Objekt« (*Vernon*) oder das »phänomenale Selbst« *(Snygg* und *Combs).* Es umfaßt alle jene gespeicherten Informationen, die sich in Relation zur eigenen Person in den mannigfaltigsten Erfahrungsbereichen ergeben haben, insbesondere Informationen über den eigenen Körper, über eigene Fähigkeiten und Kenntnisse, über eigene Besitztümer, über eigene Verhaltensweisen, Interaktionspartner u. a., aber auch über die relative Wertschätzung jener Gegebenheiten innerhalb der individuell verfügbaren diversen Bezugssysteme. Insofern sich dieses »Selbst-Konzept« als Sammelbezeichnung für eine ganze Anzahl von Konzepten, die weiter unten systematisch behandelt werden, auf die Fähigkeiten der eigenen Person bezieht, schließt dieses Selbst-Konzept selbstverständlich auch Annahmen über die Funktionen des »Ich« mit ein, die ihrerseits strukturierend auf das Ergebnis introspektiver Bemühungen wirken und zwar prinzipiell in ähnlicher Weise, ob es sich um einen Wissenschaftler oder um einen psychologischen Laien handelt. Allerdings muß bereits an dieser Stelle betont werden, daß man vor allem in der Kindheit keineswegs von einem einheitlichen System des Selbstkonzeptes sprechen kann. Bei der Darstellung der Genese des Selbstkonzeptes wird gezeigt, daß die zunächst mehr oder weniger isoliert voneinander erworbenen, recht unterschiedlichen Konzepte erst relativ spät in der individuellen Entwicklung zu einer mehr oder minder gelungenen Integration gebracht werden.

Der Begriff »self-concept« wurde nach *Diggory* (1966) ursprünglich von Victor *Raimy* im Jahre 1943 eingeführt und fand besonders durch die Theorie des phänomenalen Selbstes von *Snygg* und *Combs* (1949) größere Verbreitung. *Snygg* und *Combs* gehen bei ihrer Theorie davon aus, daß jedes Verhalten abhängig ist vom persönlichen Bezugssystem des Handelnden, d. h. von seinem phänomenalen Feld. Das phänomenale Selbst ist nach diesen Autoren ein abgetrennter Teil des phänomenalen Feldes, nämlich »... alle jene Teile des phänomenalen Feldes, die das Individuum als Teil oder als Charakteristikum seiner selbst erfährt« (1949, S. 58). Das Selbst-Konzept schließlich ist jene Substruktur des phänomenalen Selbstes, die »alle jene Teile des phänomenalen Feldes einschließt, die das Individuum als definitive und ziemlich stabile Charakteristiken seiner selbst differenziert hat« (1949, S. 112). Dies bedeutet, daß es als Glied des Orientierungsgefüges einem Teil des »Lageschemas« *(Thomae)* entspricht. Eine ähnliche Position vertritt *Rogers* (1951) im Anschluß an *Snygg* und *Combs,* aber auch beeinflußt von *Goldstein, Maslow* und *Sullivan,* wenn er das Selbst-Konzept als »organisierte, veränderliche und doch konstante Struktur gegliederter Erfahrungen über die Eigenheiten oder Beziehungen des ›Ich‹ oder des ›Mich‹« definiert. (1951, S. 498).

Ganz ähnlich definieren *Hartley* und *Hartley* (1955) sowie eine große Reihe anderer Autoren, für die stellvertretend hier die Definition das »Selbst« im Sinne des Selbstkonzeptes von *Newcomb* gebracht sei, nämlich als »das Individuum, so wie es sich selbst wahrnimmt, und zwar innerhalb eines sozial bedingten Bezugssystems«. (1959 a, S. 258).

Wird bei der Definition der evaluative Aspekt ausdrücklich mit einbezogen, so wird das Selbstkonzept oder Selbstbild als Einstellung (attitude) gegenüber der eigenen Person definiert, so von *Sherif* und *Sherif* (1956, S. 581), E. *Roth* (1969 S. 89) und von M. *Rosenberg* (1965, S. 5). Da man jedoch eine Einstellung als eine aktuelle Aktivierung von Merkmalskonzepten und von Bewertungskonzepten über einen bestimmten Gegenstand auffassen kann, lassen sich die Definitionen von *Sherif* und *Sherif,* E. *Roth* und M. *Rosenberg* unschwer subsumieren. Das Selbstkonzept wird also hier verstanden als die individuelle Auffassung über alle relevanten »Attribute, Fähigkeiten, Objekte und Aktivitäten« *(Coopersmith,* 1967, S. 20) der eigenen Person, wobei das Selbstkonzept oder Selbstbild in seiner Gesamtheit dem »empirischen Selbst« bei W. *James* entspricht (vgl. *Allport,* 1958, 1970). Insofern umfaßt das Selbstkonzept auch alle »Zonen des erlebten Ichs« nach H. *Volkelt,* der ein Leibes-Ich, Kleider-Ich, Sozial-Ich, aber auch ein Geld-Ich und ein Vergangenheits-Ich unterscheidet (1963, S. 184 f.). Wesentlich ist aber, daß die für die eigene Person angenommenen Merkmale einschließlich ihrer Ausprägungen für das Individuum zwar inhaltlich gegeben sind, jedoch nicht als absolutes Datum betrachtet werden können, da ihre relative Wertschätzung vom jeweiligen Bezugssystem abhängig ist. Die Möglichkeit zur Konzeptbildung macht aber gerade im Hinblick auf das Selbstkonzept der eigenen Person eine Dauerreflexion über das »Selbst« als »ein Verhältnis, das sich zu sich selbst verhält« *(Kierkegaard)* überflüssig, ja läßt sogar bei deren Vorhandensein pathologische Züge vermuten (vgl. *Arnold,* 1969; *Johnstone,* 1970). Denn das Selbstkonzept liefert unmittelbar als gespeicherte Information die benötigten Daten über die eigene Existenz und deren Wertigkeit, so daß unter gewohnten bzw. invarianten Bedingungen in ökonomischer Weise direkt auf das Selbstkonzept Bezug genommen werden kann. Eine Selbstreflexion ist aber dann notwendig, wenn als Folge veränderter relevanter Situationsbedingungen eine Identitätsgefährdung auftritt (vgl. Kap. 4) oder wenn kein stabiles Selbstkonzept entwickelt werden konnte.

2.2.1. Informationsquellen

Bedingt durch die besondere Eigenart der eigenen Person als Gegenstand, d. h. als »Bewußtseinsobjekt«, stehen dem Individuum verschiedene Quellen zur Verfügung, um Aufschluß über die Merkmale der eigenen Person als notwendigen Bestandteil von allgemeinen und speziellen Umweltkonzepten zu gewinnen. Die Informationsmöglichkeiten und die Art der eruierbaren Informationen über die eigene Person als Gegenstand weichen jedoch in einigen wesentlichen Punkten von den für alle anderen Objekte möglichen Techniken der Informationsgewinnung ab. Im Hinblick auf die eigene Person eröffnen sich dem Individuum prinzipiell folgende unterschiedliche Informationsquellen:

1. Beobachtung der eigenen »Innerlichkeit« im Wege der Introspektion
   Diese Informationen sind nur bezüglich der eigenen Person in dieser Form eruierbar und sie zeichnen sich durch eine zwangsläufige Unmittelbarkeit und Intimität des Bezuges aus.
2. Direkte Informationsgewinnung über die sensorischen Systeme
   Hierbei macht sich das Individuum zum Objekt seiner eigenen Wahrnehmung, wobei ein unterschiedlicher »Objektiviertheitsgrad« vorliegen kann, der etwa von einer direkten haptischen Untersuchung des eigenen Körpers, wie es besonders im Spiel des kleinen Kindes zu beobachten ist, über die Beobachtung der eigenen Gestalt im Spiegel bis hin zur Erfassung von Merkmalen mit »fremden« bzw. »neutralen« Aufnahmesystemen wie Fotografie, Film oder Phonorekorder reicht.
3. Mittelbare Informationen über Beobachtung und interpretative Schlußfolgerung der Wirkung der eigenen Person
   Aus der Beobachtung der Effekte des eigenen Verhaltens ist das Individuum in der Lage, mittelbar Informationen über sich selbst, d. h. über seine »Eigenschaften« zu gewinnen. Dies gilt für die Beziehung zu materiellen Objekten gleicherweise wie für die Beziehung zu Interaktionspartnern. Auf diese Weise kann beispielsweise das Individuum durch die Konfrontation mit leblosen Objekten Erfahrungen gewinnen über das Ausmaß der eigenen Körperstärke, über Beschaffenheit und Umfang des Greifraumes, sowie über Fähigkeiten wie Sprungkraft oder Umgang mit Werkzeugen. Ein sehr bedeutsamer zusätzlicher Aspekt resultiert aber aus den sozialen Vergleichsprozessen, die sich aus den subjektiven Erfahrungen mit Interaktionspartnern mehr oder weniger zwangsläufig ableiten (vgl. *Kaminski*, 1970, S. 198 f.).
   Das Ergebnis solcher Prozesse des Sich-Vergleichens und Verglichen-Werdens ist eine Relativierung oder Gewichtung der sich selbst zugeschriebenen Merkmale und Eigenschaften. Im Vorgriff sei bereits darauf hingewiesen, daß solche aus Vergleichsprozessen gewonnenen Informationen über die eigene Person im Ergebnis widersprüchlich sein können, da sie zunächst auf einen speziellen sozialen Kontext bezogen sind. Wie noch zu zeigen sein wird, ergibt sich jedoch einerseits eine Reduzierung der Varianz möglicher Bewertungen durch die Existenz mehr oder weniger verbindlicher Bewertungsvorschriften, andererseits besteht aber auch auf der Seite des Individuums selbst bei auftretenden kognitiven Dissonanzen eine Tendenz zur Vereinheitlichung durch Vermeidungs- bzw. Reduktionstechniken.

4. Direkte Zuordnung von Eigenschaften im Wege der Kommunikation
Schließlich ist als vierter Bereich die direkte Zuordnung von Merkmalen im Wege der verbalen Kommunikation zu erwähnen, bei der dem Individuum von den Interaktionspartnern bestimmte Prädikate zu- oder abgesprochen werden. Dieser Vorgang einer affirmativen bzw. negativen Prädikation *(Schneewind,* 1969), vor allem unter Verwendung der exemplarischen Einführung von Prädikatoren, spielt ganz besonders in der Kindheit für die Genese des Selbstkonzeptes eine überragende Rolle.

Aus diesen unterschiedlichen Informationsquellen können primär einfache, stark situationsspezifische kognitive Konzepte entwickelt werden, die erst sekundär durch die Erfahrung konsistenter Informationen über die eigene Person zu umfassenderen kognitiven Strukturen im Sinne eines internen Modells der eigenen Person weiterverarbeitet werden.

2.2.2. Selbstkonzept als »Theorie« über sich selbst

Läßt man zunächst einmal die evaluative Komponente des Selbstkonzeptes und ihre Funktion außer Betracht, so handelt es sich beim individuellen Selbstkonzept um nichts anderes als um die Antwort auf die implizite oder explizite existenzielle Frage »Wer bin ich?«. Insoferne kann man das Gesamtkonzept über die eigene Person als eine mehr oder weniger laienhafte und vorwissenschaftliche »Theorie« über die eigene Person bezeichnen. Übereinstimmend wird von nahezu allen Autoren vermerkt, daß dieses Gesamt-Konzept dadurch gewonnen wird, daß sich die eigene Person als »quasi-fremden« Gegenstand betrachtet. Diese distanzierende Haltung drückt sich — allerdings nicht im Deutschen — auch in der sprachlichen Ausdrucksweise aus, indem hier im Akkusativ vom »me« im Gegensatz zum Ich (»I«) gesprochen wird (vgl. *W. James; G. H. Mead*). Von *Hofstätter* wird überdies darauf hingewiesen, daß interessanterweise eine solche Formulierung auch im Lateinischen gebräuchlich ist, etwa in der Formulierung »o me miserum« (1959, S. 34).

Meines Erachtens deutet diese sprachliche Ausdrucksweise nicht nur darauf hin, daß man sich selbst in distanzierender Weise zum Objekt gemacht hat, was üblicherweise zum Teil dahingehend interpretiert wurde, daß es als Postulat folglich ein empirisch nicht greifbares Subjekt geben müsse. Vielmehr sollte daraus der viel allgemeinere Schluß gezogen werden, daß die Person durch ihre intellektuelle Ausstattung in der Lage ist, sich selbst im Rahmen eines solchen Bezugssystems wahrzunehmen und zu beurteilen, dem die eigene Person zwar angehört, bei dem sie aber nicht gleichzeitig den Bezugspunkt des Systems repräsentiert, sei es dyadisch oder multipersonal strukturiert. So kann etwa die einzelne Bezugsgruppe als fiktiver Partner genauso den Bezugspunkt des Wahrnehmungs- bzw. Beurteilungssystems darstellen wie etwa die Gesellschaft als Ganzes, die fiktive Figur des »Gesetzgebers« oder das Über-Ich als introjizierte Vaterfigur, die mehr oder weniger gnädig auf uns »herniederblickt« (vgl. *Erikson,* 1970, S. 130). Sicher verfügt die reife Person über die Fähigkeit, ihre eigene relative Position einzustufen und zu bewerten, d. h. sich unter den Bedingungen eines bestimmten Bezugssystems wahrzunehmen. Sozialpsychologische Untersuchungen mit Kleingruppen haben gezeigt, daß eine Person innerhalb realer Gruppenbeziehungen, aber auch virtuell bei Abwesenheit der übrigen Gruppenmitglieder ihre relative Position mehr oder weniger genau anzugeben vermag. Es ist allerdings naheliegend, daß mit Abnahme des Realitätsbezugs die eigenen Wunschprojektionen stärkeren Einfluß auf die relativierte Beurteilung der eigenen Person ausüben können. Auf die Bedeutung der fremd-bestimmten Bezugssysteme und ihrer Übernahme durch die Person wird im Zusammenhang mit der Genese des Selbstkonzeptes näher eingegangen.

Zum Schutze und zur Absicherung der eigenen Person als hoher oder sogar höchster Wert (vgl. *Newcomb*, 1959 a), dessen Infragestellung oder Beeinträchtigung existenzbedrohend erlebt wird und daher eine höchste Dringlichkeitsstufe aufweist, entwickelt das Individuum im Laufe seiner Biografie ein mehr oder weniger konsistentes System von Annahmen über sich selbst, das ein Verstehen, aber insbesondere die Voraussage des eigenen Denkens, Fühlens und Handelns in künftigen Situationen, vor allem jedoch auch eine möglichst präzise Vorhersage von Erfolg oder Mißerfolg der eigenen Präsentation in bestimmten, konkreten Situationen gewährleisten soll. Da eine sichere Vorhersage von Erfolg bzw. Mißerfolg nur situationsspezifisch möglich ist, bedarf das Selbstkonzept als »Theorie« über die eigene Person als Ergänzung ein möglichst präzises und differenziertes Umwelt-Konzept.

Die Funktion dieser »persönlichen Theorie« ist es, die »Rolle« der eigenen Person verständlich zu machen und die eigene Person in einen überpersonellen, übersituativen und überzeitlichen Bezugsrahmen zu stellen. Gelingt eine widerspruchsfreie Zuordnung von Selbst-Konzept und Umwelt-Konzept, wie dies in verhältnismäßig geschlossenen sozialen Systemen unter der Bedingung positiver und stabiler interpersoneller Beziehungen der Fall ist, so befindet sich die Person in einer harmonischen, stabilen Beziehung zur Welt. Dies bedeutet, daß die Person sowohl über ein stabiles Selbstkonzept verfügt, als auch über eine dazu korrespondierende stabile »Weltanschauung« (vgl. *Erikson*, 1966, S. 202; *Jacobson*, 1964; *Jaspers*, 1960). Solche Bedingungen gelten beispielsweise für die Zeit der frühen Kindheit, in der unter der Voraussetzung harmonischer Familienbeziehungen aus der Perspektive des Kindes ein abgeschlossenes System vorliegt. Mit gewissen Einschränkungen gilt dies auch für die traditionale dörfliche Gemeinschaft.

Diese inhaltliche wechselseitige Bedingtheit von Selbstkonzept und Umweltkonzept zeigt sich nach *Maslow* und *Mittelmann* (1951) konkret darin, daß sich eine Person mit negativem Selbstkonzept immer einer übermächtigen Umwelt ausgesetzt sieht, während eine von sich überzeugte Person damit rechnet, sich gegen die Umwelt durchzusetzen und zu behaupten. Die wechselseitige Bedingtheit von Selbstkonzept und Umweltkonzept wird gerade auch durch die empirisch nachweisbaren, relativ stabilen Attributionsmuster der Erklärung von Erfolg und Mißerfolg (vgl. *Heckhausen*, 1972; *Meyer*, 1973; *Weiner* et al. 1971) deutlich, die generelle Erwartungen einer externalen oder internalen Orientierung im Sinne von *J. B. Rotter* (1966) ausdrücken, d. h. Annahmen darüber, in welchem Ausmaß das persönliche Schicksal durch eigene Bemühungen beeinflußt werden kann.

Das Selbstkonzept hat als subjektive »Theorie« über die eigene Person in ganz ähnlicher Weise wie eine wissenschaftliche Theorie eine *Erklärungsfunktion* und eine *Vorhersagefunktion*. Da eine Theorie um so brauchbarer ist, je genauer sie die Wirklichkeit abbildet, muß auch die »Theorie« über die eigene Person — genauso wie in der Wissenschaft — der Empirie standhalten. Dies bedeutet im speziellen Fall, daß das Selbstkonzept der Person, oder besser gesagt einzelne hypothetische Extrapolationen, einer empirischen Überprüfung ausgesetzt werden müssen. Allerdings muß dabei gleichzeitig das Risiko einer möglichen Falsifikation eingegangen werden, wobei aber zu bedenken ist, daß jede Falsifikation je nach dem Ausmaß der Betroffenheit eine mehr oder weniger starke »Identitätskrise« im Sinne von *Erikson* (1965, 1966) notwendigerweise nach sich ziehen wird. Aus diesem Grunde bedeutet prinzipiell jede Änderung der gewohnten (und geschätzten!) Umgebung, vor allem aber jede Änderung des ursprünglichen sozialen Systems, d. h. der Mitgliedschafts- oder der Bezugsgruppen, eine genuine Gefahr für die Existenz des Individuums, so daß solche freiwilligen oder erzwungenen Umorientierungen typischerweise von Fragen nach dem Sinn der eigenen Existenz oder in verallgemeinerter, unpersönlicherer Form nach dem »Wesen des Menschen« bzw. nach dem »Sinn des Lebens« begleitet sind.

Die auftretende Existenzkrise wird dabei um so fundamentaler sein,

1. je ausschließlicher die bisherigen Beziehungen zu Objekten oder Personen waren;
2. je seltener bisher ein Wechsel erfolgte, vor allem bei Gruppenbeziehungen bzw. bei der Zusammensetzung der Gruppe (vgl. *M. Rosenberg*, 1965);
3. je abrupter der Wechsel erfolgt, beispielsweise Verluste durch Tod oder Scheidung, Vertreibung aus politischen Gründen, Haft oder Internierung;
4. je ungefestigter das Individuum in seinem Selbstkonzept ist, d. h. je früher solche Veränderungen erfolgen.

Die genannten Bedingungen sind selbstverständlich nicht unabhängig voneinander, wirken jedoch hinsichtlich der Schwere der Krise kumulativ (vgl. Kap. 3.4.2.).

Es soll noch einmal hervorgehoben werden, daß der Wert des Selbstkonzeptes nur insofern gegeben ist, als es sich um eine »verifizierte« Theorie über die eigene Person handelt. Dies bedeutet, daß zumindest einige wesentliche Aspekte des behaupteten Selbstkonzeptes empirisch erprobt sein müssen. Ist einmal ein solches Selbstkonzept etabliert, so ist freilich die Gefahr einer echten Falsifikation, d. h. einer subjektiv anerkannten Falsifikation, um so geringer

1. je weniger explizit die »Theorie« oder ihre speziell daraus abgeleiteten »Hypothesen« sind;
2. je weniger konsistent die »Theorie« ist, da wissenschaftstheoretisch ein einziger Widerspruch im Axiomensystem genügt, um logisch alles zu beweisen. Diese Aussage gilt jedoch nur für den inhaltlichen Aspekt, da ein widersprüchliches Selbstkonzept notwendigerweise mit einer Reduktion des Selbstwertgefühls einhergehen muß, so daß die genannten beiden Punkte mehr oder weniger nur theoretisch relevant sind.

Bedeutungsvoller ist vielmehr, daß — bedingt durch die Eigentümlichkeit des Gegenstandes — der empirische Befund erst im Hinblick auf eine Verifikation bzw. Falsifikation des Selbstkonzeptes interpretiert werden muß, wobei durch die Wirksamkeit einer positiven Motivation gegenüber dem eigenen Selbst-Bild in der Regel bei der Interpretation im Sinne des Konsistenz-Prinzips ein konstanter systematischer Fehler eingeht (vgl. *G. Murphy*, 1947, S. 536; *M. Rosenberg*, 1965, S. 8). Schließlich ist es primär nicht ein Anliegen des Besitzers dieser »Theorie«, sie objektiv zu überprüfen, sondern das Grundanliegen ist hier — man darf wohl anmerken im Gegensatz zur Wissenschaft — die Aufrechterhaltung der Gültigkeit mit dem Ziel einer Erhaltung der Konsistenz des Selbstkonzeptes (*P. Lecky*, 1945; 1968) als allgemein anerkanntes Grundstreben des Individuums (*W. Keller*, 1963; *Krappmann*, 1971). Mithin werden die Situationen, besonders aber die sozialen Kontakte dahingehend ausgewählt, daß die Gefahr einer Infragestellung bzw. Falsifikation der eigenen Person nach Möglichkeit minimiert wird (vgl. *Steinert*, 1972). Die Wirksamkeit dieses existentiell wesentlichen Motives nach Erhaltung bzw. Steigerung des Selbstwertes macht sich bei der emprischen Erprobung des Selbstkonzeptes als »Theorie« über die eigene Person als Selektionsfilter bemerkbar, so daß ein Ergebnis zustande kommt, das man als *eklektizistische Verifikation* bezeichnen kann. Um unangenehme Überraschungen zu vermeiden oder nach Möglichkeit das Risiko klein zu halten, erfolgt eine Orientierung an den allgemeinen oder speziellen Erwartungen über die Interaktionspartner, wobei das eigene Verhalten nach Art von vorwissenschaftlichen entscheidungstheoretischen Strategien (vgl. *Reber*, 1973) oder nach impliziten Handlungsmodellen erfolgt (vgl. *Rosemann*, 1973).

Durch die Wirksamkeit dieses Selektionsprinzips ergibt sich auch eine spezielle Bedeutung des *Homans*'schen Theorems, wonach sich unter Freiheitsbedingungen die Interaktionshäufigkeit und der Grad an Sympathie wechselseitig zu steigern vermögen und daher positiv korreliert sind (vgl. *Homans*, 1965, 1968), da solche sozialen Kontakte besonders forciert werden, die eine Verifikation des eigenen Selbstkonzeptes zu leisten vermögen. Sofern daher eine Bedürfnisbefriedigung durch den Interaktionspartner positive, eine Nicht-Befriedigung negative Auswirkung auf die Selbsteinschätzung ausübt, läßt sich das *Homans*'sche Theorem wie folgt spezifizieren:

Wenn die Häufigkeit der Interaktionen von zwei oder mehreren Personen zunimmt, impliziert dies ein Ansteigen der Wichtigkeit der Interaktionspartner für die wechselseitige Verifikation der Selbstkonzepte, somit auch für eine steigende wechselseitige Sympathie.

Ein Beweis für die spezielle Bedeutung dieses Theorems ist die zähe Festigkeit von Freundschaftsgruppen, vor allem von »peer-groups«, denen als komplementäre Erscheinung bei Identitätskrisen eine besondere Bedeutung zukommt. Auffällig ist bei solchen Gruppenbeziehungen, daß auch nach jahre- oder jahrzehntelanger Trennung beispielsweise bei einem zufälligen Zusammentreffen längst anachronistisch gewordene Rollenspezifikationen reaktiviert werden. Anders ausgedrückt handelt es sich bei diesen »peer-group«-Beziehungen um wohl-etablierte und bewährte Selbst- und Fremd-Bestätigungspraktiken, d. h. um Verhaltensmuster mit »ego-involvement«, deren Durchführung und deren rückgekoppelter Erfolg um so wertvoller sind, je ausschließlicher sie waren. Besonders deutlich erhellt sich daraus die enorme Bedeutung der Familie als Primärgruppe für die Konstruktion und Verifikation des Selbstkonzeptes als »Theorie über die eigene Person«. Hierauf wird bei der Behandlung der Genese des Selbstkonzeptes noch näher einzugehen sein. Gänzlich anders liegen die Verhältnisse unter Zwangsbedingungen, die auch z. T. für die Primärgruppenbeziehungen in der frühen Kindheit zutreffen. Tritt bei solchen erzwungenen Interaktionen »objektiv« keine Verifikation oder Bestätigung des Selbstkonzeptes auf, so erwächst daraus eine akute Gefährdung der individuellen Identität (*Brocher*, 1969; *Goffman*, 1969; *Erikson*, 1966).

Neben der Technik einer selektiven Interaktion gibt es noch eine Reihe von stabilisierenden Mechanismen, die eine Aufrechterhaltung der Konsistenz ermöglichen. So kann die Person in solchen Fällen, wo die aktuellen Erwartungen von Interaktionspartnern nicht mit dem Selbstkonzept oder dem Verhalten der eigenen Person übereinstimmen, eine entsprechende Interpretation im Sinne einer Bestätigung des eigenen Selbstkonzeptes vornehmen, so daß beispielsweise ein objektiver Mißerfolg »weg-interpretiert« wird. *Secord* und *Backman,* (1964, S. 584 f.), sprechen in diesem Zusammenhang von »misperception« und erwähnen eine Anzahl von Untersuchungen, die nachwiesen, daß im allgemeinen zwischen dem Selbstkonzept und der eigenen Vermutung darüber, wie man von anderen Personen gesehen wird, eine größere Übereinstimmung besteht als die objektive Übereinstimmung zwischen dem Selbstkonzept und der tatsächlichen Ansicht von anderen Personen in konkreten Situationen (vgl. *Miyamoto* und *Dornbusch,* 1955; *Reeder, Donohue* und *Biblarz,* 1960). Auch die Untersuchungen von *McIntyre* (1952), *Fey* (1955) und von *J. Williams* (1962) lassen im großen und ganzen erkennen, daß Personen mit einem positiven Selbstkonzept dazu tendieren, sich auch in konkreten Situationen von anderen akzeptiert zu fühlen, obwohl dies aktuell gar nicht zutreffen muß, ja daß sie vielleicht sogar weniger beliebt sind als die übrigen Mitglieder der Gruppe (vgl. *Fey,* 1955). Die Fehl-Wahrnehmung aufgrund des vorhandenen Selbstkonzeptes kann sogar als »Wahrnehmungsabwehr« bis zu einer Verleugnung partieller Strukturen der Realität führen (vgl. *Graumann,* 1956, 1966). Weitere Möglichkeiten ergeben sich aber auch aus den Techniken der »Dissonanz-Reduktion« nach *Festinger* (1957; 1964; vgl. auch *Lawrence* und *Festinger,* 1962; *Brehm* und *Cohen,* 1965), sowie durch die interne Differenzierung des Selbstkonzeptes nach verschiedenen »levels«, die jeweils für den Träger mit einer unterschiedlichen Verbindlichkeit gekoppelt sind (vgl. Kap. 2.3.2.3.).

Weitere Möglichkeiten einer Absicherung des Selbstkonzepts bietet schließlich die Anwendung der *Freud*'schen »Abwehrmechanismen«. Wie diese Abwehrmechanismen im Lichte des hier vorgeschlagenen theoretischen Ansatzes aufgefaßt werden können, sei am Beispiel der Verdrängung kurz aufgezeigt. »Verdrängung« ist in diesem Sinne nichts anderes als die Exklusion von bestimmten Konzepten aus dem Inventar des Selbstkonzeptes einer Person. Dieser Ausschluß kann aber nicht so erfolgen, daß die entsprechenden Konzepte einfach verschwinden, vor allem — wie dies ja normalerweise der Fall ist — wenn sie in Verbindung mit der Befriedigung von wichtigen Motiven stehen, sondern sie werden lediglich durch Gegen-Konzepte (»Gegen-Vorstellung« nach *Freud*) ersetzt und inhibiert, wobei sie jedoch durch diese Motive grundsätzlich trotzdem jederzeit aktualisierbar bleiben, wenngleich ihre Aktivierung aktuell Angst auslösend wirkt. Insofern ist die Verdrängung in der Tat, wie *Freud* betont, kein einmaliger Akt, sondern ein permanenter Prozeß, da diese nicht akzeptierten Konzepte latent ihren ursprünglichen Befriedigungswert behalten, solange sie nicht echt durch andere Konzepte überformt und ersetzt sind.

Die beschriebenen Mechanismen können jedoch nur kurzfristig die Konsistenz erhalten bzw. wieder herstellen. Langfristig kommt es normalerweise zu einer Veränderung des Selbstkonzeptes als Anpassung an die veränderten Bedingungen, so daß die Teilstrukturen des Selbstkonzeptes als Orientierungsschablonen nur eine relative Konstanz aufweisen, wobei im Sinne von *Piaget* eine »Akkomodation« dieser kognitiven Schemata über die eigene Person eintritt (vgl. Kap. 4.3.).

Jede empirische Erprobung des Selbstkonzeptes als einer »Theorie« über sich selbst kann aber aus logischen und systematischen Gründen nur eine *partielle* Erprobung sein, da man niemals seine sämtlichen Eigenschaften gleichzeitig darzubieten vermag; außerdem findet die empirische »Überprüfung« unter ganz bestimmten Bedingungen statt. Es gilt daher grundsätzlich:

1. Das Ergebnis einer solchen empirischen Überprüfung des Selbstkonzeptes bezieht sich immer nur auf Teilaspekte, d. h. auf Teilinhalte des Selbstkonzeptes.
2. Das Ergebnis ist immer von den besonderen Bedingungen der jeweiligen Überprüfungssituation abhängig, d. h. es ist stichprobenabhängig.
3. Beide genannten Aspekte bieten einen entsprechenden Raum für subjektive Interpretationen, sowie für die beschriebenen Techniken zur Aufrechterhaltung und Absicherung eines etablierten Selbstkonzeptes bzw. einer günstigen Selbstwertschätzung.

Je nach Art des typischen »Experimentierfeldes« zum Zwecke der Datengewinnung über die eigene Person, lassen sich entsprechend Sub-Konzepte als kognitive Strukturen individueller Erfahrungen auf diesen Gebieten unterscheiden, wobei diesen Sub-Konzepten je nach den entwicklungspsychologischen und sozialpsychologischen Bedingungen eine unterschiedliche Bedeutung für die Behauptung der individuellen Identität zukommt.

Der hier vorgeschlagene theoretische Ansatz einer »eklektizistischen Verifikation« des Selbstkonzeptes als »Theorie« über die eigene Person weist darauf hin, daß das Individuum nicht als einseitig vom Milieu abhängiger Organismus aufgefaßt wird, der mehr oder weniger hilflos den Einflüssen der »sozialen Prägung« ausgesetzt ist. Vielmehr wird hier davon ausgegangen, daß sich das Individuum mit seiner Umgebung aktiv auseinandersetzt, und zwar sowohl mit den sachlichen Gegenständen der Umgebung als auch mit den Personen als Interaktionspartner. Da ein großer Teil der aktuellen Situationen nicht einfach mit habitualisierten Verhaltensmustern zu bewältigen sind, erfordern sie zumindest eine spezifische Definition der Situation, dies vor allem bei neuen sozialen Kontakten oder bei »alten« Kontakten, bei denen »neuartige«, d. h. bisher unbekannte und daher unerwartete Verhaltensreaktionen auftreten (vgl. *Krappmann,* 1971). Überdies ist zu berücksichtigen, daß das Individuum schon frühzeitig durch seine Triebe und Bedürfnisse ausgesprochen aktive Züge in die Auseinandersetzung mit der Umwelt einbringt (vgl. *Eiduson,* 1969), ganz gleich, ob die individuelle Aktivität mehr »spontan« (*H. A. Müller,* 1967) oder im Wege imitativer Prozesse ausgelöst wird. Gerade in der Notwendigkeit einer individuellen Neudefinition konkreter Situationen, die als solche mehrere verschiedenartige, sich jedoch gegenseitig ausschließende Handlungen (vgl. *Johnstone,* 1970) zulassen, liegt angesichts der gegebenen Entscheidungsfreiheit die eigentliche Chance des Individuums zur »Autonomie« im Sinne einer »proaktiven Anpassung« (*Allport,* 1960 d) und damit zur »Personalisation« *(Th. Scharmann),* aufgefaßt als Transzendierung des durch die Sozialisation determinierten Verhaltensspielraumes. Anders ausgedrückt ergibt sich unter solchen Bedingungen die Möglichkeit einer veränderten Sollwertfestsetzung im Sinne einer besseren, aktiven Anpassung an die veränderten Verhältnisse, wobei dann diese neue Soll-Norm als Richtgröße für die Behauptung der individuellen Identität fungiert (vgl. *Allport,* 1960 d; *Schneewind,* 1973 b; *Seifert,* 1969). Gerade für die Zeit der Kindheit und ganz besonders für den Übergang zum jungen Erwachsenen besteht die Notwendigkeit einer solchen Sollwert-Änderung, die bei schwierigen Sozialisationsbedingungen bis zu dramatischen, sprunghaften Umorientierungen in der Pubertät führen können (dazu ausführlicher in Teil 4.3.).

2.3. Interne Struktur des Selbstkonzepts

Es wurde bereits aufgezeigt, daß dem Individuum für die Sammlung von Informationen über die eigene Person eine Anzahl verschiedenartiger Informationsquellen zur Verfügung steht, die in der Regel ihrerseits eine Kollektion recht unterschiedlicher und vor allem recht unterschiedlich bedeutsamer Daten liefern. Entsprechend der Vielfalt dieser Erfahrungen bildet sich, zentriert um den betreffenden Gegenstand, eine Reihe von Konzepten, die am Anfang noch relativ unverbunden nebeneinander bestehen und die nach den Befunden der Entwicklungspsychologie zunächst zu ziemlich lückenhaften übergeordneten Konzepten integriert werden. Als Beispiel sei hier der »Kopffüßler« als frühes Konzept über den menschlichen Körper genannt.

Die Erfahrungen, daß sich für die eigene Person eine Anzahl von Merkmalen feststellen lassen, die das Individuum als »ein gegenüber einer Umgebung räumlich abgegrenztes, in sich abgeschlossenes, relativ unabhängig bewegliches Gebilde« (*Kaminski*, 1970, S. 212) abhebt, führen schließlich dazu, daß sich das Individuum selbst als »invarianter räumlicher Bezugspunkt« (*Kaminski*), als »axis of meaning« (*D. R. Miller*) und als »achieving unity« (*Murphy*), d. h. als eine Gesamtheit erlebt.

Auch wenn in der entwickelten Form ein mehr oder weniger geschlossenes »Selbst-Konzept« oder »Selbst-Bild« als konkrete Ausformung und Verdichtung der Vielzahl vorhandener Konzepte über die verschiedenen Merkmalsklassen der eigenen Person entwickelt wird, lassen sich doch im allgemeinen typische Sub-Konzepte unterscheiden, die situationsspezifisch aktivierbar und aus diesem Grunde methodisch erfaßbar sind.

In den folgenden Abschnitten soll daher versucht werden, mittels differenzierender Aspekte eine Ordnung dieser speziellen Konzepte vorzunehmen. Hierbei erweist es sich als notwendig, zunächst die subjektiven Annahmen über »formale Funktionen« von den besonderen Inhalten zu trennen.

2.3.1. Formale Funktionen

Geht man subjektiv aufgrund unmittelbarer oder mittelbarer Erfahrungen von der Voraussetzung aus, daß es ein »Ich« gibt (vgl. Genese des Selbstkonzepts), und wird ferner angenommen, daß dieses »Ich« nicht mit dem introspektiv im Bewußtsein vorfindbaren Inhalt gleichzusetzen ist, dann führt die introspektive Analyse der Merkmale des Ich mit diesen subjektiven Setzungen notwendigerweise als Ergebnis zur Auffindung formaler Funktionen. Entsprechend wird auch im wissenschaftlichen Bereich üblicherweise das »Ich« als System von Funktionen aufgefaßt (vgl. *H. Hartmann,* 1960; *Kovacs,* 1969). Dabei muß aber betont werden, daß eine solche Setzung auf Konzepten als Strukturen mit relativer Dauer beruht und daß damit ein enger Zusammenhang zwischen dem phänomenal »Gegebenen« und den im Laufe einer individuellen Biografie entwickelten Strukturen als »geronnener« Erfahrung besteht.

Als Hauptergebnis kommt man dann im großen und ganzen zu den beiden formalen Eigenschaften des persönlichen Konstruktes »Ich«, nämlich das »Ich« als »*Bewußtseins-Subjekt*« und als »*Entscheidungsinstanz*«. Die hier verwendete Argumentation ist rein psychologisch zu verstehen und bezieht sich nicht — das sei hier ausdrücklich festgestellt — auf eine erkenntnistheoretische Fragestellung.

2.3.1.1. »Ich« als Bewußtseins-Subjekt

Nahezu alle Ordnungsversuche enthalten eine Kategorie des »wissenden« Ich, des »Ego as knower« *(Allport)* oder des »reinen« Ich (pure Ego) bzw. des »I« bei W. *James* als den Inbegriff der Subjekthaftigkeit und Zentralität. Es wird ferner übereinstimmend festgestellt, daß sich dieses Bewußtseins-Subjekt jeglicher empirischer Erfassung entziehe, wobei es als später Nachfahre des alten Seelenbegriffes häufig substantiell angenommen wurde (z. B. *Kant*). Diese Funktion des wissenden Ich, dem wohl auch das »self as perceiver« von *Vernon* zugeordnet werden kann, wie auch das Ich als »Subjekt der psychischen Vorgänge« von *K. Österreich* und ebenfalls das Ich als Bewußtseins--Subjekt nach *Kafka* (vgl. *H. A. Müller*, 1969) ist der letzte, zentrale und intimste Bezugspunkt allen Erlebens, der gleichzeitig die Idee der Einheit der erlebenden Person präsentiert. Es ist die Funktion, der alle Wahrnehmungen, Denkabläufe, aber auch Motive und Gefühle präsentiert sind und die sich nach *Allport* als »endgültiges und unumgängliches Postulat« (1958, S. 52) ergibt.

2.3.1.2. »Ich« als Entscheidungsinstanz

Dieser wissenden Funktion scheint als zweites formales Merkmal eine entscheidende, steuernde und vollziehende Funktion zugeordnet, nämlich als zentraler Ansatzpunkt der Motivation *(Thomae)*, als »executive and motivator« *(Vernon)*, als neutrale Instanz, die bei Motivkonflikten entscheidet *(Pfänder)*, sowie als Verursacher von Körperbewegungen und Aktivitäten im Sinne des »Aktivitäts-Bewußtseins« nach *Jaspers* (1965, S. 101) bzw. der »control of activity« bei *D. R. Miller* (1963). Diese steuernde und organisierende Funktion entspricht auch weitgehend dem »rationalen« Ich bei *Allport,* das bei Problemen Lösungen herbeizuführen vermag, und es stellt wohl als »Zensor« bzw. Kontroll-Instanz eine wesentliche Funktion des *Freud*'schen Ich im Hinblick auf die Vermittlung zwischen den Triebansprüchen des Es, den perzipierten Möglichkeiten der Außenwelt und den normativen Ansprüchen des Über-Ich dar. Das Ich nach *Freud* enthält allerdings auch noch eine Wissensfunktion, jedoch eingeschränkt durch das Merkmal der Bewußtseinsfähigkeit der jeweiligen Inhalte. Auch die formale Instanz des Ich bei *Lersch* (1966) mit den beiden Funktionen des Denkens und Wollens entspricht weitgehend dem »rationalen« Ich bei *Allport* und kann hier im wesentlichen zugeordnet werden.

Beide formalen Funktionskomplexe sind explikative Konstrukte, die als solche eine Erklärung für die subjektiv wahrnehmbaren Prozesse einer Steuerung und Kontrolle der Motorik (z. B. Bewegen des rechten Arms) aber auch für die perzipierte Invarianz wesentlicher Merkmale der eigenen Person dienen. Im Zusammenhang mit der Behandlung des »fiktiven Wahrnehmungsbezugspunktes« (vgl. 3.1.2.1.) wird auf diesen Sachverhalt noch näher eingegangen. Daß jedoch Lernprozesse im Sinne einer Verknüpfung von Schemata eine bedeutsame Rolle spielen, ist bei folgender einfacher Versuchssituation zu erkennen: Versucht man, eine vorgegebene Strichfigur mit dem Stift nachzuziehen, wobei man nur über einen

Spiegel (oder über eine Videoanlage) ein Handlungsfeedback aus ungewohnter Perspektive erhält, dann macht man die beunruhigende Erfahrung, daß die Motorik nicht mehr »gehorcht«. Bei einem Feedback ohne zeitliche Verzögerung gelingt es dann relativ rasch, die motorischen und die visuellen Schemata zu neuen »Wenn-Dann«-Schemata zu verknüpfen. Allerdings konnte experimentell nachgewiesen werden, daß etwa ab einer zeitlichen Verzögerung des Feedbacks (z. B. durch eine Bandschleife) von 0,5 Sekunden keine Lernprozesse mehr möglich sind.

Noch deutlicher wird die Bedeutung solcher Konstrukte am Phänomen des Wahnes als pathologische Ausformung des Selbstkonzepts, der als Erklärungsversuch für ungewöhnliche Körpersensationen und Erlebnisse zu interpretieren ist.

Logisch kann man die genannten Ich-Funktionen im Grunde genommen auch als ein formales Modell »beobachteter« Informationsverarbeitung auffassen. Es gibt eine Funktion des Informationszuflusses und der Informationsspeicherung (= wissende Funktion), deren Inhalt sozusagen die Stör-Größe, Ist-Größe und Soll-Größe repräsentiert, während die Entscheidungsfunktion gleichzeitig das Stell-Glied des kybernetischen Systems darstellt. (vgl. *Rohracher*, 1960, 1961; *Herrmann*, 1969; *Seifert*, 1969).

2.3.2. Inhalt des Selbstkonzepts

Streng genommen gehören auch die »formalen Funktionen« zu den Inhalten des Selbstkonzepts, da sie als Resultat der Selbstbeobachtung letztlich ebenfalls »Wenn-Dann«-Schemata darstellen, die allerdings bis in den nicht-kognitiven Bereich hineingehen (z. B. willkürliches Auslösen der Muskelbewegung). Die Vielfalt der Inhalte des Selbstkonzepts ließ es jedoch ratsam erscheinen, diese genannten Funktionen getrennt zu behandeln.

2.3.2.1. Gegenstandsbezug

Eines der ersten und wichtigsten Experimentiergebiete ist nach übereinstimmender Ansicht der eigene Körper *(W. James, G. W. Allport, W. Metzger, Freud* u. a.*)*. Durch schmerzhafte Empfindungen, durch das Spiel mit den eigenen Gliedmaßen, durch das Erlebnis des Einflusses auf die Motilität im Sinne des »Aktivitätsbewußtseins« *(Jaspers)* und schließlich durch die Tatsache, daß der eigene Körper als »Invariante« *(Kaminski*, 1964; *Th. Herrmann*, 1969*)* ein ständiger Begleiter in allen Situationen und Begebenheiten ist, entsteht im Laufe der individuellen Entwicklung ein Konzept über den eigenen Körper. Dieses individuelle *Körper-Konzept* bezieht sich auf alle in der bisherigen Biografie relevanten Eigenschaften und Merkmale, nicht jedoch auf Aspekte, die bisher noch keine Rolle gespielt haben. So konnte beispielsweise *E. L. Horowitz* in einer kasuistischen Untersuchung im Jahre 1935 bei Kindern im Alter von 3 bis 4 Jahren zeigen, daß der eigene Rücken nicht zum Selbstkonzept gehört (nach *Murphy*, 1966, S. 483). Offensichtlich deutet dies darauf hin, daß der Rücken als Körperteil in diesem Alter erfahrungsgemäß mehr oder weniger irrelevant ist.

Eine Relativierung erfährt das Körper-Konzept allerdings durch die zum Teil gleichzeitig ablaufenden sozialen Vergleichsprozesse, die eine sachliche und evaluative Einschätzung im Vergleich mit anderen Personen ermöglichen.

Auf ähnliche Weise erwirbt das Individuum auch ein Konzept über die individuellen *Fähigkeiten und Begabungen,* wobei gerade in diesem Bereich eine Determination durch die allgemeinen und speziellen Erwartungsstrukturen und Erziehungspraktiken der Familie als Primärgruppe nachweisbar ist. Besonders wesentlich ist in diesem Zusammenhang nach Untersuchungen von *W. U. Meyer* (1973), *Schneewind* (1973 a) sowie *Brandtstädter* und *Schneewind (1973)* das Merkmal, inwieweit sich eine Person die Konsequenzen ihres Verhaltens als von ihr selbst verursacht zuschreibt (vgl. *Kelley,* 1967). Aus den Arbeiten von *Rotter* (1966), *Rotter, Chance* und *Phares* (1972) sowie aus den zusammenfassenden Arbeiten von *Joe* (1971) und von *Lefcourt* (1972) geht hervor, daß Personen mit einer »internalen Bekräftigungskontrolle«, d. h. also solche Personen, die die Ereignisse ihres Lebens hauptsächlich als Folge ihrer eigenen Handlungen erleben, im sozialen Bereich aktiver sind, weniger leicht beeinflußt werden können, längeren Befriedigungsaufschub zu leisten vermögen und leistungsmotivierter sind als Personen, die sich external kontrolliert erleben.

In gleicher Weise erfolgt auch eine »Attribution« anderer Fähigkeiten und Kenntnisse, die man sich in bestimmter Ausprägung zu-erkennt. Besonders leicht läßt sich der soziale Einfluß an der geschlechtsspezifischen Ausprägung von Fähigkeiten und Begabungen aufzeigen, d. h. von solchen Eigenschaften bzw. Verhaltensweisen, die man als typisch »männlich« oder »weiblich« ansieht. Nachgewiesen wurde dies vor allem für die Bereiche der technischen Begabung und der Befähigung für Führungsaufgaben (vgl. *W. Neubauer,* 1972 b; *Wagner, Körner* und *Neubert,* 1966). Gerade an diesem Beispiel zeigt sich die Wirkung sozialer Bewertungsprozesse besonders klar, vor allem wenn man bedenkt, daß das Selbstkonzept infolge seiner Wirkung als Orientierungsfunktion und durch die Tendenz zu einer eklektizistischen Verifikation im Sinne der »self-fulfilling prophecy« *(K. Merton,* 1957) einen Kanalisierungseffekt auslöst, der letztlich zu einer Bestätigung der stereotypen Erwartungsstruktur führt.

Ein außerordentlich wichtiges Experimentierfeld stellt auch jede *Gruppe* dar, der man als Mitglied angehört. Durch die in der Kleingruppe vorhandenen sozialen »feed-back«-Prozesse wird das Individuum in die Lage versetzt, die Wirkungsweise seiner eigenen Person zu erfahren und auf diese Weise ein *»soziales Selbst« (W. James),* aufgefaßt als individuelles Konzept über die relativen Eigenschaften der eigenen Person als Mitglied einer bestimmten Gruppe, zu entwickeln. Die Wirkungsweise der eigenen Person ist sowohl direkt über explizite verbale Äußerungen der übrigen Gruppenmitglieder, als auch indirekt über das Verhalten der Gruppenmitglieder ablesbar, so daß man sagen kann, daß sich die Merkmale des Individuums in den Reaktionen der übrigen Gruppenmitglieder abbilden bzw. widerspiegeln. Dies drückt auch der von *Ch. Cooley* im Jahre 1902 im Anschluß an die Ausführungen von *W. James* geprägte bekannte Terminus des »Spiegel-Selbst« (looking-glass self) aus.

Sofern die verschiedenen Gruppen, denen man im Laufe des Lebens angehört, als abgegrenzte Experimentierfelder unterschiedlich strukturiert sind, hat man in der Tat so viele verschiedene »soziale« Selbste *(W. James, G. H. Mead)* wie Gruppen, denen man angehörte. Die Wichtigkeit eines solchen einzelnen sozialen Selbstes, das sich ursprünglich immer auf eine spezielle Gruppe bezieht, bestimmt sich nach lerntheoretischen Aspekten, wobei ein spezielles soziales Selbst für das Individuum um so wichtiger ist:

1. je ausschließlicher es ist, d. h. je weniger Gruppen man angehört;
2. je wichtiger die Gruppe für die eigene Existenz ist, d. h. je bedeutsamer deren Meinung ist;
3. je früher diese Erfahrungen gemacht werden, da sie dann einen Effekt der »Kanalisation« *(G. Murphy)* ausüben; *Newcomb* spricht diesbezüglich von einer Art »Vorzugsrecht« (1959 a, S. 255);
4. je häufiger dieses soziale Selbst in Interaktionen bestätigt wurde, d. h. je wichtiger das »Funktionieren« dieses sozialen Selbstes als Orientierungskonzept zum Zwecke der Selbst-Behauptung und der Selbst-Bestätigung für das Individuum ist.

Die genannten Merkmale schließen sich nicht aus, lassen sich aber so zusammenfassen, daß ein soziales Selbst um so eher eine zentrale Position im eigenen Persönlichkeitsbild einnehmen wird, je weniger divergierende Informationen vorhanden sind.

Zur Vervollständigung der ohnedies bereits vorhandenen Sprachverwirrung werden neuerdings die Begriffe »soziales Selbst« oder »Rollenselbst« unter dem Einfluß soziologischer Fragestellungen immer häufiger durch den Begriff »Rollenidentität« (oder nur »Identität«) ersetzt; so beispielsweise bei *Lindesmith* und *Strauss* (1974), aber auch bei der deutschen Ausgabe des Hauptwerkes von *G. H. Mead* »Mind, self and society«. Auf diese Mehrdeutigkeit wird bei der Behandlung des Problems der Identität noch zurückzukommen sein.

2.3.2.2. Zentralität

Neben der Gliederung nach Erfahrungsfeldern findet sich in der Literatur übereinstimmend als weiterer Gliederungsgesichtspunkt der »Binnen-Struktur« *(Thomae,* 1968) eine Gliederung nach der Dimension »innen — außen« bzw. nach der Zentralität oder »Kernnähe« der einzelnen Konzepte, d. h. nach dem Grad des »ego-involvement« *(Newcomb,* 1959 a; *Sherif* und *Cantril,* 1947; *Sherif* und *Sherif,* 1956). Gemeint ist damit die subjektiv erlebte Zentralität, bezogen auf die gedachte Raumstruktur des Modells der eigenen Person. Bei den einzelnen Personen kann dieses Raum-Modell äußerst unterschiedlich aussehen. Die Möglichkeiten reichen von eher abstrakten Vorstellungen (Kugelmodell u. a.) über konkrete Modelle (»Zwiebel«-Modell, »Frucht«-Modelle etwa nach dem Spruch »Harte Schale, weicher Kern«) bis hin zu einer konkreten Lokalisierung im eigenen Körper (»Herz«, verschließbares »Herzkämmerchen« u. a.).

Dem *Kern* (core) der Person zugeordnet wird jener Teil des Selbst-Konzeptes, der als »real core« oder »private self« *(Vernon),* als »truest, strongest, deepest self« *(W. James),* als »primary self« *(Dai)* oder als »unbedingtes Selbst« *(Hofstätter,* 1956) bezeichnet wird und der als organisierender Teil hinsichtlich seiner Eigenschaften mit allen anderen Konzepten in Beziehung steht (vgl. *D. R. Miller,* 1963, S. 674).

Symonds benützt den Begriff »core« für solche Konzepte, die gewöhnlich »am frühesten geformt wurden, am nächsten dem Zentrum der Persönlichkeit liegen und am schwierigsten zu ändern« sind (1951, S. 118 f.). Auch nach *Dai* wird dieses primäre Selbst grundlegend in der Familie erworben, d. h. es handelt sich hierbei um solche fundamentalen Konzepte, die gleichsam ein »Vorzugsrecht« *(Newcomb)* genießen. Eine ähnliche Auffassung findet sich bei *Brim* (1968).

Wie im Abschnitt über die Genese dieser Konzepte noch näher auszuführen sein wird, entstehen auch schon sehr früh, korrespondierend zur Ausformung dieses

»primären« Selbstes, spezielle Verhaltensmuster als besonders erfolgreiche Durchsetzungstechniken im Rahmen der Familie als Primärgruppe, aus denen sich die spätere »Daseinstechnik« *(Thomae)* fundamental ableitet. So wird ein Kind zur Pflege und Erhaltung eines zunächst »bedingungslosen« positiven Selbstkonzeptes *(M. Rosenberg,* 1965, S. 110), d. h. eines durch die Erziehungspersonen ohne Förderung von bestimmten sachlichen Leistungen als Vorbedingung vermittelten positiven Selbstbildes, nach dem Einsetzen bestimmter elterlicher Leistungserwartungen notwendigerweise auf solche Gebiete ausweichen müssen, auf denen es trotz seines geringen Alters durchaus konkurrenzfähig ist und die bislang in einer negativ akzentuierten Weise in der Familie vertreten wurden: Wenn beispielsweise ein älteres Geschwister Aufträge nur mit zeitlicher Verzögerung oder in unzuverlässiger Weise ausführt, wird das nachfolgende jüngere Geschwister entsprechend »überpünktlich« und besonders zuverlässig zu reagieren versuchen.

Im Gegensatz dazu werden jene Konzepte als relativ *peripher* erlebt, die beinhalten, wie ein Individuum seine eigene Präsentation in bestimmten konkreten Situationen wahrnimmt. Dieses *Präsentations-Konzept* beinhaltet die perzipierte Wirkungsweise der eigenen Person hinsichtlich einzelner konkreter Situationen, aber auch das Wissen um die Möglichkeiten und um den Erfolg einer subjektiven Manipulation dieser Wirkungsweise unter Berücksichtigung der vorweggenommenen Erwartungen der Interaktionspartner. Bestehen solche sozialen Beziehungen auf längere Sicht, so handelt es sich um die »Rolle«, die man innerhalb eines bestimmten sozialen Systems — etwa innerhalb einer etablierten Kleingruppe — spielt (vgl. *Sarbin,* 1954). Eine solche »Rolle« im engeren Sinne ist gleichbedeutend mit einem speziellen sozialen Selbst oder mit der »subjective public identity« nach *D. R. Miller* (1963) bzw. mit dem »präsentierten Selbst« nach *Goffman* (1969).

Diese periphere Teilstruktur des Selbstkonzeptes entspricht nach *D. R. Miller* am ehesten dem, was *C. G. Jung* mit dem Begriff der »Persona« meinte. *Jung* definiert »Persona« als einen Funktionskomplex, der aus Gründen der Anpassung oder der notwendigen Bequemlichkeit zustande kommt, »aber nicht identisch ist mit der Individualität« (1960, S. 505).

Das »präsentierte Selbst« stellt einen Kompromiß zwischen den zu behauptenden Merkmalen des zentralen Selbst und dem Druck der sozialen Situation dar, es muß daher eigentlich ständig neu errungen oder verteidigt werden, vor allem bei Konfrontation mit unbekannten Personen und Situationen, die für die Behauptung des Selbst-Wertes einen höheren Gefährdungsgrad bedeuten. (vgl. *Krappmann,* 1971).

D. R. Miller (1968) führt schließlich noch einen weiteren Terminus zur Kennzeichnung des *Zwischenbereiches* zwischen Kernstruktur und peripheren Konzepten ein, nämlich die »Sub-Identität« (subidentity). Dieser Begriff wird deshalb von *D. R. Miller* herangezogen, da nach seiner Meinung die meisten Eigenschaften zwischen dem Kern und der Peripherie liegen. Bei diesen »Subidentitäten« oder »sekundären Selbsten« *(Dai)* handelt es sich um solche Konzepte, die bereits in die Persönlichkeitsstruktur weitgehend eingebaut sind, aber trotzdem noch relativ peripheren Charakter aufweisen. Als Beispiel nennt *Miller* die mit dem Geschlecht der Person zusammenhängenden Merkmale, die sich zwar hinsichtlich ihrer Struktur an den mehr oder weniger stereotypen Gruppennormen orientieren, jedoch in ihrer speziellen Ausprägung sehr eng mit dem zentralen Konzept der Persönlichkeit verbunden sind. Insofern unterscheiden sich auch die »Subidentitäten« nach *Miller* von den »Rollen«, da eine Rolle lediglich einen Satz von minimalen Anforderungen enthält, die jeder spielen kann, wogegen die Subidentität in ihrer Gesamtheit der Eigenschaften bereits den Charakter des Einmaligen besitzt. Subidentitäten sind daher internalisierte allgemeine Rollen, wie dies häufig bei Berufsrollen wie Offizier, Lehrer oder Beamter der Fall ist (vgl. *H. Schwarz,* 1971).

Die beschriebene Staffelung der Sub-Konzepte nach Zentralität ist aber gleichbedeutend mit dem Grad der Verbindlichkeit, dem Grad des »ego-involvement«. Dies bedeutet, daß im umgekehrten Verhältnis dazu auch die Möglichkeit einer individuellen *Distanzierung* von solchen Teilinhalten variiert. Während das Kern-Konzept mit der eigenen Person zentral zusammenfällt, so daß eine Distanzierung mit einer völligen Selbstaufgabe oder Selbstverleugnung identisch wäre, kann die Grenze dessen, was »noch zu mir eigentlich gehört« im Hinblick auf die Subidentität relativ schwer, jedoch bezüglich der verschiedenen Formen des präsentierten Selbst verhältnismäßig leicht so gelegt werden, daß ein damit verbundener Mißerfolg nicht mit der eigenen Existenz direkt in einen identitätsgefährdenden Zusammenhang gebracht werden muß. Die Bedeutung dieser Möglichkeit einer Distanzierung von Substrukturen des Selbstkonzeptes in Abhängigkeit vom perzipierten Erfolg dieser Teilkonzepte für die Sicherung und Erhaltung des Selbstwertes wird in Zusammenhang mit dem Problem der Identität (Teil 4) näher behandelt.

2.3.2.3. Subjektive Erwünschtheit

Für jedes der genannten Teil-Konzepte gibt es unter Berücksichtigung normativer Komponenten eine bestimmte Bandbreite, welche für jedes Merkmal die aktuelle, potentielle und ideale Ausprägung repräsentiert. Dies besagt, daß jedes inhaltlich definierte Merkmal, das sich die Person selbst zuordnet, gleichzeitig mit einer Wertung verbunden ist, die erkennen läßt, welche Ausprägungsformen des Merkmals in Richtung auf den positiven Pol und welche Ausprägungen des gleichen Merkmals in Richtung auf den negativen Pol der subjektiven bzw. sozialen Erwünschtheitsskala zu liegen kommen. Dieser Aspekt wurde bereits von *W. James* aufgegriffen, der von »potentiellen Selbsten« und von einem »idealen sozialen Selbst« (1901, S. 315) sprach. *D. R. Miller* nimmt überdies an, daß die genannten Merkmalsreihen und die dazu gehörenden Bewertungsmaßstäbe ungefähr lineare Skalen bilden (1963, S. 676 f.; *E. F. Mueller,* 1965).

Die kognitive Repräsentanz solcher positiv bewerteter Merkmalsausprägungen, deren Realisierung vom Individuum angestrebt wird, bilden — häufig symbolisch verdichtet — das *Ideal-Konzept* der Person. Dieses für den Kern der Person verbindliche Ideal-Konzept bildet wohl auch den Inhalt dessen, was den Inhalt des »wahren Selbstes« bei *K. Jaspers* und bei *K. Horney* (1945, 1950), aber auch was vermutlich das Ziel der Selbst-Vervollkommnung oder Selbst-Erfüllung bei *Ch. Bühler* (1969) oder der Selbstverwirklichung bei *Maslow* (1973) ausmacht.

In seiner ursprünglichen Form ist das Ideal-Konzept einer Person nichts anderes als die person-bezogene Konkretisierung der Ansprüche und Forderungen des »Über-Ich«, dessen Grundstruktur nach *Freud* seinerseits auf die Introzeption des perzipierten Vaterbildes im Zuge unmittelbarer oder imitativer Lernproesse zurückgeht (vgl. *Bandura* und *Walters*, 1963; *Marmet*, 1968). Wie später noch im Abschnitt über die Selbstbewertung näher ausgeführt werden wird, beschränkt sich der Inhalt des »Über-Ich« auf keinen Fall nur auf das introjizierte Vaterbild, sondern das »Über-Ich« bezieht sich grundsätzlich auf alle relevanten Verhaltensvorschriften, die im Zusammenhang mit Sozialisationsträgern wie Vater, Mutter, Lehrer, Erzieher oder Ausbilder als signifikanten Modellpersonen gelernt und übernommen wurden (vgl. *Freud*, Bd. XVII, S. 69). Aus diesem Grund ist interessanterweise das fertig entwickelte und ausgebildete Ideal-Konzept der Person sehr stark in dem kulturspezifischen Wertmuster verankert, so daß im allgemeinen bei Untersuchungen des »Wunschbildes« oder des »Ideal-Bildes« außerordentlich hohe positive Korrelationen zu beobachten sind. *Hofstätter* (1971) berichtet über eine eigene Untersuchung, die einen hohen interindividuellen Übereinstimmungsgrad hinsichtlich des Ideal-Konzeptes ergab, sowie über eine Untersuchung von *H. Howe* aus dem Jahre 1970, der sogar zwischen Strafgefangenen, Normalen und Depressiven recht hohe positive Korrelationen der Ideal-Konzepte fand. Ein ähnlicher Befund zeigte sich auch in einer Untersuchung des Ideal-Konzeptes bei deutschen und schweizerischen Jungarbeitern, die von *W. Neubauer* (1967) als Teilanalyse der von *Th. Scharmann* durchgeführten Erhebung über »Lebensplanung und Lebensgestaltung junger Arbeiter« (1967) vorgenommen wurde.

Die Verankerung der individuellen Ideal-Konzepte an allgemeinen Wertsystemen bestätigte sich auch in den Untersuchungen von *Butler* und *Haigh*, sowie bei *Rudikoff* (1954), die bei diesen Konzepten eine erhöhte Resistenz gegen Veränderung durch therapeutische Einflußnahme feststellten. Allerdings weisen »crosscultural« Untersuchungen von *Merenda, Clarke* et alia (1969) darauf hin, daß es durchaus gruppenspezifische bzw. kulturspezifische Ausprägungsformen solcher weitgehend stereotypen Ideal-Konzepte gibt.

2.3.2.4. Extension

Schließlich läßt sich das Selbst-Konzept hinsichtlich seines »Umfangs« oder seiner »Extension« *(Thomae,* 1968) differenzieren. Der Umfang ist definiert durch den Bereich dessen, was mit »ich« oder »mein« vom Individuum bezeichnet wird, wie es die klassische Definition von *W. James* ausspricht, wenn er sagt: »A man's Self is the sum total of all that he can call his ...« (1901, S. 291). Für die Untersuchung der Extension des Selbstkonzepts schlägt *Thomae* als Kategorisierung eine Unterteilung in eine zeitliche, räumliche, soziale und ideelle Extension vor (1968).

Während jedoch die empirische Erfassung der tatsächlich vom Individuum mit dem Attribut des »mein« versehenen Gegenstände als Bestandteil des Selbstkonzeptes verhältnismäßig leicht gelingt, ergibt die Berücksichtigung der Kritik von *E. R. Hilgard* (1968) beträchtliche Schwierigkeiten. *Hilgard* weist nämlich darauf hin, daß das Selbst einer Person — aufgefaßt als Konstruktvariable — ohne Berücksichtigung der Wirkungsweise der *Freud*'schen Abwehrmechanismen nicht adäquat erfaßt wird, da es Teile des Selbst gebe, die zwar phänomenal nicht präsent, trotzdem aber verhaltenswirksam seien. Aus diesem Grunde schlug *Hilgard* den Begriff des »erschlossenen Selbst« (inferred self) vor, das von *Vernon* auch als »effektives Selbst« (effective self) bezeichnet wird. Zur systematischen Ergänzung führte *Vernon* daher als Restkategorie das »Tiefen-Selbst« (depth self) ein, indem er die Theorie des phänomenalen Selbst nach *Snygg* und *Combs* gleichzeitig entsprechend kritisiert.

Die vorgebrachte Kritik trifft insofern zu, als sich das Selbstkonzept als »Theorie« über die eigene Person im allgemeinen tatsächlich nur auf zugängliche kognitive Elemente bezieht. Trotzdem muß hier kritisch angemerkt werden, daß auch bei *Freud* die verdrängten Teile zumindest partiell in der Gestalt ihrer Derivate kognitiv präsent sind. Bei diesen Derivaten handelt es sich allerdings dann meist um solche Inhalte, die mehr oder weniger mit der Art des behaupteten Selbstkonzeptes nicht übereinstimmen und daher eine Gefährdung der Persönlichkeitsorganisation *von innen* darstellen. Insofern wirken sie solange angstauslösend und führen zur Aktivierung von Abwehrmechanismen, solange ihr Inhalt nicht mit dem individuellen Selbstkonzept in Einklang zu bringen ist (vgl. Kap. 4.2.).

Die Maßnahmen zur Aufrechterhaltung des Selbstkonzeptes schließen jedoch folgende Gefahren ein: Je weniger genau das tatsächlich behauptete Selbstkonzept die objektiv vorhandenen Eigenschaften abbildet und je weniger diese vom Individuum »akzeptiert« werden, desto größer ist die Wahrscheinlichkeit von existenzbedrohenden Gefährdungen des Selbstwertes unter normal üblichen Lebensbedingungen und damit auch die Notwendigkeit zur Aktivierung von Abwehrmechanismen. Ein Überleben, d. h. ein Weiterexistieren, ist in solchen Fällen nur dann möglich, wenn das ursprüngliche Verhaltenssystem, das ja die Ausprägung eines solchen unrealistischen Selbstkonzeptes wesentlich bestimmt hat, aufrecht erhalten oder in einer ähnlichen Form wiederholt werden kann, wobei die übrigen Kontakte zur Vermeidung evozierter Diskrepanzen im allgemeinen stark reduziert werden. Das Ergebnis ist in jedem Fall eine mehr oder weniger klassische Form neurotischen Verhaltens, das in extrem pathologischen Fällen bis zur völligen sozialen Isolierung führen kann. Die psychotherapeutischen Bestrebungen gehen in diesem Fall dahin, durch entsprechende Interaktionen ein realistischeres Selbstkonzept zu erzeugen, d. h. eine »Selbst-Akzeptierung« herbeizuführen (vgl. *Maslow; Rogers* u. a.).

Ähnliche Verhaltensweisen sind aber typischerweise auch — zumeist in gemilderter Form — bei Identitätskrisen zu beobachten, die durch eine Störung, bzw. durch einen im Selbstkonzept nicht nachvollzogenen Wechsel des Umweltsbezuges ausgelöst werden. Die Ähnlichkeit beider Phänomene weist darauf hin, daß es sich bei einem neurotischen Verhalten lediglich um eine stärker ausgeprägte Form der Nicht-Anpassung an geänderte Bedingungen handelt oder — anders ausgedrückt — um eine »Fixierung« ehemals adäquater Verhaltensmuster zur Optimierung des Selbstwertes unter besonders »günstigen« oder besonders »ungünstigen« Bedingungen (vgl. die Ausführungen in Kapitel 4).

2.4. Bedeutung der Selbstwertschätzung

In vielen Untersuchungen wurde nachgewiesen, daß jeder Mensch mit allen zur Verfügung stehenden Mitteln versucht, eine günstige Bewertung der eigenen Person herbeizuführen oder zu erhalten. Dies hat, wie auch *Argyle* (1969, S. 371) betont, dazu geführt, daß viele Psychologen ein fundamentales Bedürfnis nach positiver Selbstwertschätzung postulieren. Dieses »Eigenwertstreben« oder »Selbstwertstreben« wird daher auch bei *Lersch* (1966), *Lückert* (1972), aber besonders von *Keller* (1963) als ein Grundstreben des Individuums herausgearbeitet. Auch *Rogers* (vgl. *Hall* und *Lindzey,* 1957, S. 488) geht allgemein von dem »need for positive regard« aus, das wohl ziemliche Ähnlichkeit mit dem Grundbedürfnis nach Anerkennung (recognition) bei *W. J. Thomas* (1970) hat, und spricht sogar speziell von einem »need for self-regard«.

In klassischer Form hat dies bereits *M. Lazarus* in seinem Buch über »Das Leben der Seele« im Jahre 1856 zum Ausdruck gebracht, wenn er schreibt:

> »Der Mensch will von den anderen nicht bloß erkannt, sondern anerkannt, nicht bloß beachtet, sondern geachtet sein; durch das Selbstgefühl erkennt er in sich einen bestimmten Wert, nicht bloß ein Selbst überhaupt, sondern ein bestimmtes, mit diesen und jenen Vorzügen begabtes, und als dieses will er ... in der Seele der anderen existieren, gedacht und geschätzt werden«. (zit. nach *Lückert,* 1972 a, S. 190)

In der charakterologischen Literatur wird im Hinblick auf das Selbstwertgefühl bzw. auf die Selbstachtung oder Selbstwertschätzung des Individuums die Differenzierung nach Geltungsstreben und Eigenwertstreben ausführlich diskutiert (vgl. *Keller,* 1963; *Lersch,* 1966; *Lückert,* 1972 a; *Metzger,* 1954; u. a.), wobei auf die unterschiedliche Bedeutung für die Person hingewiesen wird. So sieht *Metzger* den eigentlichen »Kern des Gegensatzes« darin, »daß es dem Geltungsstreben nur auf ein bestimmtes Rangverhältnis zu anderen Einzelmenschen« ankommt, während es sich beim Eigenwertstreben »um einen bestimmten Platz an einem überpersönlichen sachlichen Maßstab handelt« (1954, S. 144).

Keller (1963), der mit dem Ausdruck »Selbstwert« eine »dem Dasein selbst entstammende und entsprechende Wertigkeit« (S. 64) meint, muß dann aber bei der Operationalisierung des »Selbstwertstrebens« zugeben, daß das Individuum ganz konkret nach bestimmten »vorzüglichen Eigenschaften« wie Tüchtigkeit, Gerechtigkeit, Liebe, Demut usw. strebe, die den »perfectiones quaedam« von *Thomas von Aquin* entsprächen. Da dieses Selbstwertstreben nach *Keller* identisch sei mit einem Streben nach hochwertigen Eigenschaften, schlägt er daher den Terminus »Selbsthochwertigkeitsstreben« (S. 66) vor.

Eine kritische Überprüfung dieser hier nur in knapper Form angesprochenen theoretischen Position aus sozialpsychologischer Sicht läßt erkennen, daß eine solche Unterscheidung nach der individuellen Orientierungsrichtung zur Ableitung des Selbstwertgefühles zwar aktuell möglich erscheint, aber in systematischer Hinsicht nicht unproblematisch ist. In der Tat mag bei einer erwachsenen und reifen Person ein von der aktuellen Situation relativ unabhängiges Sich-messen an einem »überpersönlichen sachlichen Maßstab« vorliegen; wobei aber trotzdem die Frage nach der Herkunft dieses persönlichen Maßstabes« weiterbesteht. Auch die von *Keller* genannten »vorzüglichen Eigenschaften« sind auf keinen Fall ohne soziale Relevanz und bleiben, da sie sich ja in irgend einem Kontext faktisch äußern müssen, nicht ohne eine irgendwie bewertende Reaktion der Interaktionspartner.

In einer konkreten Handlungssituation erfolgt immer auch eine Aktivierung individueller Konzepte als strukturelle und damit über-situative Komponenten der Handlung, die je nach ihrem Inhalt selbstverständlich auch »überpersönliche« Maßstäbe sein können. Wir halten daher diese theoretische Unterscheidung nach Geltungs- und Eigenwertstreben für unzweckmäßig, da im konkreten Verhalten der Selbst-Präsentation in bestimmten Situationen im allgemeinen beide Aspekte, das Geltungs- und das Eigenwertstreben, korrelativ gleichzeitig angesprochen werden. Dies meint, daß beispielsweise eine negative Reaktion der aktuellen Interaktionspartner auf non-konformistisches Verhalten für eine Person, die ihre Entscheidungen »autonom« zu treffen versucht, gleichzeitig eine Bestätigung ihres Selbstkonzeptes und des angestrebten Status darstellt und damit im ganzen eine Gratifikation impliziert.

Die hier vertretene Auffassung deckt sich insoferne mit der von *Ausubel,* der die Selbstachtung eines Individuums von der »Diskrepanz zwischen dem angestrebten und seinem tatsächlichen oder potentiellen Status« (1970, S. 69) abhängig macht, wobei allerdings nach unserer Ansicht die Höhe des angestrebten Status mit der Art des Selbstkonzeptes bzw. des Idealkonzeptes variieren kann.

Wie später noch ausführlicher gezeigt werden wird, gibt es eine Reihe von empirischen Belegen dafür, daß das Individuum im allgemeinen durch eine Reihe von Techniken wie Wahrnehmungsabwehr, selektive Interaktion, Abwertung von dissonanten Informationen u. a. versucht, seine positive Selbstwertschätzung zu behaupten. Nach *Newcomb* kann man sogar sagen, daß das »Selbst« umso wichtiger als Wert anzusehen ist, der verteidigt werden muß, je unzureichender es subjektiv gesehen wird (vgl. 1959, S. 251). So zeigen etwa Untersuchungen von *Chodorkoff* (1954) und von *Cartwright* (1956), daß bedrohliche Informationen stärker der Wahrnehmungsabwehr unterliegen und daß dabei auch ein Einfluß auf die Lernleistung bestand. Nach *Canon* (1964) läßt sich sogar eine klare Beziehung zwischen Selbstvertrauen und der Art des ausgewählten Informationsmaterials nachweisen; je weniger Vertrauen eine Person hat, mit dissonantem Material fertig zu werden, umso größer ist die Präferenz von konsonantem Material. Personen mit hohem Selbstvertrauen, die dissonante Informationen als nützlich ansahen, zeigten statistisch eine deutliche Präferenz für das Lesen dissonanzsteigernder Informationen. *Opp* (1968) kommt aufgrund ähnlicher Überlegungen sogar zu der Hypothese, daß der Wunsch nach positiver Selbstbewertung ein stärkeres Motiv zum Handeln sei als der Wunsch, kognitive Dissonanz zu reduzieren (S. 200).

Eine Erklärung dieser Phänomene suchen *Secord* und *Backman* (1964, S. 583 ff.) in der Wirksamkeit des »*Konsistenz-Prinzips*«, dessen Gültigkeit wohl im Bereich der Wahrnehmung und der Einstellungen weitgehend nachgewiesen ist (vgl. *Oerter,* 1970). Bei ihrer theoretischen Ableitung gehen *Secord* und *Backman* zunächst davon aus, daß das Individuum nicht als ein relativ passives »Objekt« aufgefaßt werden darf, das durch die Personen seiner Umwelt mehr oder weniger geprägt wird. Vielmehr zeigen nach *Secord* und *Backman* kasuistische Studien mit kleinen Kindern, daß sie durchaus nicht so leicht geformt werden können, wobei sich dieser Widerstand teilweise auf biologische Charakteristiken des Organismus wie beispielsweise Temperamentseigenschaften bezieht. Darüberhinaus wird angenommen, daß einem Individuum zum gleichen Zeitpunkt, in dem ein Selbstkonzept auch nur in einer rudimentären Form etabliert ist, bestimmte Verhaltensmuster zur Verfügung stehen, gegen Einflüsse und Veränderungen aktiv zu widerstehen, so daß eine Kongruenz zwischen dem Selbstkonzept, der eigenen Interpretation des Verhaltens und der Meinung der Interaktionspartner über die eigene Person hergestellt werden kann. Für die beobachtbare Tatsache, daß sich Personen so repräsentieren, um nach Möglichkeit eine positive Bewertung von den Interaktionspartnern zu erfahren, ist nach *Secord* und *Backman* die theoretische Annahme eines Grundbedürfnisses nach positiver Selbstbestätigung (self-enhancement), wie dies etwa *Rogers,* aber auch *Combs* und *Snygg* tun, nicht zwingend erforderlich. Die Schwierigkeit einer solchen Hypothese besteht nach *Secord* und *Backman* besonders darin, daß sich einige Personen nicht danach verhalten. Als Beispiel verweisen sie auf neurotisches Verhalten mit dem Gefühl der Inferiorität und Wertlosigkeit. Der Vorteil des Konsistenz-Prinzips liegt vor allem darin, daß es beides abdeckt, Selbstwerterhöhung (self-enhancement) und Selbsterniedrigung (self-depreciation). Das Vorherrschen eines Verhaltens der Selbstwerterhöhung ist nach *Secord* und *Backman* nur eine Folge der Tatsache, daß die meisten Personen in ihrer Kindheit geliebt wurden und sie daher gegen sich selbst positive Gefühle entwickelten, die die positiven Gefühle der signifikanten Personen reflektieren (vgl. auch *Rosemann,* 1968), während andere Personen durch ungünstige Umstände ein tiefes Gefühl der Unsicherheit und Minderwertigkeit erworben haben. Diese »feelings«, sowohl positive wie negative, tendieren dazu, beibehalten zu werden, weil das Individuum dazu neigt, die späteren Erfahrungen so zu steuern oder umzugestalten, daß die Kongruenz zwischen dem Selbstkonzept, dem eigenen Verhalten und dem Verhalten sowie den Einstellungen der anderen Personen gegenüber dem Individuum behauptet wird. Wenn das »core self« ein stark positives Wertgefühl enthält, wird die Person es nach *Secord* und *Backman* auch entsprechend später behaupten und umgekehrt.

Kritisch ist hierzu allerdings anzumerken, daß aus den Ausführungen von *Secord* und *Backman* ziemlich eindeutig hervorgeht, daß die genannten »feelings« streng genommen keine aktuellen Gefühle darstellen, sondern eher den hier vorgeschlagenen Bewertungskonzepten entsprechen, da die Feststellung der dem Individuum gegenüber bestehenden mutmaßlichen »feelings« anderer Personen einen kognitiven Akt darstellt, bei dem auch die eigene Selbstwertschätzung als kognitives Element gegeben sein muß (vgl. *Opp,* 1968). In diesem Sinne handelt es sich daher um die Erhaltung der Konsistenz der im Selbstkonzept integrierten Teilkonzepte.

Verschiedene Untersuchungen über das Problem des »Selbstwertstrebens« (self-enhancement) sprechen durchaus für die Wirksamkeit eines Konsistenz-Prinzips, wenn man annimmt, daß der größte Teil der Versuchspersonen in diesen Studien eine positive Selbstwertschätzung hatte (*Dittes,* 1959 a). So fand auch *Gerard* (1961), daß Personen dann, wenn sie wußten, daß ihre Testergebnisse später bekannt gemacht wurden, ihre Selbstbewertungen unter der Bedingung einer antizipierten Konfrontation stärker in eine günstige Richtung veränderten. Dieses Ergebnis könnte man als bewußte Manipulation der vorweggenommenen Selbst-Präsentation interpretieren. Ein besonderes Licht wirft jedoch eine Untersuchung von *Gergen* und *Wishnou* (1965) auf diesen Sachverhalt. Sie untersuchten die Abhängigkeit der individuellen Selbsteinschätzung von der Eigenart des jeweiligen Interaktionspartners. Zu diesem Zweck hatten sich die Versuchspersonen Monate vorher bereits bei einer anderen Gelegenheit einzuschätzen. Während des eigentlichen Experimentes hatten sich die Probanden wieder auf den gleichen Skalen einzuschätzen, aber diesmal für einen Interaktionspartner, der für die eine Gruppe als egoistisch, für die andere als bescheiden auftrat. Im Ergebnis zeigte sich ein ähnlicher Effekt wie bei *Gerard* (1961), allerdings differenziert nach der wahrgenommenen Eigenart des Interaktionspartners: bei Konfrontation mit einem egoistischen Partner erfolgte eine positivere Einschätzung, bei Konfrontation mit dem bescheidenen Partner auch eine signifikant bescheidenere Einschätzung. Interessanterweise stellte sich bei einer Nachbefragung heraus, daß über zwei Drittel der Befragten der Meinung waren, jedesmal ganz offen geantwortet zu haben und daß kein Unterschied zu der ursprünglichen Einschätzung bestehe. Dies deutet offensichtlich darauf hin, daß keine bewußte Anpassung der Selbst-Präsentation vorgenommen wurde. Andere Untersuchungsbefunde von *Gergen* (1968, 1971) lassen erkennen, daß das Konsistenz-Prinzip nicht im Sinne einer objektiven Konsistenz des Verhaltens aufgefaßt werden darf, sondern daß das Individuum subjektiv über die einzelnen konkreten Situationen hinweg sein Selbstkonzept aufrechtzuerhalten trachtet, wobei durchaus recht unterschiedliche, situationsspezifische Verhaltensweisen auftreten können, die in ihrer Verschiedenheit dem Individuum aber normalerweise gar nicht bewußt werden. Insofern ist wohl eher von einem Streben nach subjektiver Konsistenz zu sprechen.

Ein kybernetisches Modell der Konstanthaltung der Selbstwertschätzung im Sinne des Prinzips der subjektiven Konsistenz bringt *Rohracher* in seiner Abhandlung über »Regelprozesse im psychischen Geschehen« (1961), wobei er einen Vorgang der echten Selbstregelung annimmt. Ein ähnliches Modell findet sich auch bei *Seifert* (1969, S. 258). Nach *Rohracher* treten bei Erlebnissen der Selbstwertminderung »automatisch, ganz von selbst, ohne Wille und Absicht charakteristische Erlebnisse auf, deren Aufgabe offenbar darin besteht, die Reduktion des Selbstgefühls zu beseitigen und sein früheres Niveau wieder herzustellen« (S. 17). Als solche Prozesse nennt er Rationalisierung, Aggression und Ersatzbefriedigung. *Rohracher* nimmt hierbei allerdings einen einseitig wirkenden psychischen Regelkreis an, da seiner Meinung nach solche Selbstregelungsprozesse nur bei einer Verminderung des Sollwertes eintreten. Im Falle einer Vergrößerung, d. h. bei einem unerwarteten Erfolg, steigt nach *Rohracher* zwar das Selbstbewußtsein, ohne daß aber eine Rückführung auf den früheren Ausgangswert einsetzen würde. Es ist jedoch kritisch zu fragen, ob bei diesem Vorgang, beispielsweise bei einem unerwarteten großen Erfolg, eine Erhöhung des Selbstwertgefühls eintritt oder ob in diesem Fall gar kein »ego-involvement« vorhanden ist, da man sich ja nicht im Sinne eines »commitment« (*Brehm* und *Cohen*), d. h. eines bewußten Vorsatzes, mit diesem Ereignis identifiziert. Anders gelagert ist wohl die Wirkung, wenn mittel- oder langfristig eine Kette von solchen Erfolgen eintritt, da dann die individuelle Erfolgserwartung (vgl. *Diggory*) und damit auch das individuelle Anspruchsniveau in dem Ausmaße steigen, daß solche Erfolge oder deren Ausbleiben bereits im Bereich der »Herausforderung« (vgl. *Vontobel*, 1970) liegen. Kurzfristig wird es, vor allem in sozialen Situationen, sogar zu einer Bescheidenheitsreaktion kommen, um durch die Art der Präsentation die im Rahmen einer etablierten Gruppenstruktur eingenommene Position nicht zu gefährden (vgl. *Schneider*, 1969). Wie bereits an anderer Stelle erwähnt, kommt es jedoch bei mittel- oder langfristigen Veränderungen notwendigerweise zu einer Änderung des Soll-Wertes im Sinne einer Anpassung an die geänderte Gesamtsituation.

Zusammenfassend läßt sich zur Bedeutung der Selbstwertschätzung folgendes feststellen:

1. Ein Mindestmaß an positiver Selbstwertschätzung ist eine notwendige Voraussetzung für die Motivation zum Weiterleben. Dabei erscheint es unerheblich, ob sich die positive Selbstwertschätzung von allgemein anerkannten oder nicht anerkannten normativen Kriterien ableitet; wesentlich ist ausschließlich die subjektive Verbindlichkeit dieser Maßstäbe. Die Herleitung der positiven Selbstwertschätzung kann ebensogut von der persönlichen Bewertung des Leidens, Dienens oder einer sog. »Selbstverleugnung« geschehen wie von der perzipierten Durchsetzung, Überlegenheit oder Leistung. Von einem objektivistischen Ansatz her gesehen, trifft zwar die Kritik von *Secord* und *Backman* (1964) voll zu, da das neurotische Verhalten in der Tat — gemessen an den üblichen Verhaltensnormen — negativ zu bewerten ist. Aus einer subjektiven Perspektive erscheint es jedoch absolut zulässig, von einem Grundbedürfnis nach Selbstwertschätzung zu sprechen.
2. Die bisher erfahrene Wertschätzung liefert als Konzept jenen Soll-Wert, an dem sich das individuelle Verhalten orientiert. In Anwendung der beim allgemeinen Modell erörterten funktionalen Beziehungen bei der Aktivierung von kognitiven Schemata werden die in einer aktuellen Handlungssituation auftretenden Informationen über die eigene Person im Hinblick auf dieses Vergleichskriterium interpretiert. Negative aber auch positive Abweichungen von dem gebildeten Soll-Wert werden zumindest kurzfristig nicht akzeptiert, wobei gleichzeitig entsprechende kompensierende Verhaltensweisen eingesetzt werden. Kurzfristig kann man daher von der Wirksamkeit eines Konsistenzprinzips sprechen. Für die ursprüngliche Soll-Wert-Bestimmung hat daher die Familie als primäre Sozialisationsinstanz eine überragende Bedeutung. Unter veränderten Bedingungen finden selbstverständlich auch später modifizierende Lernprozesse statt, die sich allerdings dann auf der Basis jener bereits gebildeten Konzepte vollziehen.
3. Die absolute Höhe der positiven Selbstwertschätzung stellt eine wichtige Orientierungsbasis für das individuelle Verhalten dar, insbesondere im sozialen Kontext. Wie später noch ausführlich belegt werden wird, ergibt sich aus der Erfolgszuversichtlichkeit der Person mit überdurchschnittlich positiver Selbstwertschätzung die Möglichkeit, gerade schwierige Situationen ohne Angst zu bewältigen (vgl. Kapitel 5).

3. Genese des Selbstkonzeptes

Die Entwicklung des umfassenden Selbstkonzeptes einer Person ist im wesentlichen das Ergebnis von zwei Ereignisreihen, die hier in Ergänzung der von *Sarbin* (1954, S. 238) vorgeschlagenen Komponenten einmal als Reifungs- und Stabilisierungsprozesse des Individuums, andererseits als Lernprozesse im interpersonellen Kontext dargestellt werden.

3.1. Grundlegende Prozesse

3.1.1. Reifungs- und Stabilisierungsprozesse

Auf der Grundlage neuraler Reifungsprozesse und sehr komplizierter Lernprozesse, die im ganzen auf eine Stabilisierung der »Außenwelt« abzielen, d. h. die eine »Konstanz der Objekte« *(Pongratz)* eigentlich erst im vollen Sinne ermöglichen, lassen sich systematisch mehrere aufeinander folgende bedeutsame Schritte oder Entwicklungsaspekte unterscheiden (vgl. *Nickel*, 1972). Freilich handelt es sich bei diesen Entwicklungsaspekten nicht um den Erwerb von »Mechanismen«, die auf »höherer« Stufe die vorhergehenden ersetzen würden. Vielmehr verläuft der Entwicklungsprozeß derart, daß durch die Entwicklung der simultanen Verarbeitungsmöglichkeit zusätzlicher Informationen im Sinne einer »integrierten Datenverarbeitung« eine komplexere Form des Verarbeitungsergebnisses erreicht wird. Die neuen Möglichkeiten einer komplexeren Datenverarbeitung des sensorischen Inputs werden jedoch zusätzlich erworben, wobei die vorher verfügbaren Verarbeitungsmöglichkeiten bestehen bleiben.

Die Entwicklung der Wahrnehmungsprozesse vollzieht sich vermutlich so, daß die Verarbeitung des sensorischen Inputs zunächst überwiegend »naiv« erfolgt: die über die verschiedenen Sinnessysteme einlaufenden Informationen werden getrennt nach Sinnesmodalität unkorrigiert aufgenommen. Wenn man von der noch umstrittenen Möglichkeit von anlagemäßig »vorprogrammierten« gestalthaften Strukturierungen absieht, dürfte es sich wenigstens anfänglich nur um die Genese von »Empfindungen« handeln, wie dies *Rohracher* in seinem bekannten Apfel-Beispiel schildert (1965, S. 113), also um psychische Erscheinungen, die sich nur auf die einlaufenden Informationen eines einzelnen Sinnessystems (z. B. Auge) beziehen und keinerlei interpretativen Anteil des Individuums auf Grund der im Gedächtnis gespeicherten Zusatzinformationen enthalten.

Im optischen Bereich kann man sich den naiven Input als ein flächiges, im wahrsten Sinne des Wortes »sinnloses« Farbenspiel vorstellen (vgl. *Metzger*, 1959). Die einzelnen Farbflächen sind ohne Raumtiefe, ohne Sinngehalt, »stellen nichts dar« und sind meist auf eigenartige Weise bewegt. Die auftretende Bewegung dieser Reizkonfiguration ist das komplexe Ergebnis von vier verschiedenen Komponenten, nämlich die Eigenbewegung des betrachteten Objektes selbst, die Bewegung des Auges als Sinnesorgan, die Kopfbewegung und die Körperbewegung. Wenn man bedenkt, daß sich alle diese Bewegungsmöglichkeiten überlagern, kann man gut abschätzen, welch enorme Leistung schon allein bei der Unterscheidung von objektiv ruhenden oder bewegten Gegenständen erbracht werden muß, die nur über die zusätzliche Verarbeitung einer ganzen Reihe von weiteren Meßdaten aus anderen Sinnessystemen (z. B. Stellungs- und Spannungssinne) möglich ist.

Wie eine solche, ohne Wahrnehmungstraining, d. h. ohne kompensatorische Stabilisierungsleistungen und ohne Lernleistung der Bedeutungszuordnung, »naive« sensorische Information im optischen Bereich aussieht, zeigen die Ergebnisse der Untersuchung von Personen, die blind geboren und nach Jahrzehnten durch Operation sehend wurden (vgl. *Gregory*, 1966; *Hebb*, 1967). Obwohl diese Personen mit Ausnahme des optischen Bereiches ja bereits ein differenziertes Umwelt-Konzept entwickelt hatten und dadurch beim Lernen der Strukturierung und Bedeutungszumessung optischer Wahrnehmungen als Transferleistung eine enorme Lernersparnis aufweisen mußten, ergaben die Informationen aus dem optischen Sinnessystem bei solchen Personen erst nach längerer Übungsdauer sinnvolle Strukturen. Manche besonders differenzierte Unterscheidungsleistungen wie beispielsweise Lesen *(Gregory)* oder das Unterscheiden von Gesichtern *(Hebb)* konnten bei den beobachteten Fällen überhaupt nicht mehr gelernt werden.

Untersuchungen an Schimpansen im Yerkes-Laboratorium in Florida (vgl. *Hartley* und *Hartley*, 1955, S. 164 f.) weisen ferner darauf hin, daß die mühsam gelernte und sehr komplizierte Leistung der optischen Unterscheidung von Gegenständen durchaus nicht selbstverständlich ist, da in Experimenten gezeigt werden konnte, daß bei jungen Schimpansen durch einen monatelangen Aufenthalt in einem völlig abgedunkelten Raum die Fähigkeit zur optischen Unterscheidung von Gegenständen offensichtlich vergessen bzw. verlernt wurde. Eine Bestätigung dafür scheinen auch einige beobachtete Effekte des partiellen Entzugs von Umweltreizen zu sein. Nach *Bexton*, *Heron* und *Scott* (1954) zeigte sich bei ihren Versuchspersonen nach Beendigung der experimentellen Isolationsphase und nach Abnahme des Augenschirmes, der Handschuhe und der Papp-Manschetten zunächst eine Art Verwirrung, die sich vor allem als Störung der visuellen Wahrnehmung bemerkbar machte. Dieser Effekt dauerte allerdings gewöhnlich nicht länger als ein bis zwei Minuten. »Die Versuchspersonen berichteten über Schwierigkeiten der Schärfe-Einstellung; Objekte erschienen unklar und hoben sich nicht vom Hintergrund ab. Es bestand eine Tendenz, die Umgebung zweidimensional wahrzunehmen und die Farben schienen gesättigter als gewöhnlich.« (1954, S. 71).

Hein und *Held* (1963, zit. n. *Gregory*) konnten überdies bei Experimenten mit jungen Katzen nachweisen, daß solche die Eigenbewegungen des Organismus kompensierenden Leistungen der Wahrnehmungsstabilisierung im optischen Bereich nur unter der Bedingung einer unmittelbaren Rückkoppelung der Auswirkung von Eigenbewegungen möglich sind. Zum Zwecke der Untersuchung dieser Stabilisierungsleistung wurden zwei Katzen im Dunkeln aufgezogen und durften nur unter experimentellen Bedingungen sehen, wobei eine Katze aktive Bewegungen vollziehen konnte, während die andere Katze passiv bewegt wurde. Es zeigte sich, daß bei etwa gleichen visuellen Erfahrungen nur die aktive Katze eine Wahrnehmungsfähigkeit entwickelte, während die passive Katze ohne die Möglichkeit zu »eigenen exploratorischen Bewegungen« *(I. Kohler)* effektiv blind blieb.

Solche kompensierenden Prozesse, unterstützt durch weitere Adaptationsleistungen der Sinnesapparate (vgl. *I. Kohler,* 1966), gewährleisten erst eine Stabilisierung der wahrgenommenen Außenwelt. Dies geht sogar so weit, daß selbst bekannte Gegenstände unter den verschiedensten Wahrnehmungsbedingungen wie Entfernung, Blickwinkel oder Beleuchtung tendenziell wahrnehmungsmäßig gleich bleiben; man spricht in diesem Fall von Konstanzphänomenen (Dingkonstanz, Größenkonstanz, Farbkonstanz).

So stellen interessanterweise die meisten Kleinkinderspiele, die von Erwachsenen mit Kleinkindern vor allem im ersten Lebensjahr durchgeführt werden und die den Kindern offensichtlich großen Spaß bereiten, besonders aber auch der vom Kind selbst ausgeführte häufige Wechsel der Wahrnehmungsposition von der Rücken- zur Bauchlage und zurück in gleicher Weise Wahrnehmungsspiele dar, die dem Stabilisierungs- und Strukturierungstraining dienen. Schon allein das Hochnehmen auf den Arm erbringt für das Kleinkind eine völlig andere Perspektive. Vor allem bedeuten die eigenen Bemühungen des Kleinkindes, sich aufzusetzen, aufzustehen oder später sich durch Gehen fortzubewegen, gleichzeitig wahrnehmungsspezifische Lernleistungen unter den Bedingungen aktiver, exploratorischer Eigenbewegungen. Auch später noch ist es, selbst für den Erwachsenen, »überraschend« und lustbetont, bekannte Gegenstände (etwa die Wohnung) aus einem unbekannten Blickwinkel, beispielsweise durch den Spiegel, zu betrachten. Hierbei erscheinen übrigens ähnlich wie bei den Berichten der Versuchspersonen bei *Bexton, Heron* und *Scott* (1954) die Farben zumeist ungewöhnlich intensiv.

3.1.2. Aufbau von Bezugssystemen

Die Stabilisierung der Wahrnehmung steht also in einer engen Beziehung mit der Entwicklung gegenstandsbezogener kognitiver Schemata (vgl. Kapitel 2.1.1.). Es werden Merkmalskonzepte der Gegenstände gelernt, die zunächst in sehr einfacher Form das interne Modell dieser Gegenstände der Außenwelt konstituieren. Im Apfel-Beispiel bei *Rohracher* (1965, S. 113) lernt das Kind durch zunehmende Erfahrung, daß dem Gegenstand »Apfel« etwa folgende Attribute zukommen: charakteristische Form; glatt; glänzend; rot, gelb, grün oder Mischungen davon; saftig, süß oder sauer, fruchtiger Geschmack usw. Diese Merkmale dienen dann als »Identifikatoren« für die Wahrnehmung »Apfel«. Ganz nebenbei wird an der versuchten Aufzählung von typischen Merkmalen eines Apfels auch deutlich, daß solche konkret-sensorisch kodierten Informationen in diesem Fall nur sehr unvollkommen in das verbale Kodierungssystem übertragen werden können. Niemand könnte allein anhand der aufgezählten Merkmale eindeutig einen Apfel identifizieren, obwohl diese Erkennungsleistung in der Praxis keinerlei Schwierigkeiten bereitet!

Gleichzeitig mit dem Erwerb interner Gegenstands-Modelle, die man als Mini-Bezugssysteme auffassen kann, vollzieht sich der Aufbau umfassenderer Bezugssysteme, auf die nun näher einzugehen ist.

3.1.2.1. Egozentrische Bezugssysteme

Ein Hauptergebnis dieses Wahrnehmungs-Lernens ist die Entwicklung eines stabilen Bezugssystems, dessen Bezugspunkt in der eigenen Person des Wahrnehmenden liegt. Dieses Bezugssystem hat einen bestimmenden Einfluß auf die Bedeutung jedes Wahrnehmungsinhaltes, »seinen Ort, seine Richtung und sein Maß« (*Metzger*, 1954, S. 140; vgl. *Witte*, 1966). Auf diese Weise nimmt auch der eigene Körper als wahrgenommener Gegenstand innerhalb dieses Bezugssystems eine bestimmte Position ein. Der Bezugspunkt, auf den sich die Wahrnehmung als »meine« Wahrnehmung bezieht (vgl. *Merleau-Ponty*, 1966), der auch eine wesentliche Bestimmungsgröße für das subjektiv eingeführte Konstrukt »Ich« darstellt, liegt phänomenal als Schnittpunkt der Raumkoordinaten im Kopf des Beobachters. Dieser subjektive Bezugspunkt der Wahrnehmung, der bei *Claparede* (1924; zit. n. *Allport*, 1958) meist als subjektive Lokalisation des »Ich« angegeben wurde, entspricht auch dem fiktiven »Zyklopenauge« bei *Hering*. *Metzger* (1959, S. 423) berichtet, daß dieses Phänomen schon bei einem Kind im Alter von 15 Monaten zu beobachten sei: »Hält sich der Erwachsene einen Serviettenring als ›Fernrohr‹ vor das eine Auge, so hält ihn das nachahmende Kind vor die Mitte der Stirn, vor das *Hering*'sche ›Zyklopenauge‹, den Ausgangspunkt der gemeinsamen Sehrichtung« (S. 423). *Allport* (1958, 1970) lokalisiert diesen subjektiven Wahrnehmungsbezugspunkt an einen Punkt in der Mitte zwischen den Augen, etwas hinter diesen im Kopf. »Von diesem zyklopischen Auge aus schätzen wir, was vor und hinter uns, rechts oder links und oben und unten liegt« (*Allport*, 1958, S. 45).

Die Kritik von *Pongratz* (1967, S. 152), wonach der Sitz des »Ich« kulturspezifisch sei, trifft wohl insoferne zu, als im Hinblick auf die konkrete Lokalisation des Konstrukts »Ich« tatsächlich gewisse Freiheitsgrade existieren, übersieht aber trotzdem den Unterschied zwischen dem subjektiven Wahrnehmungsbezugspunkt und der Tatsache einer sicher kulturspezifischen Zuordnung des »Sitzes der Seele« bzw. des Zentrums dessen, was die Person als zu ihr selbst gehörend betrachtet. In der Tat ist die Zuordnung des »Sitzes der Seele« zu bestimmten Körperzonen eine Leistung vom »Typus des Bestimmens« *(Hofstätter)*; beispielsweise erfolgte bei den Griechen eine Zuordnung zum Unterleib. Grundsätzlich handelt es sich aber dabei um ausgezeichnete Körperpunkte empfundener Organreaktionen, die im Wege des vegetativen Nervensystems mit psychischen Vorgängen korreliert sind (z. B. Herz, Zwerchfell).

Ergänzend dazu seien noch die frühen aber bemerkenswerten Untersuchungen über die »Lokalisation des Selbst« von *E. L. Horowitz* aus dem Jahre 1935 angeführt (nach *Murphy*, 1966, S. 483 f.). *Horowitz* untersuchte die »Lokalisation des Selbst« in der frühen Kindheit und befragte einige Kinder im Alter von 3 bis 4 Jahren.

> Die Kinder wurden in Anwesenheit der Mutter befragt, wobei in jedem Fall der Interviewer dem Kind bekannt war. Nach den Kontaktfragen »Wer bist du?« und, da dann der Name genannt wurde, »wer ist Joan?« — Antwort »Ich« — folgte dann immer die gleiche Frage »Ist das Joan?«, wobei der Interviewer auf die verschiedensten Körperteile, Kleidungsstücke u. a. tippte. Das Kind hatte immer mit »Ja« oder »Nein« zu antworten.

Das Ergebnis ist nicht eindeutig, wenngleich sich zeigte, daß wohl doch eine Tendenz bestand, als Lokalisation die Mundregion anzugeben. Körper, Gliedmaßen u. a. wurden zwar als zur Person gehörend angegeben, jedoch nicht als zentrale Lokalisation des »Selbst« betrachtet.

Aufgrund dieses Befundes entwickelte *Horowitz* einen Fragebogen zur Selbst-Lokalisation für Studenten. Die schriftlich vorgegebene Hauptfrage lautet:
»Wenn Sie sich selbst an einem bestimmten Punkt entweder innerhalb oder außerhalb Ihres Körpers zu lokalisieren hätten, also ein Punkt, der ›Sie sind‹: wo würde dieser Punkt (oder diese Fläche) sein?« Das Ergebnis der Nennungen erbrachte bei 45 Befragten eine klare Akzentuierung auf Kopf, Gehirn, Augen oder Gesicht; ein zweiter Schwerpunkt der Nennungen entfiel mit allerdings erheblich weniger Angaben auf die Herz-Brust-Region. Dies bedeutet, daß die Ergebnisse von *Horowitz* wohl im ganzen die Bedeutung des subjektiven Wahrnehmungsbezugspunktes unterstreichen.

Eigenen Beobachtungen zufolge zeigen kleine Kinder, welche die kulturspezifische Konvention der entsprechenden Lokalisation noch nicht kennen, mit dem Finger in die Richtung dieses egozentrischen Bezugspunktes, wenn sie auf sich selbst weisen wollen, wobei allerdings im allgemeinen eine gewisse Unsicherheit auffällt. Überdies pflegt man auch als Erwachsener im Gespräch in Form des »Augenkontaktes« diesen Bezugspunkten mehr oder weniger Rechnung zu tragen.

Die Etablierung und die Wirksamkeit eines egozentrischen Wahrnehmungsbezugssystems zeigt sich auch bei den bekannten Versuchen mit »Umkehrbrillen« *(Stratton)* und mit optisch verzeichnenden Brillen *(I. Kohler; Kottenhoff)*. Das für unseren Zusammenhang gemeinsame relevante Ergebnis dieser Versuche ist die Beobachtung, daß sich das Wahrnehmungsbezugssystem nach einiger Zeit umstellte, wobei allerdings der phänomenale Bezugspunkt im Beobachter lokalisiert blieb, allerdings teilweise mit beträchtlichen Veränderungen der perzipierten Raumposition des eigenen Körpers (vgl. *I. Kohler,* 1966).

Weitere Evidenz für die Entwicklung eines solchen egozentrischen funktional-räumlichen Bezugssystems ergibt sich auch aus den empirischen Untersuchungen über die Lokalisation von Erlebnisinhalten durch *G. E. Müller* (nach *Bischof,* 1966 a). *G. E. Müller* untersuchte die Lokalisation von Erlebnisinhalten unter Ausschluß objektiver Fundierung, nämlich als Erinnerungsvorstellung. Er konnte hierbei feststellen, daß ein Teil dieser Erinnerungsbilder fest mit dem Standort und mit der Haltung des eigenen Körpers verbunden war, daß also eine »egozentrische« Lokalisation der Erinnerungsbilder vorlag. Andererseits ließen sich aber auch solche Erinnerungsbilder beobachten, die an den Ort des ursprünglichen Ereignisses gebunden waren, d. h. unabhängig vom augenblicklichen Standort und von der aktuellen Haltung des Körpers in der Untersuchungssituation, wobei teilweise von den Probanden sogar der eigene Körper am Lern-Ort in der zu diesem Zeitpunkt eingenommenen Haltung mit vorgestellt wurde. *G. E. Müller* bezeichnete diesen Befund als »topomnestische« Lokalisation. Gerade dieser letzte Befund verweist aber auf die Existenz und Wirksamkeit von nicht-egozentrischen Bezugssystemen, die außerhalb des eigenen Körpers verankert sind, ein Faktum, auf das noch näher einzugehen sein wird.

3.1.2.2. Heterozentrische Bezugssysteme

Die beschriebenen Lernprozesse zur Stabilisierung und Strukturierung der wahrgenommenen Umwelt, die zur Etablierung eines egozentrischen Wahrnehmungsbezugssystems führen, implizieren gleichzeitig auch die Entwicklung von Bezugssystemen, deren Bezugspunkt außerhalb der eigenen Person liegt. Diese Bezugssysteme können als »heterozentrische« Bezugssysteme bezeichnet werden. Wenn beispielsweise eine objektiv senkrechte Linie auch dann phänomenal senkrecht oder nahezu senkrecht bleibt, wenn man den Kopf seitlich in Richtung Schulter neigt, so erfolgt hier offensichtlich eine Orientierung der Wahrnehmung an einem außerhalb der wahrnehmenden Person verankerten Bezugssystem. Beispiel dafür ist auch die von *G. E. Müller* gefundene »topomnestische« Lokalisation von Erinnerungsbildern. In Grenzfällen ist es sogar möglich, von dem einen System auf das andere »umzuschalten«, nämlich dann, wenn für die komplexe, an einem Bezugssystem orientierte Interpretation des sensorischen Inputs nur Informationen aus einem einzelnen Sinnessystem zur Verfügung stehen, während später weitere Informationen zur Verdeutlichung hinzutreten. Beispiele dafür sind die bekannten Wahrnehmungsphänomene, die sich in Situationen mit Unentscheidbarkeit im Hinblick auf eine evtl. Bewegung des eigenen Standortes ergeben (z. B. Blick von einer Brücke auf fließendes Wasser ohne Uferorientierung).

Solche »heterozentrischen« Bezugssysteme, deren Bezugspunkt außerhalb der Person liegt, haben aber gerade im Bereich sozialer Beziehungen eine überragende Bedeutung. So ist die Entwicklung des primären sozialen Selbst mehr oder weniger ausschließlich ein Ergebnis von Fremdbewertungen, d. h. von Beurteilungen aufgrund außer-persönlicher Maßstäbe und — soweit sie gesellschaftsspezifische Normen betreffen — Regeln, die ein über-persönliches Wertsystem repräsentieren. Das Individuum lernt schon von Kind auf, sich mit den Augen »der anderen« oder des konkreten Interaktionspartners zu sehen und sich innerhalb eines heterozentrischen Bezugssystems wahrzunehmen. Ausdruck dafür ist auch insbesondere die allgemeine Tatsache, daß sich ein Kleinkind selbst zunächst in Nachahmung des Verhaltens der signifikanten Interaktionspartner nur mit dem Eigennamen in der dritten Person bezeichnet und gewissermaßen von Anfang an eine »distanzierte« Sichtweise gegenüber sich selbst übernimmt, allerdings bei gleichzeitiger Entwicklung eines egozentrischen Wahrnehmungsbezugssystems.

Daraus ist zu ersehen, daß die Fähigkeit, sich im Rahmen eines heterozentrischen Bezugssystems wahrzunehmen, im allgemeinen im Laufe der individuellen Entwicklung innerhalb sozialer Interaktionssysteme grundsätzlich erworben wird, ohne daß man als Erklärungsprinzip auf die metaphysische Zusatzannahme eines substantiellen »wahrnehmenden« Subjekt-Ich zurückgreifen müßte. Diese Fähigkeit, sich im Sinne des »role-taking« *(G. H. Mead)* in die Lage des Anderen versetzen und gewissermaßen eine »Reziprozität« *(Piaget)* der gegenseitigen Positionen herstellen zu können, ist geradezu eine wesentliche Voraussetzung für eine flexible Selbstbehauptung des Individuums. Freilich muß diese »Sensitivität« im Laufe des Lebens zumeist durch die Erfahrung unrichtiger Beurteilung der angenommenen Einschätzung des eigenen Verhaltens durch den Interaktionspartner erst schmerzlich gelernt werden.

Heterozentrische Bezugssysteme haben also ihre Verankerung außerhalb der Person und beziehen die Person selbst als »Objekt« in das System ein. Die individuelle Orientierung an solchen heterozentrischen Bezugssystemen ermöglicht es der Person, sich selbst nach Gesichtspunkten zu erleben und zu interpretieren, die fremd-bestimmt oder außen-determiniert sind. Dies bedeutet, daß sich etwa nach *Foa* (1961; 1962) ein »actor« als Teil des sozialen Interaktionssystems betrachten und beurteilen kann (vgl. *Parsons,* 1968 a).

Durch die Verwendung unterschiedlich zentrierter Bezugssysteme ist es möglich, die Interpretation der einlaufenden Informationen zu präzisieren. Interessanterweise wird dieses Verfahren (nach einer mündlichen Mitteilung von *Sixtl*) in einer sehr ähnlichen Weise technisch bei der genauen Ortung von Schiffen verwendet, findet sich aber auch bei lernenden automatischen Systemen (vgl. *Zypkin*, 1966).

3.1.3. Lernprozesse im interpersonellen Kontext

Eine zweite Klasse von grundlegenden Bedingungen für das Selbstkonzept sind die sozialen Beziehungen, die zwischen dem Individuum und den wichtigen Personen der sozialen Umwelt bestehen. Als solche sind zunächst vor allem die Mutter-Kind-Beziehungen von dominierender Bedeutung (vgl. *Young*, 1944), ferner die Beziehung zu anderen Personen innerhalb und außerhalb der Familie. Die Untersuchungen von *K. H. Stapf, Th. Herrmann, Aiga Stapf* und *K. H. Stäcker* (1972) haben klar gezeigt, daß vor allem die Dimensionen »Strenge« und »Unterstützung« des elterlichen Erziehungsstiles von wesentlicher Bedeutung für die Selbsterfahrung in der Kindheit sind (vgl. 1972, S. 130 f. und 144 f.). Relevante Variable sind ferner der affektive Kontakt zur Mutter (*R. Spitz*, 1957), Anwesenheit von Mutter und Vater (*Coopersmith*, 1967; *Rosenberg*, 1965), Anzahl der Personen in der Familie (*Sarbin*, 1954), Position innerhalb der Geschwisterreihe (*Dechêne*, 1967; *Toman*, 1965, 1968), d. h. vor allem Häufigkeit, Qualität und Intensität der interpersonellen Kontakte (vgl. *Neubauer*, 1967). Im Rahmen dieser strukturellen Bedingungen macht das Individuum seine ersten Erfahrungen bezüglich der eigenen Person und im Hinblick auf das Verhältnis zu anderen Menschen. Hierbei wird durch die Art der individuellen Erfahrung mit den besonderen Personen seiner ersten sozialen Umgebung als Primärgruppe im Laufe der entscheidenden ersten Lebensjahre weitgehend bestimmt, welche Einstellung das Individuum später gegenüber anderen Menschen haben wird. Die Bewertungen der eigenen Person, die das Individuum in diesem Rahmen durch die Zuordnung von Eigenschaften oder durch »konkludente Handlungen« der Erziehungspersonen erfährt, ergeben aber zugleich die Grundlage für das primäre soziale Selbst und für die Art der Selbstwertschätzung des Individuums, woraus sich durch die Wirkung des Konsistenzprinzips auch die Grundlinien der späteren Selbstbewertung ergeben (vgl. *Helper*, 1958). Als Folge solcher erfahrener Bewertungs- und Vergleichsprozesse aktiver und passiver Art entwickelt das Individuum dann wie bereits beschrieben bestimmte Konzepte, die im Vorgriff auf zukünftige externe Bewertungen unter dem subjektiven Zwang des Schutzes und der Behauptung des eigenen Selbstkonzeptes vorbeugende situationsspezifische Extrapolationen ermöglichen. Diese Konzepte bestehen zunächst in einer groben, kategorialen Form und werden anhand differenzierter Erfahrungen im Zuge zunehmenden Diskriminationslernens (*Bandura* und *Walters*, 1963) so verfeinert, daß die mutmaßlichen Reaktionen der gewohnten Interaktionspartner auf bestimmte, beabsichtigte eigene Verhaltensweisen unter verschiedenen Bedingungen mit großer Wahrscheinlichkeit vorhersehbar werden.

Gleichzeitig tritt aber mit der Entwicklung solcher aus der Primärgruppe stammenden Bewertungskonzepte eine Relativierung der eigenen Person ein, wobei die eigene Person zunächst als handelnde, später aber auch als denkende, zum

»Objekt« gemacht wird, d. h. in einen überindividuellen, »heterozentrischen« sozialen Bezugsrahmen gestellt wird. Das gruppenspezifische Konzept der eigenen Person über sich selbst als Ergebnis »heterozentrischer« Bewertungsprozesse ist dann nichts anderes als das »soziale Selbst« nach W. James.

3.2. Bedeutung von Bewertungsprozessen

Der Aufbau heterozentrischer Bezugssysteme ist zum großen Teil gleichbedeutend mit dem Aufbau von Bewertungssystemen, die eine Relativierung der eigenen Handlungen, aber auch der Meinungen, Motive und Denkprozesse gestatten.

3.2.1. Fremdbewertung und Vermittlung von Verhaltensnormen

Entwicklungspsychologisch muß jedes Individuum eine Phase der vorwiegenden Fremdbewertung durchlaufen, da die körperliche Handlungs- und Bewegungsfähigkeit früher als die entsprechende Kontrolle und die Entwicklung von entsprechenden Umwelt-Konzepten einsetzt. Vor allem durch die Primärgruppe der Familie erfährt das Individuum in seiner Kindheit nahezu kontinuierlich solche Wert-Zuordnungen von eigenen Handlungen oder beobachtet die Bewertung von Handlungen positiver bzw. negativer Modellpersonen.

> So wird das Kind beispielsweise für eine Leistung von den Eltern gelobt oder dafür, daß es eine Vase zerbrochen hat, bestraft.
> Die Erfahrung von Wert-Zuordnungen zu Objekten oder Handlungen ist aber auch mittelbar möglich, wenn etwa solche Vorgänge im Zusammenhang mit den eigenen Geschwistern als Betroffene oder bei Kindern aus der Nachbarschaft beobachtet werden können.

Die Bewertung selbst geschieht im Zuge kommunikativer Akte, wobei man sich eines beiderseits verständlichen Mitteilungssystems zu bedienen hat, so daß der jeweilige Empfänger die Bedeutung der Signale aufnimmt und richtig interpretiert. Das Problem eines gemeinsamen Mitteilungssystems ist insoferne sukzessive lösbar, als im speziellen Fall der Wert-Zuordnungen der Bewerter aus dem nachfolgenden Verhalten des Bewerteten die Verständlichkeit und die Wirksamkeit mit hinreichender Sicherheit ablesen und kontrollieren kann.

Das benutzte Mitteilungssystem arbeitet normalerweise mit mehreren unterscheidbaren »Kanälen«, auf denen Informationen übermittelt werden können. Üblicherweise unterscheidet man den sprachlichen »Inhalt« als verbal explizit übermittelte Informationen von einer »Qualifikation des Inhaltes« (*Krappmann*, 1971), die sich als »Metainformationen« (*Watzlawick* et alia, 1969) auf die gleichzeitig durch das Verhalten der mitteilenden Person implizit gegebenen oder erschließbaren Informationsgehalte bezieht. Hierbei kann es sich einerseits um mehr oder minder unbeabsichtigte expressive Verhaltensweisen (»Ausdrucksweg«) handeln oder um bewußt gesetzte Handlungen mit einer demonstrativen Funktion.

Durch die im unmittelbaren menschlichen Kontakt gegebene Möglichkeit, gleichzeitig auf verschiedenen Kanälen zu »senden«, folgt daraus, daß die vermittelten Kommunikationsinhalte »harmonisch« oder inkonsistent bzw. »kontrapunktisch« (*Krappmann*) sein können. Beispiele für ein Auseinanderklaffen des Informationsgehaltes sind ironische Bemerkungen, manche Arten des Witzes und der Komik, aber vor allem auch die von *Bateson* und Mitarbeitern beobachteten typischen Interaktionsformen zwischen Mutter und Kind bei schizophrenen Familien, bei denen etwa bei einer verhaltensmäßig ausgedrückten Ablehnung verbal positive kommunikative Akte durchgeführt werden (vgl. *Siegrist*, 1970; *Lidz*, 1971; *Watzlawick* et alia, 1969).

Die Bedeutung der Verhaltensbeobachtung als wichtige Quelle für »Metainformationen« zur Steuerung des eigenen Verhaltens bei zwischenmenschlichen Beziehungen geht auch ganz deutlich daraus hervor, daß »heikle« Themen — bei denen für sich selbst oder für den Interaktionspartner ein »ego-involvement« befürchtet werden muß — am Telefon kaum oder überhaupt nicht besprochen werden können, da in diesem Fall mit der Möglichkeit eines unvorhergesehenen »Bumerang-Effekts« (*Hovland, Janis* und *Kelley*, 1953; *v. Cranach, Irle, Vetter*, 1969) gerechnet werden muß.

Durch die Art der Handlungen und durch das expressive Geschehen ist beispielsweise schon beim Säugling eine wenn auch grobe Form einer Kommunikation möglich, die aber trotzdem durch ihre Abfolge »Partialverstärkungen« *(Skinner)* mit zum Teil erheblicher Verhaltenswirksamkeit darstellen. Diese »Bewertungen« sind von seiten der Erziehungspersonen meist völlig unbeabsichtigt, da sie übersehen, daß allein elterliche Zuwendungen oder Abwendungen innerhalb des Interaktionszusammenhanges mit dem Kleinkind als Belohnungen oder Bestrafungen fungieren und im Hinblick auf das vom Kleinkind gezeigte Verhaltensinventar stark selegierende und akzentuierende Konsequenzen haben. Die Wirkung solcher ganz allgemeiner »Bewertungen« in Gestalt des elterlichen Interesses, der Interaktionshäufigkeit, des Tagesverlaufes u. a. als »Verstärkungs-Schemata« tritt mit ziemlicher Sicherheit bereits ab dem Zeitpunkt der Geburt auf. *Bandura* und *Walters* (1963, S. 224 f.) berichten über eine Untersuchung von C. D. *Williams* (1959), bei der die Eliminierung eines aggressiven Schreiverhaltens bei einem 21 Monate alten Knaben durch den Entzug des Verstärkers — eine überbesorgte Reaktion der Erziehungsperson — sehr eindringlich gezeigt wird.

In diesem frühen Entwicklungsstadium des Individuums dürften im allgemeinen Ausdruck und Handlung der Erziehungspersonen hinsichtlich des Bewertungseffektes gleichzusetzen sein. Durch die einsetzende schrittweise Erlernung der Sprache als ein außerordentlich differenziertes Mitteilungssystem wird die signifikative Funktion von Ausdruck und Handlung allmählich durch verbale Kommentierungen ergänzt, wobei später die Wichtigkeit der Sprache weitgehend überwiegt.

Die Bewertungen, die durch die »signifikanten« Personen *(G. H. Mead)* der Primärgruppe direkt oder indirekt vollzogen werden und die als empirische Grundlage der »Normfunktionen« und »Demonstrationsfunktionen« der Familie (*Neidhardt*, 1968) aufzufassen sind, lassen sich folgendermaßen klassifizieren:

1. Bewertungen der *Nützlichkeit* oder *Gefährlichkeit* von Handlungen des Kindes; im allgemeinen wird es sich hier in diesem Bereich vor allem in der frühen Kindheit nahezu ausschließlich um eine Verhütung oder Verhinderung akuter Gefährdungen handeln, beispielsweise der Umgang mit spitzen Gegenständen, elektrischen Steckdosen u. dergl.
2. Bewertungen im Sinne der sozialen *Erwünschtheit* (social desirability) oder *Unerwünschtheit* von Handlungen; für die frühe Kindheit ist hier etwa das Sauberkeitstraining oder die Erziehung zur Ehrlichkeit oder zu einem »mädchenhaften« Benehmen zu nennen.

3. Direkte Beurteilung des *»Wertes« der bewerteten Person* durch die Zuordnung globaler verbaler Kennzeichnungen. Obwohl die vorgenommene Bewertung ebenso wie bei Typ 1 und Typ 2 ein konkretes Verhalten des Kindes zum Anlaß nimmt, geht hier der Inhalt der Bewertung im Sinne einer Verallgemeinerung weit über diesen Anlaß hinaus. Beispiele dafür sind Aussagen wie »Du bist ein hinterlistiger Mensch« oder »Du bist intelligent«.

Während sich die Bewertungen im Hinblick auf Nützlichkeit oder Gefährlichkeit (Typ 1) nur darauf beziehen, daß die entsprechenden meist gefährlichen Eigenschaften vom Erzieher genannt werden und dabei eine Abwehrhandlung erfolgt (z. B. »heiß«!), handelt es sich bei den Bewertungen vom Typ 2 um Prozesse der Wert-Zuordnung zu an sich möglichen und ungefährlichen Handlungen, deren Vollzug nach bestimmten Kriterien der bewertenden Person gelobt, gebilligt oder mißbilligt werden. Obwohl hierbei allgemeine »soziale Werte« für die Beurteilung des kindlichen Verhaltens zugrunde gelegt werden, sind es genau genommen die individuellen Bewertungskonzepte des Erziehers und deren situative Anwendung in Verbindung mit augenblicklichen Motiven und instrumentellen Erziehungsüberzeugungen (vgl. *Lukesch,* 1975; *Schneewind,* 1974), die letztlich das Bewertungsverhalten des Erziehers bestimmen. Schließlich spielt auch die wahrgenommene Erziehungswirkung innerhalb der Erzieher-Kind-Interaktion eine entscheidende Rolle für die Herausformung bestimmter Verhaltensstrategien des Erziehers (vgl. *Neubauer,* 1974 a; *Nickel,* 1974). Auf diese Weise finden dann tolerante oder anankastische Auslegungen von Normen und Regeln, Selbstgenügsamkeit oder egozentrische Einstellung, neurotische Ängste oder manische Euphorie der bewertenden signifikanten Person als Beurteilungskriterium ihren Niederschlag in den Selbstkonzepten des bewerteten kindlichen Individuums. Die Bedeutung solcher stabiler oder wechselhafter Bewertungsbedingungen in der Primärgruppe für die Entwicklung des primären sozialen Selbstes wird in Abschnitt 3.3.2. noch näher behandelt. Das Ergebnis dieser Fremdbewertungen sind einerseits »Wenn-Dann«-Schemata und deren verbale Kodierung, andererseits aber auch die Übernahme von direkten Verhaltensregeln, ein Vorgang, der in der Literatur vereinfacht als »Internalisierung von Normen« bezeichnet wird. Die Erfahrung solcher Fremdbewertungen liefert aber gleichzeitig einen wichtigen Beitrag zum Aufbau des Selbstkonzept und zur Höhe der Selbstwertschätzung.

Die Ähnlichkeit der Aktivitäten durch die von den signifikanten Personen Bewertungen vom Typ 1 und vom Typ 2 gesetzt werden, bringt es allerdings mit sich, daß sowohl bei Verstößen vom Typ 1 als auch bei negativ bewerteten Handlungen vom Typ 2 das »schlechte« Gewissen aktiviert wird und eine Straferwartung evoziert. Interessanterweise scheint aber das Gewissen nicht nur handlungs- oder gegenstandsbezogen aktiviert zu werden, sondern überdies auch stochastisch zu reagieren, solange keine Extinktion durch neuerliche Ereignisreihen eintritt. Beispiel für solche Erwartungen ist die individuelle Furcht, daß nach einer Reihe von positiven Ereignissen »bald« etwas »schiefgehen muß«, oder etwa die Meinung, daß im Zahlenlotto die subjektive Gewinn-Chance mit wachsender Anzahl der negativen Versuche zunehme.

Direkt angesprochen wird das Selbstkonzept und das Selbstwertgefühl durch die unmittelbare Zuordnung eines bestimmten Wertes (Typ 3), die eine mehr oder weniger generalisierte Beurteilung der Gesamtperson ausdrückt.

Es sei ergänzend erwähnt, daß solche Fremdbewertungsprozesse nicht nur in der Kindheit von großer Bedeutung sind. Auch später, nach der Internalisierung allgemeiner Normen- und Wertsysteme, spielen solche Prozesse der Fremdbewertung eine beträchtliche Rolle, sei es explizit in der Form des Komplimentes, der Anerkennung, des Tadels oder in komplexer Form im Gesamtverhalten der Interaktionspartner.

3.2.2. Selbstbewertung und Idealkonzept

Die Selbstbewertung ist eine Wert-Zuordnung zu Eigenschaften, Gedanken, Verhaltensweisen usw., die von der Person für sich selbst anhand von erworbenen Konzepten durchgeführt wird, wobei sich die subjektiven Bewertungs-Konzepte ihrerseits auf frühere Fremdbewertungen der eigenen Person, auf beobachtete Fremdbewertungen anderer Personen, auf mitgeteilte Selbstbewertungen anderer Personen und auf direkt übernommene Regeln und Normen beziehen. Neben dieser Art der Selbstbewertung anhand subjektiver Konzepte, die von *Gerard* (1961) als »normative influence« bezeichnet wurde, bleibt aber außerdem noch die Möglichkeit eines vom Individuum durchgeführten aktuellen direkten Vergleiches im Hinblick auf ein bei sich und bei anderen festgestelltes Attribut, nach *Gerard* die »informational influence«.

Wesentlich für die Selbstbewertung ist das *Idealkonzept* der Person, d. h. das Konzept darüber, wie das Individuum sein sollte oder was es tun sollte. Das Ideal-Konzept der Person stellt eine Soll-Norm dar, die in der Gegenwart durch ihre Diskrepanz zum Selbstkonzept im Sinne des »moralischen Bewußtseins« nach *Baldwin* (zit. n. *Piaget*, 1954) dahingehend wirkt, daß sich das Individuum künftig diesem Idealbild anzunähern versucht, woraus sich nach *Allport* ein wesentlicher Faktor für die Richtung der weiteren Entwicklung des Individuums und für »die künftigen Linien des Selbst« (*Jaide*, 1968) ergibt. Die Genese eines verbindlichen Ideal-Konzeptes geschieht notwendigerweise vorwiegend durch Interaktion mit signifikanten Personen und spiegelt daher im allgemeinen die Werte der Bezugsgruppen wider (*Krech, Crutchfield* und *Ballachey*, 1962). In der Kindheit bestimmen sich die ersten Inhalte des rudimentären Idealkonzeptes durch das »naive Vorbild« (*Bertlein*, 1960), d. h. durch die Forderungen und Verhaltensweisen von Vater und/oder Mutter als Modellpersonen. Diese Vorbild-Personen oder Modellpersonen gewinnen für das Individuum ihre Bedeutung dadurch, daß sie Verhaltensforderungen stellen, sie sanktionieren und offensichtlich auch in der Lage sind, diese Verhaltensforderungen selbst einzuhalten. *Freud* nennt jenen Satz von positiv bewerteten Merkmalsausprägungen, den das Kind als Konzept im Laufe der Zeit übernimmt, das »Ich-Ideal« oder das »Über-Ich«, das nach *Freud* beim Knaben durch die Hereinnahme des wahrgenommenen Vaterbildes als Vorbild bzw. durch die »Identifikation« mit dem Vater etabliert wird. Wenn auch diese Auffassung *Freuds* als inhaltlich zu eng bezeichnet werden muß, da die Mutter als Vorbildperson für den Knaben unberücksichtigt bleibt, so dürfte doch im allgemeinen durch stärkere Identifikation mit dem gleichgeschlechtlichen Elternteil im Wege der Übernahme der Geschlechts-Rolle als »Subidentität« (*D. R. Miller*) in der Tat eine gewisse Dominanz des entsprechenden Elternteiles im *Freud*'schen Sinne gegeben sein (vgl. *Helper*, 1955).

Das Über-Ich als zunächst konkretes Ideal-Konzept ist »der Träger des Ich-Ideals, an dem das Ich sich mißt, dem es nachstrebt, dessen Anspruch auf immer weitergehendere Vervollkommnung es zu erfüllen bestrebt ist« *(Freud,* Bd. XV, S. 71). Allerdings gilt für diese Stufe der Entwicklung des Idealkonzeptes, daß es sich streng genommen nur auf bestimmte Situationen oder Bezugspersonen bezieht und daß seine Geltung nur durch eine Transfer-Leistung des Individuums auf andere Situationen übertragen wird, d. h. es handelt sich streng genommen um ein »Muß«-Gewissen *(G. W. Allport)* für konkrete Verhaltensweisen in bestimmten Situationen, das damit mehr oder weniger situationsbezogen oder opportunistisch funktioniert.

Später wird dann das Idealkonzept durch Aufnahme weiterer »nachzuahmender Muster« *(Baldwin)* immer mehr differenziert. *Freud* beschreibt den Vorgang wie folgt: »Ebenso nimmt das Über-Ich im Laufe der individuellen Entwicklung Beiträge von seiten späterer Fortsetzer und Ersatzpersonen der Eltern auf, wie Erzieher, öffentliche Vorbilder, in der Gesellschaft verehrter Ideale« *(Freud,* Bd. XVII, S. 69).

Immer sind es aber in dieser Phase der Entwicklung unmittelbare Interaktionspartner, die einen Einfluß auf das Idealkonzept ausüben (vgl. *Spranger,* 1960, S. 53; *Schlesinger,* 1910, 1913).

Das Idealkonzept wird dann zu einem »idealischen Vorbild« *(Bertlein)* entwickelt, das jedoch auch noch anschaulichen Charakter besitzt und dessen Grundstruktur im wesentlichen immer noch vom konkreten Vorbild der frühen Kindheit determiniert wird. Erst mit dem Beginn der Pubertät, die ja durch die Ablösung des Individuums aus dem engeren Kreis der Familie eine neue Identitäts-Bestimmung erfordert, folgt dann eine »Wendung des Blickes nach innen« und im Zuge des Suchens nach dem »Königs-Ich« *(Spranger)* eine verstärkte Orientierung an weiteren Vorbildern oder Leitbildern (vgl. *Schmeing,* 1934, 1935; *Glöckel,* 1960; *Lückert,* 1965; *Jaide,* 1961, 1968; *Thomae,* 1965 a). Hierbei handelt es sich zum Zeitpunkt der Pubertät im allgemeinen bereits um abstrahierte Formen des Idealkonzeptes (vgl. *Lutte,* 1970). Auf dieser Stufe der Entwicklung hat sich dann das »Muß«-Gewissen im Sinne von gelernten Habits (vgl. *Cowan* u. a., 1969) zum größten Teil in ein »Sollte«-Gewissen *(Allport)* gewandelt, d. h. in eine Orientierung an relativ abstrakten und übersituativen Regeln. *Bertlein* spricht hier von einem »Ideen-Ideal«, das aber selbst häufig wieder eine symbolhaft verdichtete Repräsentanz in Gestalt einer idealisierten Vorbild-Persönlichkeit aufweisen kann, wobei die Orientierung und Zuordnung nach dem »Image« einer öffentlich bekannten und geschätzten Persönlichkeit erfolgt (z. B. J. F. Kennedy). Die höchste und abstrakteste Form des Idealkonzepts ist die persönliche »Ideologie«, nämlich nach *Rubinstein* »die Ideen, die der Mensch als Prinzipien annimmt, nach denen er seine Taten und die der anderen wertet« (1966, S. 284).

Ist ein solches allgemeines Idealkonzept als Bewertungsgrundlage des eigenen Verhaltens etabliert, so ist nach W. *McDougall* (1928) die höchste Stufe der Entwicklung erreicht, nämlich die Steuerung des Verhaltens durch ein Ideal, das den Menschen befähigt, »ohne Rücksicht auf Lob oder Tadel seiner unmittelbaren Umgebung zu handeln, wie es ihm richtig zu sein scheint« (1928, S. 154). Diese relative Unabhängigkeit von den Bedingungen der aktuellen Situation im Sinne der »Innengeleitetheit« *(Riesman)* setzt aber nicht nur ein entsprechendes Ideal-Konzept zum Zwecke eines unmittelbaren internen Vergleiches mit der aktuell perzipierten Selbst-Präsentation voraus, sondern ein Maß an Verhaltenssicherheit, das sich entweder aus einem hohen Grad an positiver Selbstwertschätzung oder aus erwarteten zukünftigen Gratifikationen — vielleicht in einer jenseitigen Welt — ableitet. *Riesman* spricht in diesem Zusammenhang von einem »inneren Kreiselkompaß« als einer Voraussetzung der autonomen Persönlichkeit, die sich auch bewußt nonkonformistisch im Sinne der »exemplarischen Persönlichkeit« *(Th. Scharmann)* zu verhalten vermag.

Der Übergang von der überwiegenden Fremdbewertung als externe Kontrolle durch die Erzieher in der frühen Kindheit zur überwiegenden Selbstbewertung und Selbstkontrolle im Jugendalter und beim jungen Erwachsenen muß selbstverständlich im Zusammenhang mit den vielschichtigen Prozessen der individuellen Entwicklung und der zunehmenden Verselbständigung gesehen werden (vgl. *Nickel,* 1975). Die starke Abhängigkeit von den Erziehungspersonen in der frühen Kindheit führt über die perzipierte Fremdbewertung zunächst zu einer Übernahme dieser Bewertungskriterien, die *Piaget* als »heteronome Moral« (1954) bezeichnet. Eine vom Kind wahrgenommene Verletzung dieser bereits gelernten Verhaltensregeln bewirkt in Anwesenheit der bewertenden signifikanten Person die emotionale Reaktion der »Scham« (vgl. *Ausubel,* 1955), die durch die äußerlichen Anzeichen der Ich-Beteiligung indiziert, daß diese Verhaltensregeln bereits für das Kind bedeutsam sind und einen Teil des Idealkonzepts bilden. Mit fortschreitender kognitiver Entwicklung und Verselbständigung des Kindes wird dann die »Machbarkeit« der Verhaltensspielregeln und ihre Relativität erkannt, wobei aber gleichzeitig die subjektive Verbindlichkeit der selbstakzeptierten Bewertungskonzepte zunimmt. Erst dadurch vollzieht sich der Übergang von der Scham als Reaktion auf eine akzeptierte Fremdbewertung zur »Schuld« als Ergebnis der Selbstbewertung anhand akzeptierter moralischer Grundsätze, die allerdings nur unter der Bedingung der Unabhängigkeit von situativen Einflüssen als »autonome Moral« *(Piaget)* wirksam ist. Die Arbeiten von *Kohlberg* (1963) über die Veränderung des moralischen Urteils zwischen dem 7. und 16. Lebensjahr belegen zwar diesen Trend, aber lassen gleichzeitig erkennen, daß damit keineswegs frühere Bewertungskonzepte völlig verschwinden. *Nickel* (1975, S. 138 f.) kommt daher nach einer sorgfältigen Analyse der Ergebnisse von vielen empirischen Untersuchungen zu der vorläufigen Bilanz, daß die Veränderung moralischer Urteile und Wertbegriffe nicht im Sinne einer eindimensionalen Entwicklung verstanden werden darf und unterschiedliche Sozialisationsbedingungen sozioökonomischer und innerfamiliärer Art zu starken interindividuellen Unterschieden führen, die häufig die altersspezifischen Unterschiede verwischen und zurücktreten lassen.

Das komplexe Ergebnis aller Einzelbewertungen, sei es als Fremd- oder als Selbstbewertung, bestimmt dann die Höhe der »Selbstwertschätzung« (self-esteem; self-evaluation) als übersituatives Konzept bisher erfahrener Wert-Zuordnungen, während das »Selbstwertgefühl« das aktuelle Erlebnis der individuellen Selbstwert-Zumessung betrifft.

Da die subjektiven Konzepte als persönliche Konstrukte nicht mit der Realität übereinzustimmen brauchen, ist auch das Ergebnis der Selbstbewertung auf keinen Fall gleichzusetzen mit einer Erfassung des tatsächlich intersubjektiv dem Individuum zukommenden Wertes oder seiner als Gruppenmitglied objektiv zugeordneten Bedeutung. Wie in den Ausführungen über die Bedeutung der individuellen Bemühungen zur Herstellung oder Bewahrung der inneren Konsistenz des Selbstkonzeptes gezeigt werden wird, gibt es im Falle einer Abweichung der individuellen Selbstwertschätzung von der durch die übrigen Gruppenmitglieder oder durch vorübergehende Interaktionspartner effektiv vorgenommenen Wertschätzung eine Reihe von Techniken, die im wesentlichen auf eine individuelle Anpassung oder — falls dies dem Individuum nicht möglich ist — auf eine mehr oder weniger artifizielle Selbstbehauptung hinauslaufen.

3.3. Experimentierfelder

Es wurde bereits erwähnt, daß sich das Selbstkonzept als eine Art von persönlicher »Theorie« über die eigene Person auf verschiedene Experimentierfelder stützt, d. h. auf »certain areas of facts or events« *(Black* und *Gergen,* 1968). Das erste und fundamental wichtige Experimentierfeld des Individuums ist der eigene Körper als materielles Substrat, dessen Existenz empirisch jederzeit überprüfbar ist und der dadurch außerordentlich wichtig für die Verankerung des Wissens um die eigene Existenz ist.

3.3.1. Entwicklung des Körper-Konzeptes

Die ersten entscheidenden Eindrücke zur Differenzierung zwischen dem eigenen Körper als Gegenstand und den übrigen Gegenständen setzen vermutlich schon sehr früh ein, wahrscheinlich bereits kurz nach der Geburt. Besonders wichtig für die beginnende Unterscheidung zwischen dem eigenen Körper und allen übrigen Gegenständen sind dann vor allem die Körperempfindungen, besonders Schmerz, Kälte und Wärme (vgl. *Busemann,* 1965; *Freud,* Bd. XIII, S. 253; *Metzger,* 1959). Während sich das Kind zunächst noch nicht von seiner Umgebung als abgehobene und getrennte Handlungseinheit erlebt, d.h. in einem Status des »Ur-Wir« *(Künkel)* lebt, tritt dann nach und nach die Unterscheidung schmerzhaft in Erscheinung, indem sich das Kleinkind einerseits mit der »Tücke des Objekts« auseinanderzusetzen hat, andererseits vorhandene physiologische Ungleichgewichtszustände durch andere Personen korrigiert werden. Aus diesem Grunde vermutet *Piaget* (1969) auch, daß sich das Selbstbewußtsein gerade durch den Widerstand der Dinge entwickelt. Diese mannigfaltigen Erfahrungen in den ersten Lebenswochen vor allem sensorischer Art führen nach *Sarbin* (1954, 1962) zum »somatic self« dem Körper-Selbst des Neugeborenen, aus dem sich später dann das »Körper-Schema« *(Schilder)* entwickelt.

Als eine weitere wichtige Komponente des Bewußtwerdens des eigenen Körpers in Form eines anschaulichen »Körper-Ich« *(Metzger)* wird die sog. »doppelte Wahrnehmung« genannt. Gemeint sind damit die doppelten Berührungsempfindungen beim Betasten des eigenen Körpers, die Kontrolle einer Bewegung über die »äußere« und »innere« Wahrnehmung und das Erlebnis der immer mehr gelingenden willkürlichen Kontrolle der eigenen Aktivitäten (*D. R. Miller,* 1963). Dieses Unterscheidungslernen zwischen »Ich« und »Nicht-Ich« vollzieht sich vor allem ab dem vierten und fünften Lebensmonat im Spiel mit den eigenen Gliedern, das es nach *Metzger* (1959) nur beim Menschen gibt.

Bedeutsame Punkte bei der Entwicklung der Unterscheidung zwischen eigener Person und Umwelt sind etwa im Alter von drei Monaten das erste Lächeln (*R. Spitz*), das beginnende Interesse an einer Manipulation von Objekten etwa beginnend mit einem halben Jahr und ein differenzierterer Bezug zu den signifikanten Personen etwa bei einem Alter von acht Monaten, das sich einerseits in der von *R. Spitz* beschriebenen »Acht-Monats-Angst« beim Erkennen fremder Personen manifestiert, andererseits durch aufmerksamkeitserregende »siegesbewußte« Gebärden und Laute nach dem Gelingen besonderer Leistungen wie beispielsweise das Aufstehen ohne fremde Hilfe (vgl. *Metzger*, 1959). Auf Grund dieser verschiedenen Beobachtungen ist anzunehmen, daß das Individuum gegen Ende des ersten Lebensjahres bereits eine Reihe von Informationen über seinen eigenen Körper besitzt, die jedoch noch keineswegs eine Einheit bilden (vgl. *Jacobson*, 1964).

Große Bedeutung für die Artikulierung des Körper-Konzeptes hat dann vor allem der *Spiegel* als Vermittler von Selbst-Informationen. *Schjelderup* (1963) bringt ein Zitat aus einer Arbeit des Psychoanalytikers *F. Wittels* (1924), das die Bedeutung des Spiegels besonders anschaulich verdeutlicht:

> »Als ich noch ein kleiner Knabe war, erwachte ich eines Tages mit der überwältigenden Erkenntnis, daß ich ein Ich sei, daß ich zwar äußerlich aussehe wie andere Kinder, aber dennoch grundverschieden sei und um ein Ungeheures wichtiger. Ich stellte mich vor den Spiegel, betrachtete mich aufmerksam und sprach das Spiegelbild oftmals hintereinander mit meinem Vornamen an.« (Zit. n. *Schjelderup*, 1963, S. 260).

Ähnliche Beobachtungen über die maßgebliche Bedeutung des Spiegels bei Kindern berichtet *Moreno* (1959, S. 87), wobei aus seinen Ausführungen besonders die Wirkung der eigenen Bewegungen hervorgeht, die gleichsam als unmittelbare Reaktionen eines identischen Interaktionspartners erlebt werden.

> »Im Anfang ist das Kind sich nicht bewußt, daß es im Spiegel ein Bild seines Selbst erblickt. Aber was es sieht, reizt es, und um sich zu überzeugen, ob alles Wirklichkeit ist, streckt es die Zunge heraus oder macht irgendwelche andere Bewegungen. Wenn das Kind endlich begreift, daß das Bild im Spiegel sein eigenes ist, dann ist ein Wendepunkt in seinem Wachsen eingetreten, ein wichtiger Fortschritt in seinem Begreifen von sich selbst ... Im Laufe der Zeit können wir große Veränderungen in seinem Ausdruck und seinen Gesten sehen, wenn es vor dem Spiegel steht. Es studiert das Gesicht und bemerkt, daß das Individuum im Spiegel ›seine‹ Bewegungen wiederholt, mit ihm lacht, mit ihm weint und mit ihm tanzt. Wenn es näher und näher auf den Spiegel zugeht, geht auch das andere, das Spiegelbild, näher, bis sie sich auf der Oberfläche des Spiegels treffen.« (S. 87). Der von *Moreno* hier beschriebene Vorgang zeigt mit aller Deutlichkeit, auf welche Weise die kognitive Abbildung des eigenen Aussehens und Verhaltens erfolgt.

Durch diese vielfältigen Erfahrungen des Individuums mit seinem eigenen Körper entsteht das »Körper-Ich« *(Metzger)*, das man wohl wegen seiner ausgesprochenen inhaltlichen Bestimmung und gleichzeitig zur klaren Abhebung vom aktuellen Erleben des eigenen Körpers besser als »*Körper-Konzept*« bezeichnet. Es umfaßt die Vorstellung vom eigenen Körper, »die jeder Mensch von seiner eigenen Erscheinung im Raum hat« *(Ausubel,* 1970, S. 140). In Anlehnung und Erweiterung einer Definition des »Körper-Ich« nach *Bischof* (1966 b, S. 422) läßt sich das Körper-Konzept genauer beschreiben als die komplexe Gesamtheit aller jener kognitiven Elemente, die sich auf den Körper als »eine leibhaftig wirkliche frei bewegliche Raumgestalt« beziehen, die durch das Merkmal des »Eigenen, unmittelbar zu mir selbst Gehörenden« ausgezeichnet ist, an deren Grenzfläche sich die Berührungserlebnisse lokalisieren und deren Bewegungen willkürlich aktivierbar sind. Dazu gehören Vorstellungen über Körpergröße, Gewicht, Körperbau, Gesicht, Haar, Augen und Stimme einschließlich ihrer Bewertung.

Die *Subjektivität* des Körper-Konzeptes und die Tatsache, daß die gespeicherten Informationen über das Aussehen der eigenen Person nahezu ausschließlich durch den Spiegel, also seitenverkehrt, vermittelt sind, sieht man daran, daß Personen im allgemeinen recht überrascht sind, wenn sie eine (seitenrichtige) Fotografie von sich sehen. Die offensichtliche Diskrepanz der Fotografie als Abbild der eigenen Person und der (seitenverkehrten) Vorstellung des eigenen Körpers als wesentlicher Teil des Körper-Konzepts läßt daher bei selten fotografierten Personen, sowie bei Personen mit geringem Selbstwertbewußtsein (die sich aus diesem Grunde auch ungern fotografieren lassen) ein merkwürdiges Unbehagen entstehen, das im Sinne der Dissonanz-Reduktion nach *Festinger* durch den stillschweigenden oder auch ausgesprochenen Zweifel an der Repräsentativität der Fotografie beseitigt wird. Man hat dann einfach das »Gefühl«, nicht gut »getroffen» zu sein. Noch ausgeprägter sind diese Erlebnisse vielleicht im Zusammenhang mit der objektiven Wiedergabe der eigenen Sprechstimme.

Bemerkenswert dabei ist in diesen Fällen vor allem, daß zunächst sozusagen automatisch Abwehrmaßnahmen zum Schutz des Selbstkonzeptes oder seiner Teilstrukturen ergriffen werden, so daß im allgemeinen erst nach der Erfahrung einer ganzen Reihe solcher objektiven und inhaltlich gleichlautenden Informationen über die eigene Person allmählich eine Veränderung des Körper-Konzeptes vorgenommen wird.

Die Subjektivität des Körper-Konzeptes und die Tendenz einer positiven Bewertung dieser Merkmale durch das Individuum zeigt sich auch ganz klar in den Untersuchungen von *Huntley* (1940), *Wolff* (1943), *Epstein* (1955) und von *H. Beloff* und *J. Beloff* (1959). *Huntley* und *Wolff* arbeiteten bei ihren Experimenten mit Fotos von Händen, wobei auch eine Aufnahme der eigenen rechten Hand der betreffenden Versuchsperson ohne deren Wissen beigefügt war. Nicht erkannt wurde die eigene Hand bei *Huntley* in 65 % der Fälle und bei *Wolff* von 73 % der Befragten. Ähnliche Ergebnisse fanden sich auch bei Sprachaufnahmen als Versuchsmaterial, wobei sich hier die vergleichsweise noch geringere Lernerfahrung im Hinblick auf den objektiven Klang der eigenen Stimme bemerkbar machte; so wurde bei *Huntley* die eigene Stimme mit 90 % und bei *Wolff* mit 96 % der Fälle nicht erkannt.

Auffallend war jedoch das Ergebnis hinsichtlich einer Beurteilung dieses Versuchsmaterials danach, ob der betreffende Mensch sympathisch oder unsympathisch sei. Die nicht erkannten eigenen Formen wurden wesentlich häufiger positiv und erheblich seltener neutral bewertet als die fremden Formen.

In Anlehnung an die Arbeiten von *Wolff* und *Huntley* versuchte *Epstein*, bei einer Gruppe von schizophrenen Personen und bei einer Vergleichsgruppe von normalen Personen anhand ähnlichen Materials die unbewußte Selbstbewertung zu überprüfen. Er fand, daß eine unbewußte Überbewertung von Formen der eigenen

Person bis zu einem bestimmten Ausmaß normal sei, jedoch darüber hinaus mit Schizophrenie assoziiert sei, d. h. mit einer unkritisch-autistischen Haltung zusammenfällt.

Eine andere Versuchsanordnung zur Untersuchung unbewußter Selbstbewertung verwendeten *Beloff* und *Beloff* (1959, 1961). Ausgehend von der Entdeckung *F. Galton's*, daß bei einer stereoskopischen Darbietung von Gesichtern auch dann nur ein Gesicht gesehen wird, wenn zwei verschiedene, größenmäßig standardisierte Gesichter als Stimuli verwendet werden, versuchten die Autoren die unbewußte Selbstbewertung dadurch zu erfassen, daß bei der kritischen Versuchsreihe ohne Wissen der Versuchsperson jeweils das eine Gesicht der beiden exponierten Stimuli eine Aufnahme der Versuchsperson selbst war. Im Ergebnis zeigte sich eine Tendenz, Darbietungen mit dem eigenen Gesicht als attraktiver zu beurteilen. Obgleich die beobachtete Tendenz nicht signifikant ist, stimmt sie aber doch mit den hier berichteten Befunden gut überein.

Die Bedeutung des individuellen Verhältnisses zum eigenen Gesicht als Indikator für die Höhe der Selbstwertschätzung oder des Grades der Zufriedenheit mit sich selbst erhellt auch aus einem berichteten Beispiel von *Moreno,* bei dem ein Junge auf das Spiegelbild schlug und dabei den Spiegel zerbrach, sowie aus der von *Neill* (1969, S. 57) berichteten Erfahrung, daß schwierige Schüler, die zum ersten Mal in die Therapiestunde kommen, auf die Frage »Gefällt dir dein Gesicht im Spiegel?« grundsätzlich mit »Nein« antworten.

Ist einmal ein Körper-Konzept etabliert, so besteht wohl im Zusammenhang mit dem subjektiven Erlebnis des »Mit-sich-selbst-identisch-bleibens« grundsätzlich die Tendenz zur Annahme der Konstanz von Körpereigenschaften. Wie weit diese gemutmaßte Konstanz implizit reicht, läßt sich daran erkennen, daß es nach *Shoemaker* (1963, S. 5) für die meisten Menschen rätselhaft ist, wenn man ihnen erzählt, daß innerhalb von sieben Jahren sämtliche Moleküle ihres Körpers durch völlig andere ausgetauscht werden. Weit weniger Schwierigkeiten hat man übrigens bei der gleichen Aussage im Hinblick auf Tiere und Pflanzen.

Die Wirkungsweise und die *Bedeutung eines entwickelten Körper-Konzeptes* läßt sich vor allem an folgenden Befunden und Beobachtungen aufzeigen:

1. Das Körper-Konzept oder auch Körperschema *(Schilder)* ist ein Teil des »Lageschemas« *(Thomae)*, es wird automatisch bei jeder Handlung berücksichtigt. Ich weiß zum Beispiel, ob ich mich vermutlich am Kopf stoßen werde, wenn ich durch eine Türe gehe, ob ich mit den Händen einen Gegenstand erreichen kann u. a.
2. Bei einem dauerhaft entwickelten Körper-Konzept, das sich bei einem Erwachsenen über Jahrzehnte bewährte und erfolgreich bei der Verhaltensorientierung eingesetzt wurde, gehen gravierende Veränderungen des Körpers erst nach längerer Zeit in das Körper-Konzept ein, manchmal erst nach Jahren. Während sich bei einem heranwachsenden Kind die Körpergröße und die damit zusammenhängenden Merkmale kontinuierlich verändern, wobei die damit verbundenen Substrukturen des Körper-Konzeptes in oft recht schmerzhafter Weise an die sich ändernde Realität angepaßt werden müssen, gibt es beim Erwachsenen im allgemeinen keine solchen auffälligen Veränderungen. Die normalerweise kaum bemerkte Wirksamkeit des Körper-Konzeptes fällt aber

dann sofort auf, wenn beim Erwachsenen doch solche raschen Veränderungen des Körpers eintreten, beispielsweise im Zustand der Gravidität. Die Wirkung eines solchen anachronistischen Körper-Konzeptes zeigt sich aber vor allem bei der Amputation von Körpergliedern mit dem zuweilen vorkommenden Phänomen des sog. »Phantomgliedes«. Gemeint ist damit die Tatsache, daß nach Amputationen häufig Empfindungen auftreten, die subjektiv im amputierten Glied lokalisiert werden, z. B. Schmerzen im Fuß nach einer Unterschenkel-Amputation. Neben möglichen neuro-physiologischen Faktoren als Erklärung für diese Phänomene sprechen wohl, nach den Ausführungen von *Bischof* (1966 b), eine Reihe von empirischen Befunden dafür, das Phänomen des Phantomgliedes aus der Wirksamkeit eines gelernten, aber durch die Amputation nicht mehr zutreffenden Körper-Konzeptes zu erklären. Belege für diese Annahme sind besonders das Fehlen von solchen Phantomerlebnissen bei angeborenen Verstümmelungen oder bei Amputationen vor dem 3. Lebensjahr, sowie das Ausbleiben der Phantomerscheinungen bei langsam fortschreitendem Gliedverlust (z. B. Lepra), da in diesem Fall nach unserer Annahme das individuelle Körper-Konzept durch entsprechende Lernprozesse adaptiert werden kann. Dafür spricht auch die Beobachtung, daß solche Phantomerlebnisse bei regelmäßigem Gebrauch des Stumpfes allmählich verschwinden (vgl. *Bischof*, 1966 b, S. 427 f.).

Übrigens wird auch in Träumen oft ein veraltetes Körper-Konzept verwendet, besonders dann, wenn die mit dieser vergangenen Form des Körper-Konzeptes zusammenhängenden Erlebnisse positiv affektbetont sind.

3. Das aktuell wirksame Körper-Konzept kann sogar nach einer gewissen Trainingszeit über den Körper hinaus auch auf Objekte ausgedehnt werden, die mit unserem Körper eine Handlungseinheit bilden. Durch das Erlebnis des »Mit-uns-eins-Seins« *(Jaspers,* 1965) resultiert eine »erweiterte Körpergrenze« *(Bischof,* 1966 b), die sich auch auf Kleidung, Werkzeuge oder Fahrzeuge erstrecken kann. So löst beispielsweise das Anstreifen des Autodaches an Blättern oder Zweigen bei langsamer Fahrt unangenehme, körperempfindungsähnliche Erlebnisse aus.

Diese Erweiterungen des Körper-Konzeptes sind jedoch bedingungsabhängig und können durch veränderte Bedingungen wieder rückgängig gemacht werden. Beispiele dafür sind durchnäßte Kleidung oder das Speichel-Beispiel bei *Allport* (1958, S. 45). Sobald der eigene Speichel den Mund verlassen hat und etwa in einem Gefäß gesammelt wird, gehört er erlebnismäßig nicht mehr zum Körper und wird u. U. als ekelerregend wahrgenommen. Ähnlich ist es bei der Bekleidung, die normalerweise zu uns gehört, aber durch Nässe und durch die damit verbundene Abkühlung uns gewissermaßen »verfremdet« wird.

4. *P. Schilder* berichtet in seiner Abhandlung über das »Körperschema«, daß die Ausdehnung des »Körperschemas« je nach emotionaler Befindlichkeit des Subjektes variiert. So würde etwa bei Freude eine Ausdehnung, bei Trauer eine Einengung erfolgen. Diese Befunde zeigen deutlich den Einfluß psychodynamischer Größen auf die Merkmale des Körper-Konzeptes, eine Tatsache, die wohl auch im Bereich der Wahrnehmungsforschung als Wirkung »nicht-sinnlicher Determinanten der Wahrnehmung« *(Graumann,* 1966) anerkannt ist. So erlebt man sich neben einem »großen« Menschen, sei es objektiv im Hin-

blick auf die Körpergröße oder subjektiv in Form der Wertschätzung, in der Tat als kleiner bzw. unbedeutend, während im Vergleich mit »kleinen« Menschen die umgekehrte Tendenz zu beobachten ist. Besonders schön objektiviert findet sich übrigens dieses Faktum in der mittelalterlichen Malerei, wo sich die relative Größe einer dargestellten Person nach diesem Kriterium bestimmt.

5. Neben einer Reihe von abnormen Phänomenen wie Verzerrungen der Körpergestalt, Verlust der räumlichen Kontinuität des Körpers u. a., die ausgesprochen pathologische Erscheinungen darstellen und im vorliegenden Zusammenhang unberücksichtigt bleiben sollen, gibt es doch noch eine Reihe von Beobachtungen und Befunden, die ein besonderes Schlaglicht auf die Beschaffenheit des individuellen Körper-Konzeptes werfen. Während alle bisher genannten Phänomene in Relation zu einem egozentrischen Bezugssystem der Person stehen, gibt es offensichtlich auch die Möglichkeit, den eigenen Körper aus der Perspektive eines heterozentrischen Bezugssystems zu betrachten. Bekannt ist das Erlebnis des eigenen »Doppelgängers« oder der »Heautoskopie«, nämlich der Erscheinung, daß man seinen eigenen Körper in der Außenwelt als einen zweiten wahrnimmt. *Jaspers* bringt als berühmtes Beispiel das Erlebnis eines Doppelgängers bei *Goethe*. Als *Goethe* zum letzten Mal von Friederike wegritt, sah er sich selbst auf demselben Weg in festlicher Kleidung entgegenreiten *(Goethe, 1965, S. 542)*. Eine ähnliche Art einer phänomenalen Verselbständigung des Körper-Konzeptes fand sich auch bei den Untersuchungen über die Auswirkungen einer reduzierten Variation von Umweltreizen bei *Bexton, Heron* und *Scott* (1954). Hierbei berichteten zwei von 14 Probanden über ein Erlebnis, wonach sie unter Isolationsbedingungen den Eindruck hatten, daß ihr Körper in doppelter Ausführung nebeneinander im Versuchskasten vorhanden sei, wobei sie im Augenblick nicht anzugeben vermochten, ob der Körper A oder B der richtige sei. Zwei weitere Versuchspersonen berichteten ebenfalls über ungewöhnliche Körper-Wahrnehmungen, bei denen der »Geist« vom Körper phänomenal gelöst schien.

Ganz ähnliche Erlebnisse, sich selbst aus einer bestimmten Distanz zu beobachten bzw. agieren zu sehen, können übrigens auch bei anankastischen Personen auftreten, die sich mit ihrem Gewissen als »watch-dog« *(Ausubel, 1955)*, d. h. mit ihrem strengen »Über-Ich« als heterozentrischen Bezugspunkt, identifizieren. Erwähnt wurde bereits das »objektivierte« Erleben des eigenen Körpers im Traum, dessen Möglichkeit ebenfalls auf das Vorhandensein von heterozentrischen Beurteilungen und Aspekten des Körper-Konzeptes hinweist. Schließlich scheint auch eine Beziehung zwischen der Entwicklung des eigenen Körper-Konzeptes mit dem Schema des menschlichen Körpers bei Kinderzeichnungen, beispielsweise beim »Draw-a-Person« Test, zu bestehen, wobei man wohl das Schema der menschlichen Gestalt zum Teil als eine Projektion eines generalisierten Körper-Konzeptes auffassen kann (vgl. *Meili-Dvoretzki, 1957*).

In den Ausführungen über das Problem der Identität wird genauer dargestellt, daß jede vom eigenen Körper-Konzept abweichende Information über den eigenen Körper grundsätzlich eine Gefährdung der individuellen Identität impliziert. Je rascher und je gravierender die objektive Veränderung des Körpers ist (Krankheit, Unfall), umso stärker ist die Bedeutung dieser Veränderung für das Individuum. Weniger einschneidend ist eine langsame Veränderung, wie dies etwa beim Altern oder bei der Zunahme des Körpergewichts der Fall ist, da hierbei die Möglichkeit einer sukzessiven Adaptierung des Körper-Konzeptes besteht und außerdem das behauptete Körper-Konzept durch entsprechende Korrekturmaßnahmen (beispielsweise Färben der Haare, Perücke) in der Realität zumindest eine Zeitlang aufrecht erhalten werden kann. Eine allerdings sehr beachtliche Gefährdung für die Existenz des Individuums resultiert aus solchen objektiven Veränderungen im allgemeinen nur dann, wenn durch Nicht-Akzeptierung dieser objektiven Veränderungen im Laufe der Zeit eine erhebliche Diskrepanz zwischen dem behaupteten Körper-Konzept und den objektiv vorhandenen Körpermerkmalen entsteht, die nur durch entsprechende Abwehrmechanismen überbrückt werden kann. Schwierigkeiten ergeben sich für das Individuum in einem solchen Fall nicht zuletzt vor allem auch aus der signifikativen Wirkung objektiv vorhandener Körpermerkmale für die Verhaltenssteuerung bei sozialen Beziehungen.

3.3.2. Gruppenbeziehung und Entwicklung des Selbstkonzepts

Neben dem Experimentierfeld des eigenen Körpers, dessen Erfahrung zur außerordentlich wichtigen Unterscheidung von »Ich« und »Nicht-Ich« führt, ist als zweites wichtiges Experimentierfeld die interpersonelle Beziehung zu anderen Personen, insbesondere zunächst zu den Mitgliedern der Familie, anzuführen. Die hier vorgenommene Reihung der Beschreibung dieser Experimentierfelder bedeutet keine chronologische Ordnung, da die sozialen Beziehungen zur Mutter oder zur Pflegeperson strenggenommen ebenfalls mit dem Zeitpunkt der Geburt beginnen. Schon in diesem frühen Alter erfolgt eine Kommunikation zwischen dem Kind und seiner sozialen Umwelt, indem das Kind auf bestimmte Aktivitäten in der Regel bestimmte Reaktionen der Personen seiner Umgebung erfährt (vgl. *Laing*, 1961; *Stoodley*, 1962; *Symond*, 1951).

Als Vorstufe einer sozial relevanten »Objektbeziehung« zeigt sich nach *R. Spitz* (1957) etwa im Alter von 3 Monaten das erste, reaktive Lächeln, das allerdings unspezifisch auf die Gesichtsgestalt erfolgt und das sogar durch eine Gesichts-Attrappe auslösbar ist. Etwa im Alter von acht Monaten ist dann die Entwicklung des Kindes schon so weit fortgeschritten, daß es die Mutter von anderen Personen wahrnehmungsmäßig unterscheiden kann, wobei sich die beobachtbare Enttäuschung der Erwartung in der sog. »Acht-Monats-Angst« manifestiert (*R. Spitz*). In diesem Alter bestehen aber auch offensichtlich schon mehr oder weniger etablierte Interaktionsmuster zwischen dem Kind und den signifikanten Personen, da etwa in diesem Alter das Kind bei besonderen Leistungen (etwa Aufsetzen oder Aufstellen ohne Hilfe) mit »siegesbewußten« Gebärden und Lauten versucht, die Umgebung auf sich und auf seine Leistung aufmerksam zu machen (vgl. *Metzger*, 1959). Nach *Stern* (1927) zeigt das Kind bereits ab einem Alter von 15 Monaten Scheu und Befangenheit beim Einüben neuer Fertigkeiten vor Zuschauern und entwickelt dann sehr bald einen Werk-Ehrgeiz. Die Kinder sind dann schon in zunehmendem Maße bemüht, einen Mißerfolg durch erneute und vermehrte Anstrengungen im folgenden Versuch wettzumachen (vgl. *Heckhausen* und *Kemmler*, 1957; *Heckhausen*, 1969). So fand *Heckhausen* bei der Untersuchung des Leistungsverhaltens bereits bei 3 bis 4¹/₂ jährigen Kindern eine Rolle von Techniken zur Lösung des Konfliktverhaltens nach Mißerfolg. Im Gegensatz zu der sonst gezeigten Lebhaftigkeit nach Erfolg sind die Jüngsten bis 4½ Jahren nach Mißerfolg nicht in der Lage, dem mitspielenden Versuchsleiter ihren Mißerfolg einzugestehen. Sie versuchen dann durch Nicht-Wahrhaben-Wollen, durch Ausweichen, durch antizipierendes Meiden von Mißerfolg oder durch Ersatzhandlungen diese persönliche Niederlage zu verkleinern und künftige Erfahrungen dieser Art zu vermeiden. Auf die Frage des Versuchsleiters, wer zuerst fertig gewesen sei, schweigen sie hartnäckig »mit gesenktem Blick oder leugnen einfach ihren Mißerfolg, indem sie mit tonloser Stimme und allen Zeichen eines schlechten Gewissens ›ich‹ sagen« *(Heckhausen,* 1969, S. 16).

Diese Befunde weisen mit aller Deutlichkeit darauf hin, daß sich Kinder bereits ab einem Alter von etwa 2 bis 2 ½ Jahren im Rahmen sozialer Vergleichsprozesse orientieren, ja daß sie in diesem Alter durch das Ergebnis solcher Vergleichsprozesse besonders tief getroffen werden.

Der Beginn einer Beurteilung des eigenen Verhaltens nach »gut« und »böse« ist sogar noch wesentlich früher zu datieren, da nach *Metzger* ein Kind bereits etwa im Alter von 1½ Jahren fähig wird, an sich selbst das »Bösesein« und das »Wiederliebsein« zu unterscheiden (1959, S. 425). Diesem Ergebnis ist zu entnehmen, daß zu diesem Zeitpunkt bereits grobe individuelle Bewertungskonzepte vorhanden sein müssen, die auf erfahrene Fremdbewertungsprozesse vor diesem Zeitpunkt zurückgehen. Die Möglichkeit einer subjektiven Diskrimination des eigenen Verhaltens nach »gut« oder »böse« bedeutet jedoch gleichzeitig den Beginn der Möglichkeit zu einer Manipulation des eigenen Verhaltens als einen aktiven Beitrag des Kindes zum Interaktionsgeschehen im Rahmen der Familie als Primärgruppe. Die Möglichkeit einer aktiven Manipulation des eigenen Verhaltens ist zunächst sicher noch wenig differenziert und das Kind ist — wenigstens am Anfang — auf keinen Fall in der Lage, die zusätzlichen Bedingungen für eine korrekte Antizipation zu beachten; dieses geschieht erst im Zuge des Diskriminations-Lernens, wobei die Abhängigkeit der elterlichen Reaktionen von solchen Faktoren wie allgemeiner Erregungszustand, allgemeine Stimmungslage, Zeitplanung u. a. gelernt und erkannt wird. Im Verlaufe dieses Lernens unterschiedlicher elterlicher Reaktionsweisen in Abhängigkeit von bestimmten Bedingungen versucht das Kind dann auch den Anwendungsbereich und die Gültigkeitsgrenze von Regeln und Normen herauszufinden, aber insbesondere die speziellen Bedingungen des »Schwellenwertes« der Anwendung negativer Sanktionen durch die Eltern oder Erziehungspersonen nach dem Prinzip »testing the limits« zu eruieren.

Wie nachhaltig der Erziehungsstil der Eltern auch später nachwirkt, zeigt eine Untersuchung von *Maccoby* (1961). Sie konnte bei einer Untersuchung von Schulkindern über die Einhaltung von Regeln in »peer-groups« feststellen, daß regelbewußte Knaben von ihren Eltern in früheren Jahren auch stärker zur strikten Befolgung von Regeln angehalten würden. Die Übereinstimmung zwischen Sohn und Eltern war signifikant größer, wenn das Kind während der frühen Kindheit von den Eltern relativ abhängig war (vgl. auch *Seitz* et al., 1969, 1970).

Für das Individuum ist natürlich die möglichst genaue Kenntnis aller Regeln und aller besonderen Anwendungsbedingungen dieser Regeln von Seiten der Eltern die Voraussetzung für eine hinreichend genaue Antizipation des Verhaltens seiner wichtigen Interaktionspartner und macht einen wichtigen Teil des individuellen

Umweltkonzeptes aus. Es sei an dieser Stelle schon hervorgehoben, daß die Möglichkeit einer adäquaten Diskrimination notwendigerweise ein Mindestmaß regelmäßigen bzw. regel-gemäßen Verhaltens der signifikanten Personen voraussetzt (vgl. Kapitel 3.4.2.4.).

Die Familie ist der Ort, an dem das Individuum seine ersten sozialen Erfahrungen sammelt, zum ersten Male seine Wertschätzung durch andere erfährt und an dem es feststellt, wie gut es sich im Rahmen einer Gruppe durchzusetzen und zu behaupten vermag, d. h. welche Position es im Rahmen dieser Primärgruppe einnimmt. Die Schwierigkeit liegt für das Kind allerdings zunächst darin, daß es als Neugeborenes normalerweise in eine mehr oder weniger etablierte Gruppe eintritt, ohne daß es einen unmittelbaren Einfluß darauf nehmen könnte, ob es beispielsweise als erstes Kind eines Elternpaares die Position des »tertius gaudens« oder des »tertius miserabilis« *(Th. Scharmann)* übernehmen soll. Dies bedeutet, daß das Kind zunächst in ein System mit einer im allgemeinen wohl geordneten Rollen- und Funktionsverteilung, sowie mit bestimmten allgemeinen und speziellen Erwartungen der einzelnen Gruppenmitglieder hineinkommt und durch seine Anwesenheit eine Umstrukturierung dieser Gruppe erzwingt, wobei das neu hinzugekommene Gruppenmitglied aufgrund der besonderen Erwartungsstrukturen einen bestimmten Ort im sozialen System der Gruppe zugewiesen bekommt. Das Kind wird nach seinem Eintritt in die Familie als Primärgruppe mit einem eigenen Namen bezeichnet und mit diesem Signum in Zukunft von allen angesprochen. Es wird von den Eltern bzw. Erziehungspersonen gepflegt, überwacht und beschützt. Man spricht mit dem Kind und es werden dabei bestimmte Lautgebilde zu bestimmten Objekten oder Verhaltensweisen zugeordnet. Auf diese Weise erfährt das Kind Bewertungen seines eigenen Verhaltens, die ebenfalls vorwiegend verbal gekennzeichnet werden. Schließlich bildet sich — neben dem bereits beschriebenen Vorgang der Entwicklung des Körper-Konzeptes — das erste »soziale Selbst« als Konzept darüber, wie man in der Familie als Interaktionspartner eingeschätzt wird, welche verbal bezeichneten Eigenschaften von der Familie zugeordnet werden und in welchem Ausmaß diese »zugesprochenen« Eigenschaften geschätzt oder abgelehnt werden. Da sich die eigene Person über die Reaktionen und Verhaltensweisen der übrigen Personen in der Familie gewissermaßen spiegelt, hat *Ch. H. Cooley* im Jahre 1902 dafür den Namen »Spiegel-Selbst« (looking-glass self) vorgeschlagen.

Erst zu einem relativ späten Zeitpunkt ist das Individuum sprachlich und intellektuell in der Lage, eine abgegrenzte Position im sozialen System der Familie zu erkennen und durch das Verhalten seine Individualität zu forcieren. Erst im Alter von etwa drei Jahren (vgl. *Remplein,* 1971) bezeichnet es sich selbst nicht mehr mit dem Namen, d. h. in der dritten Person, sondern es verwendet nun zunehmend das Pronomen »Ich«. *Kant* drückt diesen Sachverhalt in der Einleitung zu seiner »Anthropologie in pragmatischer Hinsicht« (1798) mit folgenden Worten aus:

> »Es ist aber merkwürdig, daß das Kind, was schon ziemlich fertig sprechen kann, doch ziemlich spät (vielleicht wohl ein Jahr nachher) allererst anfängt durch Ich zu reden, solange aber von sich in der dritten Person sprach (Karl will essen, gehen usw.), und daß ihm gleichsam ein Licht aufgegangen zu sein scheint, wenn es den Anfang macht durch Ich zu sprechen; von welchem Tage an es niemals mehr in jene Sprechart zurückkehrt« (zit. n. *Schjelderup,* 1963, S. 260).

Kritisch ist zu diesem *Kant*-Zitat anzumerken, daß der Übergang keineswegs so abrupt erfolgt, sondern daß er nach dem Erlernen der relativen Zuordnung der Pronomina mehr oder weniger kontinuierlich abläuft (vgl. *Shoemaker,* 1963). *Remplein* (1971) erwähnt, daß Kinder mit älteren Geschwistern durchaus schon viel früher zuweilen das Pronomen »ich« verwenden, eine Beobachtung, die als Beleg für die imitative Übernahme von Verhaltensweisen angesehen werden kann. Etwa zur gleichen Zeit verwendet das Kind übrigens auch zum ersten Mal das Pronomen »wir«, aber nur im Hinblick auf die Familie als Primärgruppe. Die Zugehörigkeit zu umfassenderen sozialen Gebilden wie Land oder Sprachbereich wird nach *Metzger* (1950) erst mit 4 bis 5 Jahren erkannt.

Ausschlaggebend für den Inhalt des primären sozialen Selbstes im Sinne des *Cooley*'schen »Spiegel-Selbst« sind neben dem tatsächlich vom Kind gezeigten Verhalten vor allem die verwendeten Bewertungskriterien der Erziehungspersonen, aber auch die Funktionsfähigkeit der Sinnesorgane als »Empfangseinrichtungen« des Individuums für solche Bewertungsinformationen.

Wie *Seifert* (1970) betont, ergeben sich besonders für den gehörlosen Menschen durch den Wegfall des verbalen Kommunikationssystems sehr einschneidende Deprivationen, die sich in einer Undifferenziertheit des individuellen Selbstkonzeptes sowie komplementär dazu in der »Enge und Armut seines Weltbildes« manifestieren (1970, S. 55).

Die Bewertungen der Erziehungspersonen orientieren sich, wie bereits an anderer Stelle erwähnt, zwar wesentlich an allgemeinen Normen und an bestimmten sozialen Werten, werden jedoch konkret von den besonderen Vorstellungen und Erwartungen der Familie überformt, die weitgehend Wunschprojektionen unbewußter Art enthalten können. Durch die selektive Funktion solcher Erwartungsmuster werden über unbemerkt vorgenommene Partial-Verstärkungen bei erwartungsgemäßem Verhalten des Kindes entsprechende Verhaltenseigenschaften herbeigeführt, ohne daß dies den Beteiligten bewußt wird. Üblicherweise muß dann beim erkannten Auftreten von solchen effektiv anerzogenen Eigenschaften — vor allem bei unerwünschten Eigenschaften — eine simplifizierte Vererbungstheorie zur Erklärung herhalten. Häufig wird bereits durch das »Erkennen« von verwandtschaftlichen Ähnlichkeiten beim Neugeborenen durch die als »Nornen« fungierenden Familienmitglieder die weitere Erziehung als »Leistung des Bestimmens« bereits in der Wiege festgelegt.

Darüber hinaus gibt es zum Teil sogar eine kultur- und gesellschaftsspezifische Absicherung des Erziehungserfolges, so beispielsweise im Hinblick auf die mit dem Geschlecht des Individuums in Zusammenhang gebrachten Eigenschaften. Um eine Aktivierung des »richtigen« Erwartungskomplexes zu sichern, ist es wohl immer noch üblich, das ansonsten nicht ohne weiteres erkennbare Geschlecht von Kleinkindern durch die Farbe der Kleidung (blau oder rosa) zu indizieren.

Untersuchungsbefunde sprechen dafür, daß die besonderen Erwartungen der sozialen Umgebung, vor allem der Familie, möglicherweise einen wesentlichen Einfluß selbst auf die somatische Entwicklung und auf das individuelle Reifungstempo ausüben. *M. Schmidt* (1965) konnte nachweisen, daß Einzelkinder ein signifikant niedrigeres Reifungsalter haben als Kinder mit Geschwistern. Ferner fand er — allerdings statistisch nicht signifikant — eine frühere Reife bei Erstkindern gegenüber nachfolgenden Geschwisterkindern, bei ehelich geborenen gegenüber unehelichen, bei einheimischen Kindern gegenüber Flüchtlingskindern, bei Kindern aus geschlossenen Familien gegenüber Kindern aus gestörten Familien sowie einen Zusammenhang zwischen körperlicher Reife und dem sozio-ökonomischen Status der Familie. Auch die Befunde von W. *Steuer* (1965) lassen eine Interpretation in dieser Richtung zu. *Steuer* fand eine verzögerte somatische Reifeentwicklung bei Landkindern gegenüber Stadtkindern, aber interessanterweise auch bei Kindern von Beamten gegenüber Kindern der übrigen Berufsgruppen.

Unter den beschriebenen besonderen Bedingungen entwickelt nun das Kind auf Grund der subjektiv zur Verfügung stehenden Informationen über die eigene Person ein primäres gruppenspezifisches Selbstkonzept (soziales Selbst oder primäres Selbst nach *Dai*), das für die weitere Entwicklung des individuellen Selbstkonzeptes und der individuellen Selbstwertschätzung entscheidend ist und den Kern des späteren Selbstkonzeptes bildet (vgl. *Secord* und *Backman*).

H. *Kreitler* und S. *Kreitler* (1967) konnten bei einer Untersuchung israelischer Kinder im Alter von 4 bis 6 Jahren nachweisen, daß bereits in sehr frühem Alter ein verhältnismäßig differenziertes Selbstbild vorhanden ist, das eine Reihe von Kategorien umfaßt. So nannten auf die entsprechend eingeleitete Frage »Wer bist Du also?« etwa 86 % der befragten Kinder ihren Namen; an zweiter Stelle folgten Aktivitätsbezeichnungen und an dritter Stelle die Beziehung zu anderen Menschen. Auf die Frage nach dem »Wichtigsten an dir« zeigte sich, daß hier besonders Aktivitäten und soziale Beziehungen genannt wurden, während der Name erst an achter Stelle steht. Die Bedeutung des Wissens um Eigenschaften der eigenen Person, die durch Fremdbewertung zugeordnet werden, geht aus einer weiteren Frage hervor, bei der die Kinder anzugeben hatten, was die eigene Mutter über sie sagen würde, um sie besonders zu charakterisieren. Hierbei wurden von den Kindern mit deutlichem Abstand an erster Stelle Eigenschaftsbezeichnungen genannt. Überdies ließ sich bei dieser Untersuchung von *Kreitler* und *Kreitler* auch ein deutlicher kulturspezifischer Unterschied zwischen den israelischen Kindern mit europäischer und solchen mit orientalischer Herkunft beobachten. Kinder aus Familien europäischer Prägung nannten häufiger ihren Namen, gaben häufiger Aktivitäten an und benützten überhaupt mehr Kategorien bei der Beantwortung der Fragen.

Die Bedeutung des unterschiedlich strukturierten Selbstkonzeptes für die kognitive Orientierung geht auch daraus hervor, daß sich für die untersuchten Kinder in Abhängigkeit von ihrem eigenen Selbstkonzept eine entsprechende »Weltanschauung« nachweisen ließ (vgl. *Levy*, 1956). Als eine Art Resumé stellen daher *Kreitler* und *Kreitler* als Gesamtbefund fest, indem sie sich zusätzlich auf das Ergebnis weiterer Fragen über das sexuelle Verständnis der Kinder beziehen: »So erläutern z. B. jene Kinder, die sich selbst bei den Fragen über das Selbstbild vorwiegend durch Aufzählung ihrer Tätigkeiten präsentiert hatten, auch die Rolle der Eltern vorwiegend durch Nennung von Tätigkeiten und beschreiben sogar das Embryo im Mutterbauch als äußerst tätig« (1967, S. 189).

Ein Einfluß der Veränderung von kultur- und gesellschaftsspezifischen Erwartungsstrukturen und Wertkonzepten auf den Inhalt des individuellen Selbstkonzeptes wurde auch von *Hetzer* (1959) als Ergebnis der Wiederholung einer von *Busemann* im Jahre 1926 durchgeführten Untersuchung festgestellt. Es zeigte sich dabei, daß die 10- bis 14jährigen Knaben, besonders aber die Mädchen, den Körper und seine Wirkung auf andere im Jahre 1957 im Vergleich mit den Befunden aus dem Jahre 1926 statistisch wesentlich häufiger betonten.

Während sich die Kinder zunächst wegen ihres geringen psychischen Differenzierungsgrades unmittelbar im Verhalten äußern, tritt später die Möglichkeit einer bewußten Manipulation des eigenen Verhaltens hinzu.

Dies geschieht einerseits wie beschrieben in der Absicht, sein augenblickliches Gegenüber durch exploratorisches Verhalten zu »testen« (vor allem in der Kindheit, aber auch noch in der Pubertät), später jedoch in der vorbeugenden Absicht, einen positiven Eindruck zu erwecken und negative Bewertungen der eigenen Person zu vermeiden. Durch die Ausdifferenzierung der kognitiven Schemata über Verhaltensalternativen wird eine Lockerung der Beziehung zwischen Innen und Außen, zwischen dem echten oder eigentlichen Kern der Person und den dargestellten, »unechten« Merkmalen möglich. *Goffman* (1969) bezeichnet diesen Vorgang als »Selbst-Präsentation« (self-presentation). Voraussetzung für eine solche Präsentation ist nach *Goffman* ein »working consensus«, bei dem eine Übereinstimmung hinsichtlich gewisser Eigenschaften der Interaktionspartner und eine gemeinsame Definition der Situation besteht. Hinzuzufügen wäre allerdings noch, daß außerdem ein gemeinsames Zeichensystem existieren muß, mit dem dieser »working consensus« erst erzielbar ist (vgl. *G. H. Mead*).

Im einzelnen handelt es sich bei der Selbst-Präsentation darum, daß die Person eine geplante Rolle spielt, in der Absicht, in einer bestimmten Weise von seinem Interaktionspartner eingestuft und bewertet zu werden. Wissen darüber, wie sich die Person eigentlich sieht (privates Selbst) wird dabei bewußt als Mentalreservation zurückgehalten und versucht, dem Interaktionspartner etwas vorzutäuschen. Es besteht in einem solchen Fall jedoch eine konstante Gefahr, bei der Selbst-Präsentation Fehler zu machen, sodaß sozusagen die »wahre Natur« doch zum Vorschein kommt. Trotzdem gibt es eine Reihe von Motiven als Veranlassung für eine Selbst-Präsentation. Streng genommen stellt eigentlich jede soziale Interaktion eine solche Präsentation dar, besonders dann, wenn soziale Beziehungen mit fremden Personen aufgenommen werden, wobei man sich nicht wie in etablierten Gruppenbeziehungen auf bewährte und von den Interaktionspartnern anerkannte Verhaltensmuster beziehen kann. Aber auch bei weitgehend anonymen Beziehungen von kurzer Dauer besteht im allgemeinen ein Konsensus, der sich aus der Wirksamkeit von Sozialstereotypen ableitet. In solchen Fällen wird das Individuum versuchen, durch Kleidung, Sprache, Auftreten und durch die Art seiner besonderen Verhaltensweisen eine adäquate Einstufung durch den anonymen Interaktionspartner zu erzielen. Wie *Argyle* (1969) hervorhebt, besteht als wichtige Alternative zum aktuellen Verhalten zusätzlich die Möglichkeit, dem jeweiligen Interaktionspartner verbal eine entsprechende Auswahl von Informationen über die eigene Person zukommen zu lassen, indem man etwa ganz nebenbei auf seinen Beruf oder auf seine »Beziehungen« nach der Technik des »name-dropping« zu sprechen kommt. *Rosenberg* (1965) konnte nachweisen, daß diese Technik der Selbst-Präsentation als bewußte, mehr oder weniger gelungene Darstellung einer bestimmten, beabsichtigten Rolle besonders häufig von selbst-verunsicherten Personen angewendet wird. Dieser Aspekt wird aber später noch näher behandelt werden.

Eine wichtige Funktion für das Erlernen solcher Rollen-Schemata als Muster für

Selbst-Präsentationen hat das *Rollenspiel*. Im Alter von etwa 3 bis 5 Jahren werden im Rollenspiel nicht nur verschiedene Berufsrollen geübt, sondern es werden auch die wichtigsten, bei den signifikanten Personen beobachteten Verhaltenssequenzen praktisch durchgespielt und probeweise realisiert (vgl. *Th. Scharmann*, 1954, 1959). Da zu diesem Zeitpunkt bereits die Geschlechtsrolle weitgehend internalisiert ist und einen integralen Bestandteil des primären sozialen Selbstes ausmacht (vgl. *Helper*, 1955), entsteht im Zuge der imitativen Übernahme von Aktivitäten des gleichgeschlechtlichen Elternteiles auch der Wunsch, weitergehende Aktivitäten für sich zu beanspruchen, deren Verbot und Unterbindung den Inhalt jenes Konfliktes ausmacht, den *Freud* beim Knaben als »Ödipus-Komplex« bezeichnete.

Allgemein sind die Rollenspiele eine konkrete Form des »role-taking« *(G. H. Mead)*, nämlich der Übernahme von bestimmten Rollen, die später nur noch virtuell vorgenommen wird, indem man sich »in den Anderen« versetzt, um die eigenen Verhaltensweisen darauf abzustimmen. Die Untersuchungen von *Schneewind* und *Bogasch* (1969) sowie von *Schneewind* und *Bauer* (1969) zeigen jedoch, daß im Wege imitativen Lernens durch Identifikation mit einer positiven Modellperson insbesondere auch verbale Äußerungen wie Meinungen, Beurteilungen u. a. direkt vom Individuum übernommen werden.

Das Ergebnis der beschriebenen Bewertungs- und Vergleichsprozesse in der Primärgruppe der Familie ist einerseits das primäre soziale Selbst als Konzept über die effektiv gezeigten Eigenschaften der eigenen Person im Spiegel der Familie (soweit es einen Gruppenkonsensus über diese Eigenschaften überhaupt in der Familie gibt), andererseits ein Ideal-Konzept über die »eigentlich« von der Primärgruppe der Familie erwünschten Ausprägungen dieser Eigenschaften, einschließlich der Bewertung des eigenen Körpers. Da jede Person im Laufe des Lebens einer ganzen Reihe von Gruppen angehört, hat jeder Mensch in der Tat so viele »soziale Selbste« wie er Gruppenbeziehungen hat *(W. J. James; Newcomb)*. Durch die Wirksamkeit des Konsistenz-Prinzips hat das primäre soziale Selbst aber gewöhnlich einen entscheidenden Einfluß auf die spätere Selbstwertschätzung und auf das spätere Selbstkonzept, sodaß zumeist gewisse Übereinstimmungen zwischen den verschiedenen sozialen Selbsten bestehen, die sich sowohl für die Höhe der situativen Selbstwertschätzung als auch für die subjektiv angenommenen Eigenschaftsausprägungen beobachten lassen (vgl. *Brownfain*, 1952; *Coopersmith*, 1967).

Die Tatsache, daß man sich in verschiedensten Rollen präsentiert, wie dies etwa *Dahrendorf* (1965) in seinem »Homo Sociologicus« beschrieben hat, weist zwar auf die korrespondierende Beziehung zwischen Rolle und sozialem Selbst hin (vgl. *Sarbin*, 1954, 1962), übersieht jedoch die dabei bestehenden »Invarianzen« *(Th. Herrmann, Kaminski)*, d. h. Merkmale, die über die Situationen hinweg als Konstante erlebt werden und deren Existenz die entscheidende Grundlage für die individuelle »Identität« darstellen (vgl. *Parsons*, 1968 a).

Wie im Zusammenhang mit dem Ideal-Konzept herausgearbeitet wurde, kann theoretisch jedes »soziale Selbst« einschließlich seiner positiven Ausprägung als spezielles Idealkonzept zum zentralen Idealkonzept werden. Jedes »soziale Selbst« stellt ein realistisches und teilweise realisiertes Konzept dar, das übernommen werden kann. Darüber hinaus bietet zusätzlich jedes subjektiv vorhandene, aber bisher nicht gewählte Verhaltens- bzw. Persönlichkeits-Konzept, sei es von positiven oder negativen Modellpersonen übernommen, eine solche Möglichkeit. Wie noch genauer im Kapitel über das Problem der Identität (vgl. 4.) ausgeführt werden wird, erfolgt gerade in der Pubertät auf der Suche nach dem »Königs-Ich« *(Spranger)* ein »Experimentieren mit neuen Selbsten« *(Murphy),* wobei von dem Heranwachsenden die verschiedensten Konzepte gedanklich oder experimentell erprobt werden, um seine eigene Bestimmung zu finden.

Die Wahrscheinlichkeit, daß ein bestimmtes Konzept zum zentralen Selbst- bzw. Ideal-Konzept wird, ist umso größer

1. je früher es etabliert wurde, insofern haben alle Familienerfahrungen als soziales Selbst ein »Vorzugsrecht« *(Newcomb)*;
2. je erfolgreicher es für die Selbstbehauptung war, d. h. je öfter es — subjektiv gesehen — bestätigt und abgesichert wurde;
3. je mehr Zeit man in diese Rolle investiert hat, je größer also die individuelle Anstrengung für die Behauptung dieses Konzeptes war (vgl. *Lawrence* und *Festinger*, 1969).

Diese genannten Bedingungen sind nicht unabhängig voneinander, sprechen aber dafür, daß das in den ersten Jahren der Kindheit im Rahmen der Familie erworbene Selbstkonzept bzw. seine ideale Ausprägung beibehalten wird. Für die Selbstbehauptung und für den wahrgenommenen Erfolg einer Präsentation spielt es — vor allem in der Kindheit — keine Rolle, ob tatsächlich ein Kausalnexus zwischen dem gezeigten Verhalten und dem eingetretenen Erfolg besteht oder nur ein zufälliges Zusammentreffen. Auf diese Weise ist auch zu erklären, daß eingetretene Verluste von Familienmitgliedern in der Kindheit in das eigene Selbstkonzept als Erfahrung eingebaut werden. Die betroffene Person ist dann irgendwie davon überzeugt, Schuld an diesem Ereignis zu haben. Diese Tatsache erklärt auch die merkwürdige Erscheinung, daß nach *Toman* (1965) im späteren Verhalten unbewußt eine Reduplikation solcher Ereignisse durch die Art der Auswahl von Freunden oder Ehepartnern herbeigeführt wird. Ein Beispiel dafür ist vielleicht die überzufällig hohe Anzahl von Suiziden im nahen Bekanntenkreis um *Gottfried Benn.*

Ein weiterer Beleg für die Wirksamkeit des in der Familie vor allem im Kontakt mit Vater und Mutter entwickelten Selbstkonzepts ergibt sich auch daraus, daß bei der späteren Partnerwahl die wichtigsten Eigenschaften als Komplement zum privaten oder zentralen Selbst gesucht werden. Dies besagt nichts anderes, als daß die perzipierten Eigenschaften des gesuchten Partners die relevanten Merkmale der Interaktionspartner der frühen Kindheit, d. h. also von Familienmitgliedern, duplizieren. Nach *Stotland, Sherman* und *Shaver* (1971) wird ein »soziales Schema« entwickelt und auf neue Situationen übertragen, wobei nach passenden Interaktionspartnern gesucht wird, die dieses »soziale Schema« möglichst genau ausfüllen können.

Bei der späteren Entwicklung nehmen dann die nicht-elterlichen und nicht-familiären Bezüge an Bedeutung für das Selbstkonzept und für die individuelle Selbstwertschätzung zu (vgl. *Ausubel*, 1970, S. 178), wobei allerdings im Sinne des Konsistenz-Prinzips die Wirksamkeit des in der Familie erworbenen primären sozialen Selbstes erhalten bleibt. Hier ist es vor allem dann die Schule als Sozialisationsinstanz, die einen nachhaltigen Einfluß ausübt. *Hurrelmann* (1971) konnte überzeugend in seiner Untersuchung aufzeigen, wie stark bei guten und besonders bei schlechten Schülern die Bewertung durch den Lehrer in das Selbstkonzept der Schüler eingeht.

Während zu Beginn der Pubertät zunächst durch die Blickwendung »nach innen« eine steigende Unzufriedenheit mit sich selbst auftritt (vgl. *Katz* und *Zigler*, 1967) erfolgt dann zunehmend über die »peer«-Gruppenbeziehungen (vgl. *Parsons*, 1968 b) eine Stabilisierung und Konsolidierung des Selbstkonzeptes, wobei die Stabilität um so größer ist, je positiver das Selbstkonzept strukturiert ist (vgl. *Engel*, 1959). *Jorgensen* und *Howell* (1969) konnten nachweisen, daß eine solche Stabilisierung des Selbstkonzeptes zwischen dem 13. und dem 18. Lebensjahr bei Knaben und Mädchen in ähnlicher Weise zu beobachten ist. Ein vergleichbares Ergebnis fand auch *Hausa* (1969) bei jugendlichen Mädchen. Demnach nimmt die Dispositionsunsicherheit im Laufe der Pubertät ab, wobei das Vertrauen in die eigene Zukunft anwächst je mehr sich die Mädchen dem Status eines Erwachsenen annähern. Gleichzeitig damit nimmt die Intensität der Beschäftigung mit dem eigenen Selbstkonzept ab. Ähnliche Ergebnisse einer kontinuierlichen Entwicklung des Selbstbildes fand *Degenhardt* (1971) in ihrer Untersuchung bei Mädchen zwischen 10 und 14 Jahren. Auffällig war dabei einerseits die zunehmende Distanzierung von der Gruppe der Erwachsenen für diese Altersspanne und das Fehlen von Anzeichen einer etwaigen diskontinuierlich-krisenhaft verlaufenden Entwicklung.

Im Ganzen kann man daher annehmen, daß im allgemeinen zu Beginn der Pubertät zunächst eine Distanzierung von den Erwachsenen versucht wird, wobei im Verlaufe und vor allem gegen Ende der Pubertät eine zunehmende Stabilisierung des Selbstkonzeptes erfolgt.

Ungünstige Bedingungen in der Kindheit können zu einem negativen Selbstbild führen, wobei aber gleichzeitig durch die Übernahme einer idealisierten Modellperson ein extrem strenges Idealkonzept vorhanden sein kann. In einem solchen Fall resultiert aus der ständig erfahrenen Diskrepanz beider Konzepte eine erhebliche Unzufriedenheit mit sich selbst, die zu einer weiteren Minderung der Selbstwertschätzung führt, die aber gleichzeitig das Idealkonzept »alarmiert«.

Heidbreder fand bereits im Jahre 1930 eine positive Korrelation zwischen der Höhe der Selbstwertschätzung, gemessen als Diskrepanz zwischen Selbst- und Ideal-Konzept, mit einer Neigung zu Introversion, sowie mit einem allgemeinen Unterlegenheitsgefühl. In gesteigerter Form ist diese Diskrepanz typisch für neurotische Fehlentwicklungen (vgl. *Rogers* und *Dymond*, 1954; *Nunnally*, 1955).

Ein positives Selbstbild kann aber auf die individuelle Erfahrung tatsächlich vorhandener positiver Eigenschaften zurückgehen, als andere Möglichkeit jedoch auch ein Ergebnis der Verdrängung nicht akzeptierter negativer Eigenschaften sein. Wie *Altrocchi, Parsons* und *Dickoff* (1960) nachwiesen, ist dann auch bei »Verdrängern« (repressors) eine geringere Selbst-Ideal-Diskrepanz zu beobachten. Im Vergleich dazu sind die »Empfindlichen« (sensitizers) kritischer sich selbst gegenüber und schreiben sich mehr negative Eigenschaften zu (vgl. auch *Taylor* und *Combs*, 1952).

Wenn es auch schon einige Untersuchungen zu diesem Problem gibt, so scheinen doch noch erhebliche methodische Schwierigkeiten auf, die einer Klärung durch weitere Forschungen bedürfen, um die differentiellen Bedingungen näher erfassen und kontrollieren zu können.

3.4. Effekte differentieller Sozialisationsbedingungen

Eine kaum noch zu überblickende Anzahl von empirischen Untersuchungen haben gezeigt, daß sich die Auswirkungen unterschiedlicher Sozialisationsbedingungen auf nahezu alle Bereiche der individuellen Entwicklung erstrecken. Nachgewiesen wurde dies vor allem für die Bereiche der Sprachentwicklung (vor allem *Bernstein, Oevermann*), der Begabungsförderung (vgl. *K. Heller*, 1970; *Lückert*, 1972 b) und generell für die kognitiven Funktionen, aber auch für Einstellungen und Werthaltungen. Hierzu wird vor allem auf die zusammenfassenden Arbeiten von *Lehr* (1973, 1974) verwiesen.

Von der Fragestellung und vom methodischen Ansatz her lassen sich die vorliegenden Arbeiten global gliedern. In der einen Gruppe von Untersuchungen, die mehr von einer soziologischen oder makro-sozialpsychologischen Fragestellung ausgehen, wird versucht, signifikante statistische Beziehungen zwischen sozioökonomischen oder soziokulturellen Variablen mit bestimmten individuellen Merkmalsausprägungen zu finden. Zur Spezifizierung der Kausalzusammenhänge ist die andere Gruppe von Untersuchungen so angelegt, die Auswirkungen des konkreten Erziehungsverhaltens möglichst direkt zu messen (vgl. *Lukesch*, 1975; *Popp*, 1974; *Schneewind*, 1974; *Tausch* und *Tausch*, 1973).

Die Darstellung der Befunde über die Auswirkungen differentieller Sozialisationsbedingungen auf das individuelle Selbstkonzept soll daher nach dem gleichen Gliederungsprinzip erfolgen. Trotzdem ist zur Zusammenstellung und Interpretation folgendes vorauszuschicken:

Geht man von dem entwickelten Satz von Konzepten aus, die gewöhnlich unter der Sammelbezeichnung »Selbstkonzept« angesprochen werden, so ist angesichts der Vielzahl von Veröffentlichungen und unter Berücksichtigung der besonderen Schwierigkeit dieses umfassenden Gegenstandes evident, daß die gefundenen Ergebnisse nur mit größter Vorsicht verglichen werden können (vgl. *Wylie*, 1961).

Alle einschlägigen Autoren sind einhellig der Auffassung, daß das Selbstkonzept oder Selbstbild und seine verschiedenen Ausprägungsformen einschließlich der damit zusammenhängenden Bewertungen sehr wichtige Variablen darstellen, da »die Einzigartigkeit als geäußertes Erlebnis beobachtbarer Menschen ein empirischer Sachverhalt ist« und daher »ein legitimer Bestandteil der empirischen Persönlichkeitsforschung« (*Th. Herrmann*, 1969, S. 44). Keineswegs übereinstimmend ist allerdings die Ansicht der gleichen Autoren über die methodologische Problematik einer Erfassung dieser Variablen wie sie etwa von *Coopersmith* (1959), *Diggory* (1966), *Rosenberg* (1965), *Thomae* (1968), *Vernon* (1964) und vor allem von *Wylie* (1961) diskutiert werden. Trotz der im einzelnen unterschiedlichen methodischen Ansätze und Verfahren (vgl. *Neubauer*, 1971, S. 172 f.) wird jedoch bei der Darstellung versucht, gemeinsame Hauptergebnisse herauszuarbeiten.

3.4.1. Sozioökonomische Variablen

Eine beobachtete Korrelation zwischen der Ausprägung des Selbstkonzeptes mit demografischen Daten bedeutet keineswegs, daß solche Merkmale wie Berufsstatus des Vaters, Wohnortgröße u. a. selbst einen unmittelbaren Einfluß auf die Ausprägung der individuellen Konzepte haben, sondern lediglich, daß die demografischen Variablen als Indikatoren bestimmter Verhaltensweisen und Erziehungspraktiken regionaler oder schichtspezifischer Art gelten können (vgl. *Neidhardt*, 1968).

Rosenberg (1965) untersuchte die Beziehung zwischen Höhe der Selbstwertschätzung von Jugendlichen und dem *sozio-ökonomischen Status*, gemessen nach einem Index aus Berufsstatus und Einkommen des Vaters. Er fand zunächst eine schwache marginale positive Korrelation zwischen Schichtzugehörigkeit und Höhe der Selbstwertschätzung (S. 39 f.). Bemerkenswert ist aber bei seinem Befund, daß sich unterschiedliche Partialbeziehungen bei Kontrolle des Geschlechts der Befragten ergaben: die Beziehung ist bei Knaben besonders deutlich, während sie bei Mädchen recht schwach ausgeprägt ist. *Rosenberg* testete daher die Beziehung zwischen sozio-ökonomischem Status und Höhe der Selbstwertschätzung zur Kontrolle mit einem Index über »Enge der Vater-Sohn-Beziehung«, die ebenfalls signifikante Ergebnisse brachte, wonach bei einem höheren sozio-ökonomischen Status ein engeres Verhältnis zwischen Vater und Sohn besteht, das wiederum einen positiven Einfluß auf die Höhe der Selbstwertschätzung des Sohnes ausübt. In die gleiche Richtung weisen übrigens auch die Befunde von *Rosenmayr* (1961), der feststellte, daß Knaben aus Familien der oberen sozio-ökonomischen Schichten mit einem höher zielenden, »über das Vatervorbild laufenden« Ideal-Konzept zu höheren Leistungen und allgemein höherer Aufstiegsorientierung tendieren.

Da jedoch bei der *Rosenberg*-Untersuchung (1965) bei der Kontrolle der Vater-Sohn-Relation die Partialbeziehung der Selbstwertschätzung mit dem sozio-ökonomischen Status nicht völlig zum Verschwinden gebracht werden konnte, d. h. sich nur zu einem großen Teil mit dieser Testvariablen erklären läßt, müssen noch weitere Variable im Zusammenhang mit der eingenommenen sozialen Position der Familie wirksam sein.

Diese Vermutung wird gestützt durch die Ergebnisse einer Untersuchung von *Bieri* und *Lobeck* (1961), die davon ausgingen, daß Personen aus unteren sozio-ökonomischen Schichten gelernt haben, mit ihrer relativen Inferiorität zu leben, so daß im Selbstkonzept eher Tendenzen zur Unterordnung und ein relativ geringeres Selbstvertrauen zu erwarten sind. Tatsächlich konnten diese Autoren zeigen, daß Befragte mit einem höheren sozio-ökonomischen Status eine signifikant höhere Tendenz zu Selbstvertrauen und Selbstbehauptung haben.

Die Erklärung dieser Beziehung durch einen mit dem sozio-ökonomischen Status kovariierenden unterschiedlichen Erziehungsstil wird auch gestützt durch die Befunde der Untersuchungen von *Nye* (1951), sowie von *Herrmann*, *Schwitajewski* und *Ahrens* (1968).

Nye (1951) untersuchte den Grad der Anpassung von Jugendlichen an ihre Eltern und testete diese Beziehung mit den Merkmalen sozio-ökonomischer Status, Wohnort, Familiengröße und Intaktheit der Familie. Hierbei zeigte sich, daß die Jugendlichen im Durchschnitt besser angepaßt waren bei Eltern mit hohem sozio-ökonomischem Status, ferner wenn sie Einzelkind waren, wenn sie aus einer ungestörten Familie stammten und wenn die Familie in der Stadt — im Gegensatz zum Land — wohnte.

In ihren Untersuchungen zum elterlichen Erziehungsstil fanden *Herrmann*, *Schwitajewski* und *Ahrens* (1968) unter Verwendung von speziell zur Messung des Erziehungsstils entwickelten Kurz-Skalen für die Variablen »Strenge« und »Unterstützung« ebenfalls Unterschiede bezüglich des sozio-ökonomischen Status. Bei der Analyse der »Bekräftigungsdifferenz«, definiert als »Strenge« minus »Unterstützung«, zeigte sich, daß im allgemeinen strengere Maßstäbe bei der Erziehung angelegt werden bei Knaben gegenüber Mädchen, bei Familien mit höherem Status gegenüber Familien mit niedrigerem Status, sowie bei evangelischen Familien gegenüber katholischen Familien.

Berücksichtigt man alle genannten Befunde, so scheint die Annahme *Rosenbergs* durchaus generalisierbar zu sein, wonach es im Zusammenhang mit dem sozioökonomischen Status besonders im Hinblick auf die Erziehung von Knaben ein typisches unterschiedliches Erziehungsverhalten gibt, das einen deutlichen Einfluß auf die Entwicklung des Selbstkonzeptes und vor allem auch auf die Höhe der individuellen Selbstwertschätzung ausübt.

Eine Analyse des Einflusses des *väterlichen Berufes* ergab bei *Rosenberg* keine allgemeinen Trends. Lediglich die Gruppe der »autoritären« Berufe wie Polizist, Sheriff, Detektiv etc. (1965, S. 48) scheint einen Einfluß durch gewisse habitualisierte Verhaltensweisen des Vaters auf die Kinder auszuüben, da solche Befragte ein »ungewöhnlich« niederes Selbstwertbewußtsein hatten. Die Erklärung für diesen Befund liegt vermutlich in der Tendenz dieser Väter, berufliche Verhaltensweisen auf die familiäre Situation zu übertragen, wobei sich unter solchen »autoritären« Erziehungsbedingungen wohl schwerlich ein positives Selbstbild entwickeln kann. Da ein solcher Erziehungsstil gleichbedeutend ist mit einer heute wohl eher unterschichttypischen Distanz des Vaters bei einem weitgehenden Fehlen von »Wärme« dürften hier ähnliche Effekte wirksam sein, wie sie im Zusammenhang mit der Untersuchung von Bestimmungsfaktoren der individuellen Leistungsmotivationen von *McClelland* (1953, 1955, 1958, 1966), *B. C. Rosen* (1956, 1961), *B. C. Rosen* und *R. D'Andrade* (1959), *Strodtbeck* (1958), sowie von *Heckhausen* (1963) und *Vontobel* (1970) herausgearbeitet wurden. Ähnlich wie bei der Leistungsmotivation und wie bei der Erziehung zur Selbständigkeit (vgl. *Meyer* und *Wacker*, 1970) dürfte es gerade auch im Hinblick auf die Selbstwertschätzung eine optimale »Herausforderung« geben, die sich — wie später noch diskutiert wird — bei vorhandenem allgemeinen Vertrauen auf das Wohlwollen der Eltern aus dem individuellen Wissen um die eigene Leistungsfähigkeit ableitet (vgl. *Herber*, 1972).

Durch die systematische Nähe zur Leistungsmotivation ist auf Grund der Untersuchungen von *Winterbottom* (1958) im Anschluß an die bahnbrechende Arbeit von *M. Weber* (1947), sowie vor allem nach den Ergebnissen von *McClelland* und Mitarbeitern über die Beziehung zwischen religiöser Orientierung und Leistungseinstellung ebenfalls eine solche Beziehung zwischen *Religion* und der Ausprägung des Selbstkonzeptes bzw. der Selbstwertschätzung zu vermuten. Eine umfassende Analyse des Einflusses der religiösen Grundorientierung auf das Selbstverständnis und auf das gezeigte Verhalten gibt *G. Schmidtchen* (1969; ausführlich 1970).

Tatsächlich fand *Rosenberg* in seiner Untersuchung (S. 50 f.) eine statistisch gesicherte höhere Selbstwertschätzung bei Juden gegenüber Katholiken und Protestanten, die sich ihrerseits nicht voneinander unterschieden. Bei einer Kontrolle des elterlichen Interesses reduziert sich allerdings die Beziehung sehr stark, so daß sich hier ähnlich wie bei den Befunden zum sozio-ökonomischen Status der auftretende Unterschied weitgehend auf die verschiedenen elterlichen Erziehungspraktiken zurückführen läßt. Auch bei einer Jungarbeiter-Untersuchung von *Neubauer* (1967) zeigte sich bei Kontrolle der Konfession eine unterschiedliche Ausprägung des Selbstkonzeptes, wobei sich die katholischen und protestantischen Befragten signifikant unterschieden, ebenso hinsichtlich der individuellen Diskrepanz zwischen Selbst- und Ideal-Konzept als Maß für die Selbstwertschätzung. Interessanterweise fanden sich aber keine Unterschiede signifikanter Art beim Idealkonzept der Befragten, weder bei der deutschen noch bei der schweizerischen Stichprobe. Die Ursache dafür liegt vermutlich darin, daß sich im Zuge eines Angleichungsprozesses die Wertorientierungen beider Konfessionen so weit angenähert haben, daß die noch bestehenden Unterschiede im Vergleich zur schichtspezifischen Differenzierung nicht mehr ins Gewicht fallen (vgl. *Mack, Murphy* und *Yellin*, 1956).

Wenn die Reflexivitätsthese von *G. H. Mead* zutreffen soll, müßte sich aber vor allem eine konfessionelle Dissonanz in bezug auf die unmittelbare soziale Umgebung auswirken. *Rosenberg* ließ in seiner Untersuchung daher die Befragten außerdem angeben, welche Konfession die meisten Personen der Nachbarschaft hatten, in der die Befragten aufwuchsen. Nach einer Unterteilung der jeweiligen konfessionellen Gruppen in solche, die in völlig heterogener Umgebung aufwuchsen und in solche Personen in leicht gemischter oder »reiner« Umgebung, zeigten sich in der Tat erstaunliche Ergebnisse. Obgleich die Befunde statistisch nicht signifikant sind, läßt sich doch eine konsistente Beziehung der Art ablesen, daß Befragte, die in einer dissonanten religiösen Umgebung aufgewachsen sind, häufiger psychosomatische Symptome als Zeichen für das Vorhandensein innerer Spannungen für sich angeben. Dies weist darauf hin, daß die Tatsache, ob man als Familie einen allgemeinen sozialen Rückhalt genießt oder nicht, einen Einfluß auf das Wissen um eine soziale »Akzeptierung« und daraus mittelbar auch auf das individuelle Selbstwertgefühl ausübt.

Gestützt wird dieser Befund durch ein Ergebnis der Jungarbeiterbefragung (vgl. *Neubauer*, 1967, S. 97 f.). Hier fand sich für die deutsche Stichprobe eine signifikante Beziehung zwischen der Ausprägung des individuellen Selbstkonzeptes und dem Zeitpunkt der Flucht oder Vertreibung nach dem Jahre 1945, wobei die individuelle Abweichung des Selbstkonzeptes vom durchschnittlichen Selbstkonzept um so größer ist, je später die befragte Person diesen Ortswechsel vollzog. Da die deutsche Stichprobe zum Zeitpunkt der Befragung im Jahre 1962 schwerpunktmäßig zwischen 18 und 21 Jahre alt war, bedeutet dies konkret, daß ein solcher Ortswechsel um so gravierendere negative Auswirkungen auf das Selbstkonzept ausübt, je wichtiger die soziale Umgebung außerhalb der eigenen Familie ist und je bewußter die Andersartigkeit als »soziales Stigma« (*Goffman*, 1967) bewußt erlebt wird.

Bei der gleichen Untersuchung zeigte sich auch eine Beziehung zur *Wohnortgröße* als Indikator für eine unterschiedliche Ausprägung von stereotypen Leitbildern. Während sich für das Selbstkonzept praktisch keine bedeutsamen Unterschiede zeigten, fanden sich hierbei zum Teil recht beträchtliche Unterschiede für die Mittelwerte des Ideal-Konzeptes bei Befragten aus kleinen Wohnorten im Vergleich zu Großstadtbewohnern (vgl. *Neubauer*, 1967, S. 52 f.). Das mittlere Idealkonzept von Befragten aus kleinen Wohnorten ist einerseits durch eine geringere Neigung zu Extraversion, sowie durch eine geringere Aufgeschlossenheit und eine geringere allgemeine Interessiertheit gekennzeichnet, andererseits besteht aber auch ein deutlich geringeres Maß an Selbstsicherheit und Selbstwertschätzung. In reiner Form repräsentiert dieses Idealkonzept wohl ein traditionales Leitbild, das in kleineren Gemeinden mit einem ausgeprägten Gemeinschaftssinn zum Teil noch vorherrschen dürfte. Gerade in den Idealkonzepten scheinen sich daher die Erziehungsziele zu manifestieren, indem sie solche Eigenschaftsausprägungen enthalten, die als Ideal der entsprechenden gesellschaftlichen Substruktur angestrebt werden (vgl. *Brim,* 1965, S. 359).

Die Auswirkungen der unterschiedlichen gesellschaftsspezifischen stereotypen Erwartungen, die im Wege der Sozialisation von den Erziehungspersonen auf die Erzogenen übertragen werden, zeigten sich sehr deutlich bei einer Untersuchung von 496 männlichen und weiblichen Angestellten im Alter von 20 bis 30 Jahren in Oberösterreich (vgl. *Neubauer,* 1972). Bei dieser Untersuchung wurden die gleichen Einschätzskalen wie bei der Jungarbeiter-Untersuchung verwendet. Hierbei zeigten sich vor allem beachtliche Unterschiede der Selbsteinschätzung zwischen männlichen und weiblichen Befragten. Die Frauen hielten sich im Vergleich zu den Männern sehr signifikant für impulsiver, leichter beeindruckbar, empfindlicher, weniger ausdauernd, weniger intelligent, lieber gehorchend und der Tendenz nach auch für fröhlicher. Das Idealkonzept wies weniger signifikante Unterschiede auf, die aber mit den Befunden des Selbstbildes bis auf die Ausnahme, daß Frauen signifikant weniger selbstsicher sein wollen, gut übereinstimmen (vgl. unveröffentlichtes Manuskript 1974).

3.4.2. Familienbedingungen

Es wurde vor allem im Abschnitt über die Funktion der Fremdbewertung (vgl. 3.2.1.) gezeigt, daß die Familie durch explizite oder implizite Belohnung oder Bestrafung von Verhaltensweisen des Individuums eine fundamentale Bedeutung für die Entwicklung des individuellen Selbstkonzeptes und komplementär dazu für die grundsätzliche Art seiner »Weltanschauung« besitzt. Nach *Wössner* (1968) geht der Einfluß sogar so weit, daß diese familialen Erfahrungen im Sinne späterer individueller Belohnungs- und Bestrafungserwartungen den »irrationalen Kern« der religiösen Konzepte des Individuums ausmachen.

Zur Erfassung von Häufigkeit und Qualität der in der Kindheit von seiten der Familie erfahrenen Interaktionen werden hier eine Reihe von Variablen herangezogen, die als komplexe Operationalisierungen für unterschiedliche Interaktionsbedingungen gewertet werden können. Da die Eltern als signifikante Personen einen Einfluß auf die Gestaltung der individuellen Selbstwertschätzung ausüben, werden hierbei verschiedene Indikatoren für die Häufigkeit und Intensität der elterlichen Zuwendung vorgeschlagen und für eine systematische Darstellung als Ordnungskriterien verwendet.

3.4.2.1. Anwesenheit signifikanter Personen

Ein wesentliches Merkmal für den Grad der elterlichen Zuwendung, ganz gleich ob erzwungen oder aus geringem Interesse am Kind, ist der Grad der Anwesenheit signifikanter Personen in der Kindheit, d. h. die Tatsache, ob die Eltern und vor allem die Mutter während der Kindheit regelmäßig anwesend waren. Obwohl dieses Faktum bei Befragungen verhältnismäßig leicht festzustellen ist, müssen gerade diese Daten sehr vorsichtig interpretiert werden, da die Aussagen über An- oder Abwesenheit der Eltern oder eines Elternteiles zur Zeit der Kindheit häufig von der betroffenen Person selbst stammen, wobei durch die Wirkung des Konsistenz-Prinzips mit Erinnerungsfehlern im Sinne einer »katathymen« Logik (*Kretschmer*, 1963) gerechnet werden muß. Die Gefahr für objektiv falsche Angaben ist jedoch um so geringer, je mehr sich die Fragen auf leicht eruierbare objektive Fakten wie Berufstätigkeit u. a. beziehen.

Coopersmith (1967, S. 88 ff.) analysierte in seiner Intensiv-Untersuchung den Einfluß der Anwesenheit signifikanter Personen in der Kindheit. Er konnte feststellen, daß bei solchen Kindern die Selbstwertschätzung signifikant höher ist, deren Vater praktisch während der ganzen Kindheit nicht abwesend war.

Falls diese Feststellung von *Coopersmith* nicht auf einer Scheinkorrelation beruht, da die Anwesenheit des Vaters vermutlich mit einem unterschiedlichen schichtspezifischen Erziehungsverhalten kovariiert, deutet dieser Befund auf die Wichtigkeit der Anwesenheit beider Eltern für die individuelle Entwicklung hin. Da nach Untersuchungen von *Helper* (1955), aber auch indirekt nach einer Untersuchung von *Fiedler* und *Senior* (1952) der Vater besonders einen Einfluß auf die Bildung des Ideal-Konzeptes einer Person ausübt, dürfte schon aus diesem Grunde die Anwesenheit des Vaters als positive Modellperson von fundamentaler Wichtigkeit sein. Gerade durch die wachsende Akzentuierung der Freizeitrolle des Vaters in der heutigen Gesellschaft wird daher, wie besonders *D. L. Scharmann* und *Th. Scharmann* (1968) herausstellen, die Änderung der mit dem Vater verbundenen Sozialisationseffekte bei künftigen Forschungen stärker zu berücksichtigen sein.

Erstaunlicherweise ließ sich bei *Coopersmith* im Hinblick auf eine Berufstätigkeit der Mutter keine signifikante Beziehung eindeutiger Art feststellen. Ein ähnlich unklares Ergebnis erbrachte übrigens auch die Jungarbeiteruntersuchung von *Neubauer* (1967, S. 174), wobei sich eine kurvilineare Beziehung zwischen Selbstwertschätzung und einer Berufstätigkeit der Mutter in der Kindheit ergab. Eine Erklärung für diese auffallend kurvilineare Beziehung liegt vermutlich darin, daß es sich um eine Überlagerung von zwei Verteilungen handelt: die eine Verteilung umfaßt jene Mütter, die ihre Berufstätigkeit mehr oder weniger aus Flucht vor dem Kind weiter ausüben, während sich die andere Verteilung auf Mütter mit positiver Motivation ihrem Kind gegenüber bezieht, die trotz weitergehender Berufstätigkeit für eine entsprechende »Ersatzmutter« gesorgt haben. Es muß aber ganz klar festgestellt werden, daß in der Literatur keine entsprechenden Daten zu finden sind, die eine eindeutige Entscheidung dieser Beziehung ermöglichen würden. Für diese Vermutung sprechen lediglich einige Befunde von *Coopersmith* (S. 93 f.), wonach Mütter von Kindern mit einer niedrigen Selbstwertschätzung eine deutlich geringere Berufszufriedenheit aufweisen und eigentlich schon wesentlich früher mit dem Arbeiten aufhören wollten als Mütter mit Kindern hoher Selbstwertschätzung, die ihrerseits selbst eine signifikant höhere Selbstwertschätzung und eine entsprechende Leistungsfähigkeit und Tüchtigkeit aufweisen.

Die von *Speck* (1956) vorliegende Untersuchung über Kinder erwerbstätiger Mütter bringt wohl einige zusätzliche Informationen, die jedoch ebenfalls keine eindeutige Klärung herbeiführen können. Die Untersuchung von *Speck* bezieht sich auf einen Zeitpunkt, an dem wohl eine ziemlich traditionale Einstellung zur Berufstätigkeit der Frau vorherrschte, die es mit sich brachte, daß eine Erwerbstätigkeit von Müttern nur unter dem Zwang finanzieller Notwendigkeit erfolgte. *Speck* stellte vor allem bei solchen Kindern, die von der Mutter als Last erlebt werden, ein tief eingewurzeltes Minderwertigkeitsgefühl, sowie Einsamkeits- und Unsicherheitserlebnisse fest, die sich im sozialen Kontakt als Zurückgezogenheit, Unverträglichkeit und Aggressivität äußern. Wenn man berücksichtigt, daß es sich hierbei sicher um eine bestimmte Selektion auf Grund der besonderen Zeitbedingungen handelt, so läßt sich doch eine gewisse Übereinstimmung mit den anderen Befunden darin sehen, daß die beschriebenen negativen Effekte insbesondere bei Müttern mit einer sehr negativ akzentuierten Einstellung zu ihren Kindern auftraten.

3.4.2.2. Grad der elterlichen Zuwendung

Ein zweites Merkmal zur Erfassung der Häufigkeit und Art der Interaktionen mit den Eltern ist das Ausmaß des elterlichen Interesses für das Kind und der Grad der elterlichen Zuwendung. *Rosenberg* versuchte das elterliche Interesse wie folgt zu operationalisieren (1965, S. 128 f.):

1. Ausmaß der Kenntnis von Freunden des Kindes durch Mutter und/oder Vater;
2. elterliche Reaktionen auf unterschiedlichen Schulerfolg;
3. Möglichkeit der Teilnahme des Kindes an Tischgesprächen.

Es zeigte sich sehr deutlich, daß ein Interesse der Eltern für die Freunde sowohl getrennt für Vater und für Mutter mit einer höheren Selbstwertschätzung des Kindes verbunden ist. Wenn man zudem bedenkt, daß die Freunde von den Eltern um so leichter gekannt werden, je öfter sie der Betreffende mit nach Hause bringt, so spricht dies nicht nur für das elterliche Interesse, sondern vielleicht noch mehr für eine Bindung an Zuhause und damit für eine positive affektive Beziehung zu den Eltern im Sinne einer »Tiefenbindung« *Rosenmayr*, 1963), wofür auch die Befunde bei den Jungarbeitern sprechen (*Neubauer*, 1967, S. 94 f.). Überhaupt scheint nach *Rosenmayr* und *Kreutz* (1968, S. 240) die emotionale Beziehung zum »Kommunikator« einer der wichtigsten Faktoren für die Art des sozialen Einflusses zu sein. Dafür spricht auch das Ergebnis einer Untersuchung von *L. R. Schmidt* (1969) über selektives Behalten bewertender Aussagen über »den« Vater bei Kindern, wobei die Einstellung der Kinder zum eigenen Vater kontrolliert wurde. Hierbei fand sich ein besseres Behalten positiver Inhalte bei einer positiven Einstellung gegenüber dem Vater und entsprechend umgekehrt.

Bemerkenswert ist auch der Befund von *Rosenberg* über die Angaben zu den Reaktionen der Eltern bei negativem bzw. bei unterschiedlichem Schulerfolg. *Rosenberg* hatte zunächst angenommen, daß in Anlehnung an die These von *G. H. Mead* der niederste Durchschnittswert der Selbstwertschätzung im Falle einer Strafreaktion der Eltern, der höchste bei uneingeschränktem Lob zu finden sei. Dies traf jedoch nicht zu. Am schlechtesten hinsichtlich der Selbstwertschätzung waren jene Befragten, die eine indifferente Haltung der Eltern berichteten; dann folgten solche mit einer anerkennenden und unterstützenden Haltung, sowie mit einer unterstützenden und strafenden Haltung der Eltern, wobei sich für die beiden letzten Kategorien kein signifikanter Unterschied hinsichtlich der Höhe der Selbstwertschätzung ergab. Dies weist klar darauf hin, daß eine Nichtbeachtung durch die Eltern im Hinblick auf die Selbstbehauptung eine nahezu vernichtende Erfahrung ist, die wesentlich stärker wirkt als Strafe. Ein Tadel mag zwar schmerzhaft sein, bedeutet aber immer noch im Vergleich zur Indifferenz eine Beachtung und schließt eine begrenzte Anerkennung (vgl. *Watzlawick* u. a., 1969, S. 84 f.) und damit auch eine Wertschätzung durch die Eltern ein. *Rosenberg* fand für die Beteiligung an Tischgesprächen ebenfalls eine signifikante positive Beziehung mit der Höhe der individuellen Selbstwertschätzung.

K. H. Stapf, Th. Herrmann, Aiga Stapf und *K. H. Stäcker* fanden im Rahmen ihrer umfassenden Untersuchungen zu den Auswirkungen eines unterschiedlichen elterlichen Erziehungsstils ebenfalls sehr interessante Ergebnisse. Sie fanden bei einer Gruppe von 30 männlichen jugendlichen Delinquenten im Vergleich mit einer Kontrollgruppe von Nichtdelinquenten signifikante Unterschiede für mütterliche und für väterliche Strenge, wobei die Delinquenten ihre Eltern als strenger perzipierten (vgl. *Stapf* u. a., 1972, S. 129 f.). Andererseits ergab sich bei einer Gruppe von 46 Psychologiestudentinnen allerdings nur für die Unterstützung durch die Mutter eine sehr signifikante Korrelation von —0,50 mit der Selbstbild-Normbild-Distanz. Die Korrelationen mit väterlicher Unterstützung und väterlicher sowie mütterlicher Strenge waren statistisch unerheblich (vgl. *Stapf* u. a., 1972, S. 144 f.). Aus diesen Befunden läßt sich ableiten, daß eine positive elterliche Zuwendung im Sinne von »Unterstützung« zu einer positiven Selbstwertschätzung beiträgt, während »Strenge« zu einem negativen Verhältnis gegenüber der Familie als Primärgruppe und unter weiteren ungünstigen Bedingungen sogar zu einem kriminellen Verhalten führt. Die Untersuchungen von *Bonn* (1975) zeigten, daß mütterliche Strenge in gleicher Weise bei Jungen und Mädchen zu erhöhter Ängstlichkeit und zu einer erhöhten Tendenz zu emotionaler Beunruhigung, Stimmungsschwankungen und Verstimmungen beiträgt. Unterstützt werden die Befunde durch Ergebnisse von *Coopersmith*, wonach die Eltern von Kindern mit niederer Selbstwertschätzung eher eine distanzierte Haltung gegenüber den Kindern befürworten; die Kinder sollen nach Meinung dieser Mütter ihre Eltern nicht mit »unwichtigen« Problemen belästigen (1967, S. 168 f.). Bei Kindern mit einer hohen Selbstwertschätzung besteht nach *Coopersmith* häufiger eine enge Beziehung zur Mutter und ein Verhältnis der Akzeptierung, wobei sich die Mutter auch mehr um die Freunde des eigenen Kindes kümmert. Überdies scheinen Kinder mit hoher Selbstwertschätzung bereits in der Kindheit häufiger soziale Kontakte zu pflegen und ihre Zeit mehr mit anderen Kindern zu verbringen.

Eine Bestätigung dieser von *Coopersmith* gefundenen Ergebnisse erbrachte auch die Untersuchung der jungen Arbeiter in Deutschland und in der Schweiz. Es zeigte sich, daß Befragte mit einer positiven Selbstwertschätzung offensichtlich ihre persönlichen Probleme häufiger mit ihnen nahestehenden Personen, insbesondere mit Familienmitgliedern, besprechen. Diese Möglichkeit scheint den befragten jungen Arbeitern mit einem abweichenden Selbstkonzept nicht offenzustehen. Sie sind daher gezwungen, ihre Schwierigkeiten mit anderen Personen zu besprechen, mit denen sie eher offizielle Kontakte im Beruf haben, d. h. mit solchen Personen, die nicht auf selbständig erworbene soziale Kontakte zurückgehen. Dieses Unvermögen, enge persönliche Beziehungen zu anderen Personen herzustellen, ließ sich übrigens auch für andere Bereiche klar nachweisen (vgl. *Neubauer,* 1967).

Die berichteten Befunde der Beziehung zwischen dem Grad der elterlichen Zuwendung und der Selbstwertschätzung fügen sich sehr gut in den Gesamtrahmen der Befunde von *Tausch* und *Tausch* (1973) über die Wichtigkeit der Realisierung eines akzeptierenden, sozialintegrativen Erzieherverhaltens für die Selbstwertschätzung und die Effekte eines wertschätzenden Verhaltens für die Verminderung der Angst.

3.4.2.3. Geschwisterposition

Ein Faktor, der die Häufigkeit und die Qualität der Interaktionen mit den Eltern entscheidend zu beeinflussen scheint, ist die Anzahl der vorhandenen Kinder bzw. die Position innerhalb der Geschwisterreihe (vgl. *Dechêne*, 1967; *Toman*, 1965, 1968). Einzelkinder haben im allgemeinen eine signifikant höhere Selbstwertschätzung, wobei ein Trend besteht, daß die durchschnittliche Selbstwertschätzung vom ältesten Geschwister nach unten zu abnimmt (vgl. *Coopersmith*, 1967). Eine Bestätigung dafür zeigt sich auch im unterschiedlichen Leistungsverhalten und in der Bereitschaft, sich zu exponieren (vgl. *Schachter*, 1963; *Toman*, 1968). *Capra* und *Dittes* (1962) fanden sogar, daß sich älteste Geschwister und Einzelkinder bei Untersuchungen häufiger freiwillig für das Experiment melden. Eine bemerkenswerte Spezifikation der Beziehung zwischen Geschwisterposition und Höhe der Selbstwertschätzung fand *Rosenberg* (1967). Es zeigte sich zunächst, daß bei Knaben die Tendenz besonders stark ausgeprägt ist, daß Einzelkinder und Erstgeborene eine signifikant höhere Selbstwertschätzung aufweisen.

Dieser Befund deutet bereits darauf hin, daß Knaben für die Eltern wichtiger zu sein scheinen als Mädchen und daß dies vermutlich im Verhalten der Eltern auch offen zum Ausdruck kommt. Andererseits fand jedoch *Rosenberg* auch, daß der Grad der individuellen Selbstwertschätzung bei jenen jüngeren Brüdern besonders hoch ist, die nach einer Reihe von Schwestern kommen (S. 115 f.). Diese Knaben wurden offenbar von ihren Eltern sehr ersehnt und aus diesem Grunde mit allen möglichen Belohnungen überhäuft.

Das bemerkenswerteste dabei ist jedoch, daß für diese »younger minority boys« eine umgekehrte Beziehung zwischen Höhe der Selbstwertschätzung und dem gezeigten Verhalten besteht als üblicherweise, gemessen am Studienerfolg und am Grad der sozialen Partizipation. Dies veranlaßte *Rosenberg*, zwei verschiedene Arten der Selbstwertschätzung zu unterscheiden:

1. Eine Selbstwertschätzung abhängig von der eigenen Leistung, die *Rosenberg* als »conditional self-acceptance« bezeichnet.
2. Eine Selbstwertschätzung, die offensichtlich unabhängig von der eigenen Leistung vorhanden ist, wie sie typisch für »younger minority boys« zu sein scheint.

Diese Zweiteilung muß jedoch zunächst dahingehend kritisiert werden, daß bei *Rosenberg* nur ein einseitiger, objektiver Leistungsbegriff als Kriterium zugrunde gelegt wird. Tatsächlich beruht jede individuelle Selbstwertschätzung auf Bewertungen des eigenen Verhaltens durch die soziale Umwelt. Für die »younger minority boys« gilt lediglich, daß praktisch jede Verhaltensäußerung durch die Eltern und durch die übrigen Familienmitglieder positiv bewertet wurde, so daß diese Verhaltensweisen durchaus subjektiv als »Leistungen« erlebt werden. Es besteht daher grundsätzlich ein Bedingungsverhältnis zur Bewertung, nicht allerdings zu objektiven Leistungen. Die von *Rosenberg* gefundene Beziehung beweist daher lediglich, vor allem auch unter Berücksichtigung der deutlich geringeren sozialen

Partizipation der »jüngeren Minoritätsknaben« am Gruppenleben der High School, daß sie offensichtlich nach wie vor auf das gewohnte Gratifikationssystem der eigenen Familie zurückgreifen und damit ihre hohe Selbstwertschätzung bestätigen und beibehalten können. Die Befunde weisen aber mit aller Deutlichkeit auf die Tatsache hin, daß von den Erziehungspersonen für ein und dieselbe Verhaltensweise durchaus sehr unterschiedliche Bewertungen, je nach besonderer Erwartungsstruktur und besonderer Wertschätzung des Kindes, vorgenommen werden. Daraus erklärt sich auch die höhere Selbstwertschätzung von Einzelkindern, aber auch von Ältesten einer Geschwisterreihe, da beispielsweise die von ihnen in der Kindheit gezeigten Entwicklungsfortschritte für die Eltern besonders neu, aufregend und wertvoll sind. Im Unterschied zu den jüngeren Minoritätsknaben treten hier aber noch besondere Verhaltenserwartungen der Eltern zur Forcierung der Entwicklung hinzu, wobei der Erziehungsdruck normalerweise mit der Ankunft weiterer Geschwister der Tendenz nach abnimmt, entsprechend dazu ebenso die Leistungsorientierung. Die Verhaltenserwartungen der Eltern sind aber mit Sicherheit gesellschaftsspezifisch und können nicht ohne weiteres generalisiert werden wie die Befunde bei japanischen Kindern zeigen (vgl. *McClelland*, 1966).

Wie bereits im Abschnitt über die Genese des Selbstkonzeptes ausgeführt wurde, tritt ferner in der Regel für die nachfolgenden Geschwister zwangsläufig eine Verschiebung auf solche sachliche Bereiche auf, auf denen auch ein jüngeres Geschwister trotz seines Entwicklungsrückstandes im Vergleich zu älteren Geschwistern durch seine »Leistungen« als ernsthafter Konkurrent aufzutreten vermag, beispielsweise durch Zuverlässigkeit, Pünktlichkeit, Freundlichkeit, Clownerie, Anhänglichkeit u. dgl. Auf diese Weise kann es, besonders unter verschärften Konkurrenzbedingungen und bei einer entsprechenden Leistungsmotivation, innerhalb einer Geschwisterreihe zur Entwicklung recht unterschiedlicher Interessen und Fertigkeiten kommen.

Die unterschiedlichen Erziehungsbedingungen für verschiedene Geschwisterpositionen zeigte sich auch im Zusammenhang mit den Ergebnissen zum Ideal-Konzept bei der Jungarbeiter-Untersuchung von *Neubauer*. So konnte bei der deutschen Stichprobe festgestellt werden, daß die Abweichung vom durchschnittlichen Idealkonzept bei jüngsten Geschwistern signifikant größer ist als bei Einzelkindern und ältesten Geschwistern einer Geschwisterreihe, d. h. daß die individuellen Idealkonzepte bei jüngsten Geschwistern stärker vom Stereotyp einer leistungsbetonten Ausprägungsform abweichen (vgl. *Neubauer*, 1967, S. 135 f.).

3.4.2.4. Stabilität der Primärgruppe

Erwartungsstrukturen und Erziehungsdruck sind nicht nur von der Position innerhalb der Geschwisterreihe abhängig, sondern grundsätzlich von der Position innerhalb der Familie, insbesondere von der Anzahl der Interaktionspartner und von der Kommunikationsstruktur. *Sarbin* und *van Spanckeren* (1953; zit. n. *Sarbin*, 1954) konnten bei einer Untersuchung von Studenten nachweisen, daß die Anzahl der in der Kindheit vorhandenen Elternpersonen als Interaktionspartner einen Einfluß auf das Selbstkonzept ausübt. Es zeigte sich, daß sich Befragte mit mehr als zwei Elternpersonen häufiger als gesellig, phantasievoll, herzlich und streitlustig beschrieben.

Darüberhinaus scheint aber besonders jede strukturelle Änderung der Familie für das Individuum von großer Bedeutung zu sein, da jede strukturelle Änderung gleichbedeutend mit einer Änderung des »Gewichts« jedes einzelnen Mitgliedes der Primärgruppe ist. Jedes Eintreten oder Austreten eines integrierten Mitgliedes erfordert eine neue Spezifikation oder Neuverteilung der Funktionen und Rollen (vgl. *Th. Scharmann*, 1966 c). Da die wichtigsten Funktionen auf die Erwachsenen in der Familie verteilt sind, d. h. normalerweise auf Mutter und Vater, ist es naheliegend, daß gerade ein Wechsel der Anzahl solcher signifikanter Personen eine einschneidende Bedeutung für alle Familienmitglieder mit sich bringt. Gravierend wirkt hierbei vor allem der *Verlust* von signifikanten Personen auf die Selbstwahrnehmung (vgl. *Toman*, 1968), wie beispielsweise das traumatische Erlebnis des Ausscheidens eines Elternteiles aus dem Familienverband durch Scheidung oder Tod. Der übrig bleibende Elternteil wird nun seine Rolle weiterspielen wollen, d. h. bestimmte Handlungs- und Entscheidungsmuster beibehalten, da durch das Ausscheiden der betreffenden Person ohnehin auch für den verbliebenen Elternteil eine schwere Identitätsgefährdung gegeben ist. Da zumeist nicht alle bislang vom ausgeschiedenen Ehepartner behaupteten und ausgeführten Funktionen vom verbleibenden Ehepartner übernommen werden können, wird die Erwartung der Ausführung einiger solcher relevanter Funktionen auf ein oder mehrere Kinder als Mitglieder der Familie übertragen, wobei häufig das älteste Kind für einen solchen Erwartungs-Transfer in Frage kommt. Dies bedeutet, daß das betroffene Kind sozusagen über Nacht neuen Forderungen konfrontiert wird: es werden nun Handlungen nicht mehr belohnt oder geduldet, die vorher ohne weiteres möglich waren, und andere belohnt, bei denen man vorher in andere Kompetenzen eingegriffen hätte. Dadurch entsteht auch beim Kind eine verschärfte Identitätskrise, die durch Integrierung der geforderten Funktionen in das Selbstkonzept gemeistert werden muß. *Rosenberg* konnte nachweisen (1965, S. 94 f.), daß sich eine *Scheidung* signifikant negativ auf die Höhe der individuellen Selbstwertschätzung des betroffenen Kindes auswirkt, und zwar um so negativer

— je jünger die Mutter bei Verheiratung war,
— je kleiner das betroffene Kind zum Zeitpunkt der Scheidung war,
— je eher das Kind nach dem Zeitpunkt der Heirat geboren wurde und
— je rascher die Ehe wieder geschieden wurde.

Diese Befunde indizieren, daß die Wirkung einer Scheidung auf die relativ konstante und beibehaltene Höhe der Selbstwertschätzung um so gravierender ist, je notwendiger eine stabile soziale Struktur mit eindeutig erkennbaren Kriterien der Wertzumessung für die Entwicklung eines hohen Grades von Selbstwertschätzung notwendig ist. Eine weitere Bedingung für die Entwicklung einer ungünstigen Selbstwertschätzung scheint dadurch gegeben zu sein, daß diese Mütter in der kurzen Zeit offensichtlich einen echten Identitätswandel unter Berücksichtigung der Rolle der Ehefrau oder der Mutter nicht oder zumindest nicht hinreichend vollzogen haben.

Eine Bestätigung unserer theoretischen Ableitung stellt der Befund *Rosenbergs* dar (S. 98 f.), wonach sich eine *Wiederverheiratung* der Mutter besonders negativ auf die Höhe der Selbstwertschätzung des Kindes auswirkt. Dieser Befund mag vielleicht vom Standpunkt eines naiven sozialpsychologischen oder soziologischen Konzeptes her überraschend sein, da ja durch die Wiederverheiratung der Mutter die vorher nicht besetzte Rolle des Vaters wieder ausgefüllt wird. In der Tat mag dadurch die Familie als soziales Gebilde besser funktionieren, wobei sicher auch die Mutter durch die Möglichkeit einer Abgabe von zusätzlichen Funktionen entlastet wird.

Anders gelagert sind jedoch die Auswirkungen der Wiederverheiratung auf die betroffenen Kinder, da diese strukturelle Veränderung der Familie eine zweite Identitätsänderung erzwingt, wobei praktisch alle neu erworbenen und auch geschätzten Funktionen an den neuen Vater wieder abgegeben werden müssen. Der Effekt einer solchen Wiederverheiratung wird dabei um so größer sein, je radikaler die erforderliche Umorientierung ist, da die Abgabe jeder in das Selbstkonzept integrierten Funktion individuell als Deprivation und Devaluation erlebt wird. Übereinstimmend ist damit der Befund von *Coopersmith* (S. 102), wonach ein häufiger Wechsel der Erziehungsperson signifikant mit einer niederen Selbstwertschätzung einhergeht. Die gleiche Situation, wie sie durch die Wiederverheiratung herbeigeführt wird, kann übrigens für die Kinder ebenfalls durch die Rückkehr des Vaters nach einer längeren, beispielsweise kriegsbedingten Abwesenheit eintreten. Bedenkt man ferner, daß die Scheidung selbst ein Indikator für eine bestehende Inkompatibilität der Selbstkonzepte beider Ehepartner darstellt und auf eine nicht gelungene Funktionsteilung bzw. nicht gelungene »Ko-Orientierung« (*Newcomb*, 1959 b; *Siegrist*, 1970) hinweist, so ist anzunehmen, daß bei solchen Ehen außerdem eine geringe Übereinstimmung im Hinblick auf die immanenten Kriterien zur Bewertung des kindlichen Verhaltens besteht. Schon allein dieses Faktum würde wohl einen Teil des Unterschiedes der Selbstwertschätzung erklären, da sich daraus für das Kind erhebliche Schwierigkeiten ergeben, eine günstige Selbstbewertung zu entwickeln. Allerdings besteht in einem solchen Fall die Möglichkeit, sich durch Diskriminationslernen anzupassen, falls die Bewertungskriterien der Ehepartner für sich genommen konsistent sind. Erschwerend kommt aber im Fall der Scheidung hinzu, daß in der Zeit nach der Scheidung wohl zumeist durch das Verhalten des verbleibenden Elternteiles eine partielle Infragestellung des durch Identifikation entwickelten kindlichen Idealkonzeptes gegeben ist, die eine nicht unwesentliche Verschärfung des Identitätskonflikts in einer ähnlichen Weise darstellt, wie dies bei der sog. Gehirnwäsche in Form einer expliziten, schriftlichen Verleugnung des eigenen Vaters gefordert wird (vgl. *K. Thomas*, 1970). Die Wirkung der genannten Bedingungen dürfte nur dann in der beschriebenen Art sein, solange die Selbstwertschätzung des Individuums schwerpunktmäßig durch die Familie bestimmt wird, d. h. so lange das Kind noch keine extrafamilialen Quellen der Selbstabsicherung und Selbstbestätigung erschlossen hat.

Die Wichtigkeit einer stabilen Konsistenz positiver gegenseitiger Familienbeziehungen für die Entwicklung eines günstigen Selbstkonzeptes konnte auch *Peck* (1958) nachweisen. Man kann daher feststellen, daß jeder Wechsel von signifikanten Personen und jedes Hinzukommen oder Ausscheiden von Personen, die einen maßgeblichen Einfluß auf die Gruppenstruktur der Familie haben, der Tendenz nach eine äußerst ungünstige Wirkung auf die Ausbildung eines positiven Selbstkonzeptes ausübt.

3.4.2.5. Bewertung des Verhaltens

Eine Instabilität der Bewertung und damit die nicht kalkulierbare identitätsgefährdende Erfahrung negativer Bewertungen der eigenen Person wird jedoch nicht nur durch eine Veränderung der Gruppenstruktur der Familie verursacht, sondern kann auch auf die inkonsistente Anwendung von Bewertungsregeln und Normen zur Bewertung des kindlichen Verhaltens durch die Erziehungspersonen als Folge einer labilen Persönlichkeitsstruktur verursacht sein (vgl. *Jourard* und *Remy*, 1955). *Coopersmith* fand bei seiner Intensivstudie über die Bedingungen der Selbstwertschätzung vor allem klare Beziehungen mit psychischen Eigenschaften und Verhaltensweisen der Mutter (S. 97 f.).

Die Mütter von Kindern mit niederem Selbstwertgefühl waren nach dieser Untersuchung selbst unsicher und hatten selbst eine signifikant niederere Selbstwertschätzung, wirkten ferner nach Einschätzung der akademischen Interviewer emotional instabiler und stark egozentrisch. Auffallend war außerdem, daß die Mütter von solchen Kindern mit niederer Selbstwertschätzung nur zu einem vergleichsweise geringen Prozentsatz die Mutterrolle akzeptierten und sich signifikant häufiger durch das Kind belastet oder sogar überfordert fühlten. Die Egozentrizität dieser Mütter zeigte sich auch in der Exploration darin, daß sie wesentlich häufiger angaben, vor der Geburt des Kindes unter der Ungewißheit des Geschlechts gelitten zu haben. Bemerkenswerterweise wird von solchen Müttern zwar einerseits häufiger über die Belastung durch das Kind geklagt, andererseits aber wohl als eine Art Rationalisierung bei der Befragung häufiger erklärt, in den Kindern einen Ausdruck der Selbsterfüllung zu sehen; d. h. diese Mütter haben das Gefühl, sich für die Kinder zu »opfern«.

Hingegen betrachten die Mütter von Kindern mit hoher Selbstwertschätzung ein Kind eher als natürliches Ereignis, mit dem man mehr oder weniger leicht fertig wird. Sie sind emotional stabiler, realistischer, dabei selbstsicherer und fühlen sich den Kindern in jeder Hinsicht gewachsen.

Inwieweit sich die unterschiedlichen Bemühungen der Mütter um den Fortschritt der Kinder auch in der körperlichen Entwicklung des Kindes unterscheiden, sei dahingestellt. Tatsache ist, daß nach den Befunden von *Coopersmith* Kinder mit hoher Selbstwertschätzung signifikant früher das Laufen lernten, (allerdings nach den Angaben der Mütter!), aber auch nach Einschätzung des untersuchenden Arztes zum Zeitpunkt der Untersuchung körperlich überdurchschnittlich gut entwickelt waren.

Nach den Angaben der befragten Mütter zeigen die Kinder mit niederer Selbstwertschätzung auch häufiger »Probleme«, ferner häufiger destruktive Aktivitäten (vgl. *Coopersmith*, S. 135 f.). Wenngleich man hier kritisch einwenden muß, daß diese Angaben vermutlich zu einem großen Teil auf Bewertungen jener Mütter zurückzuführen sind, die gerade selbst das Gefühl haben, mit ihren Kindern nicht fertig zu werden und in den Kindern ein besonderes Problem sehen, so ist es doch andererseits auch wahrscheinlich, daß gerade bei solchen emotional eher selbstverunsicherten Müttern instabile Reaktionsmuster auftreten, die ihrerseits keine eindeutigen Antizipationen auf seiten des Kindes ermöglichen. In diesem Fall wird dann das Kind zur Durchsetzung und Selbstbehauptung eher zu direkten oder indirekten aggressiven Verhaltensweisen neigen, vor allem wenn es durch die Unsicherheit der Mutter zu partiellen Erfolgen und damit zu Partialverstärkungen aggressiver Verhaltensmuster des Kindes kommt.

Wenn man annimmt, daß bei einem Kind die Verweigerung bestimmter Nahrungsmittel als Mechanismus für die Erregung der elterlichen Aufmerksamkeit und als indirekt aggressives Verhalten verwendet wird, so stellen die Befunde von *Davids* und *Lawton* (1961) einen Beleg für diesen Zusammenhang dar. *Davids* und *Lawton* fanden bei einer Untersuchung von Knaben im Alter von 9 bis 12 Jahren eine positive Korrelation zwischen dem Selbstkonzept des Kindes und dem Selbstkonzept der Mutter, jedoch interessanterweise eine negative Korrelation beider Konzepte mit der Anzahl der verweigerten Nahrungsmittel durch das Kind. Je negativer die Selbstbewertung beim Kind aber auch bei der Mutter war, um so größer war die Anzahl der vom Kind verweigerten Nahrungsmittel.

Wie *Th. Lidz* (1971) hervorhebt, kann gerade das Verhalten der Mutter unbeabsichtigt durch seine Verstärkerwirkung bestimmte Verhaltensmuster des Kindes hervorrufen, die gleichzeitig von der Mutter rational abgelehnt und negativ bewertet werden. *Lidz* bezieht sich auf Untersuchungen von *Bateson, Jackson* und Mitarbeitern, die eine Kommunikationstheorie zur Entstehung der Schizophrenie anhand der sog. »double-bind«-Hypothese entwickelt haben. Diese Forschergruppe geht davon aus, daß man auf dem verbalen und auf dem non-verbalen Weg gleichzeitig eine widersprüchliche Information an den Interaktionspartner »senden« kann. Eine Mutter kann beispielsweise mit abweisender Stimme zu ihrem Kind sagen: »Du kannst mich jederzeit stören.« Solche widersprüchlichen Kommunikationen sind für den abhängigen Interaktionspartner sehr unangenehm und können nach Ansicht dieser Forschergruppe zu ernsten Störungen beim Kind führen, die letztlich eine Replikation der Verhaltensstörung der Mutter beim Kind bewirken. Solche »Doppelbindungen« spielen nach *Watzlawick* u. a. (1969, S. 194 ff.) vor allem dann eine wesentliche Rolle,

1. wenn die betroffenen Personen zueinander in einer engen Beziehung stehen, die für eine oder für alle Personen einen hohen Grad von Lebenswichtigkeit hat (z. B. Familie) und
2. wenn der Empfänger der paradoxen Mitteilung diese nicht unwirksam machen kann, indem er sie abwertet oder »aus dem Felde« geht, d. h. wenn ein Zwang zum Handeln besteht, das aber sanktioniert ist.

Die genannten Merkmale der »Nicht-Entrinnbarkeit« aus der Situation, des existentiellen Bezugs einschließlich der Angst vor körperlichen Schmerzen, sowie die Nicht-Entscheidbarkeit anhand der vorhandenen Informationen erinnert als Merkmalskomplex auffallend stark an die klassischen Bedingungen der »experimentellen Neurose« nach *Pawlow* (1953). Es ist naheliegend, daß unter solchen Bedingungen mit einer paradoxen Bewertung des Verhaltens kein positives Selbstkonzept entwickelt werden kann und daß als Folge dieser Erziehungsbedingungen eine habitualisierte Meidung sozialer Beziehungen als Abwehrmaßnahme gelernt und beibehalten wird.

3.4.2.6. Art der Kontrolle

Die Wichtigkeit eindeutiger und stabiler Bewertungskriterien sowie einer stabilen Interaktionsstruktur in der Familie wird auch durch die Befunde zur Auswirkung der elterlichen Kontrollmaßnahmen auf die Höhe der Selbstwertschätzung unterstrichen. Nach *Coopersmith* (S. 182 f.) scheint ein Erziehungsstil, bei dem die Einhaltung von Regeln nicht besonders kontrolliert wird, eher ungünstig zu sein. Während 87,9 % der Mütter mit Kindern hoher Selbstwertschätzung die sorgfältige Beachtung von Regeln betonen, geschieht dies mit 60,0 % bei Müttern der negativen Extremgruppe vergleichsweise weniger häufig. Entschlüsse werden nach Angaben der Mütter von Kindern positiver Selbstwertschätzung ebenfalls wesentlich konsequenter durchgeführt (84,8 % gegenüber 40,0 %), wobei man allerdings dem Kind häufiger einen eigenen Standpunkt zubilligt. Andererseits besteht bei den Eltern von Kindern mit niederer Selbstwertschätzung eher eine Tendenz zu körperlicher Bestrafung, während die Eltern der positiven Extremgruppe als Sanktionsformen eher Verweigerung, Entzug von Begünstigungen und Isolation angeben.

Im ganzen gesehen findet sich bei den Eltern von Kindern mit einer hohen Selbstwertschätzung im allgemeinen häufiger eine Einstellung gegenseitigen Vertrauens und gegenseitiger Anerkennung. Das Kind wird als wertvoller, wenn nicht sogar gleichwertiger Partner betrachtet. Dies drückt sich auch bei den negativen Sanktionen aus, die so gehalten sind, daß eine subjektive Verarbeitung des Regelverstoßes durch das Kind möglich ist. Man geht also tendenziell demokratisch vor, achtet jedoch streng auf die konsequente Durchführung der Beschlüsse, die offensichtlich für alle verbindlich sind. Es ist daher auch bezeichnend für solche Familien, daß diese nach *Coopersmith* eine klare Rollen- und Funktionsteilung aufweisen (S. 113).

Bei den Eltern oder zumindest bei den Müttern von Kindern mit niederer Selbstwertschätzung scheint man die Kinder eher als Last zu betrachten. Jedenfalls behandelt man die Kinder dort weniger als eigenständige Person, sondern der Tendenz nach als Attribut der Eltern, wobei im allgemeinen vom Kind eher eine passive und unselbständige Anpassungsleistung verlangt wird, die um so weniger ein eigenes Wertbewußtsein aufkommen läßt, je instabiler und unberechenbarer die Bewertungsbedingungen sind (vgl. *Peck*, 1958).

4. Das Problem der Identität

Bevor auf das Phänomen der Identität und auf die Abhängigkeit von verschiedenen Bedingungen näher eingegangen werden kann, muß zunächst die unterschiedliche Definition des Begriffes »Identität« aufgezeigt und untersucht werden.

4.1. Aktuelle und strukturelle Aspekte der Identität

Das Problem der Identität des Erlebnisträgers oder der Person ist so alt wie das Nachdenken des Menschen über sich selbst. Es spielte schon eine große Rolle bei den verschiedenen Seelen-Lehren und fand auch in der nachfolgenden »Psychologie ohne Seele« seinen Ausdruck in verschiedensten Erklärungsversuchen. *Pongratz* (1967) befaßt sich in seinem Kapitel über die »Einheit des Bewußtseins« sehr eingehend mit den klassischen Ansätzen der Behandlung des Identitätsproblems, wobei sich die verschiedenen vorgeschlagenen Lösungen im allgemeinen auf den »Strom der Gedanken« *(W. James),* auf die Wirkung des Gedächtnisses oder auf die relative Konstanz des eigenen Körpers beziehen.

Obwohl neuerdings in der Fachliteratur der Begriff »Identität« für sich allein genommen oder in Zusammensetzungen (z. B. als »Rollenidentität«) immer häufiger verwendet wird, findet sich in krassem Gegensatz dazu kaum eine Arbeit, in der dieser Begriff überhaupt definiert wird, und fast keine Arbeit, in der dieser Begriff exakt definiert wird. So verwendet beispielsweise *Maslow* den Begriff Identität in seinem Buch »Psychologie des Seins« (1973) praktisch synonym mit den Begriffen »wahres Selbst«, »Individualität«, »Selbstverwirklichung« u. a. und versucht dem Sachverhalt gerecht zu werden, »indem ich den Begriff in meinen Händen immer wieder wende und seine verschiedenen Facetten betrachte, so wie ein Kenner ein gutes Gemälde betrachtet, um es einmal von dieser, einmal in jener Organisation (als Ganzes) zu sehen« (1973, S. 113 f.). In ähnlicher Weise weigert sich *A. L. Strauss* in seinem im übrigen lesenswerten Essay »Spiegel und Masken«, eine Definition zu geben, da er dies — der Komplexität des Gegenstandes angemessen — mit seinem gesamten Essay zu erfassen versucht habe (vgl. 1974). Es braucht wohl nicht besonders hervorgehoben zu werden, daß durch ein solches Vorgehen die Präzision der Aussage keineswegs erhöht wird (vgl. *de Levita,* 1971).

Falls in der Literatur mit »Identität« nicht einfach »Rollenverständnis« gemeint ist (vgl. *McCall* und *Simmons,* 1974), kann man vor allem zwei verschiedene Auffassungen des Identitätsbegriffes feststellen, nämlich Identität als »Gefühl« und Identität als Invarianz von Merkmalen.

Identität als »Gefühl« (feeling) meint das Erlebnis, im Wandel der Ereignisse ein und derselbe Erlebnis-Träger zu sein, der mit der Person oder mit einer Substruktur der Person (Subjekt-Ich, wissende Funktion, formales Ich) gleichgesetzt wird, wodurch die Einheitlichkeit und Kontinuität gewahrt wird. In diesem Sinne definiert etwa *Erikson* das »Gefühl der Ich-Identität« als »das angesammelte Vertrauen darauf, daß der Einheitlichkeit und Kontinuität, die man in den Augen anderer hat, eine Fähigkeit entspricht, eine innere Einheitlichkeit und Kontinuität (also das Ich im Sinne der Psychologie) aufrecht zu erhalten« (1966, S. 107).

Abgesehen davon, daß hier *Erikson* die Funktion des eigenen Körpers als wichtigen Anker für das Erlebnis der Identität übersieht, geht aus der Definition hervor, daß es sich hierbei weniger um ein »Gefühl« handelt, sondern um ein Konzept als Teilstruktur des Selbstkonzeptes einer Person. Insofern handelt es sich entweder um ein »Bewußtsein der Identität« (*Jaspers*, 1965) oder um ein Mit-Gegeben-Sein im Sinne des »Lageschemas« (*Thomae*) als ein mehr oder weniger selbstverständliches Wissen um die eigene Identität. In der Tat scheint *Erikson* eine ähnliche Auffassung zu vertreten (vgl. *Goffman*, 1967), wenngleich er dies nicht sehr klar zum Ausdruck bringt.

Eine davon abweichende Auffassung des Identitätsbegriffes bezieht sich auf die Identität als *Invarianz von Merkmalen*, d. h. der »Ausstattung« mit bestimmten Attributen. In diesem Sinne steht der Begriff »Identität« für die einzigartige Kombination von identifizierbaren Eigenschaften eines Individuums. Diese Bedeutung des Identitätsbegriffes wurde vor allem durch *Goffman* eingeführt.

Goffman (1967) unterscheidet folgende »Identitäten«:

a) *»Persönliche Identität«:* Diese umfaßt positive Kennzeichen oder »Identitätsaufhänger« (S. 74) im Sinne der Kriminalwissenschaft. Es ist die einzigartige Kombination von Lebensdaten, objektiven Körpermerkmalen (z. B. Fingerabdruck), Handschrift usw.

b) *»Soziale Identität«:* Diese umfaßt das öffentliche Bild einer Person, das auf Grund der von der Gesellschaft mit bestimmten Merkmalen verbundenen Erwartungen und Einstellungen zustande kommt. Anders ausgedrückt handelt es sich bei der »sozialen Identität« um die durch die besonderen Merkmale der persönlichen Identität ausgelösten mehr oder weniger stereotypen Erwartungen und Einstellungen. *Goffman* betont, daß dies vor allem im Zusammenhang mit »Stigmata« (wie z. B. rote Haare, Homosexualität u. a.) eine bedeutsame Rolle spielt. Die soziale Identität einer Person kommt dadurch zustande, daß dem Individuum bestimmte Eigenschaften zugeschrieben werden, da diese Merkmale eine bestimmte soziale Information signalisieren.

c) *»Ich-Identität«:* *Goffman* verweist hier auf *Erikson* und erwähnt, daß die Ich-Identität dem subjektiven Konzept entspricht, das vom Individuum »aus den gleichen Materialien« konstruiert wird, »aus denen andere zunächst seine soziale und persönliche Identifizierung konstruieren, aber es besitzt bedeutende Freiheiten hinsichtlich dessen, was es gestaltet« (S. 133).

Der Begriff der Ich-Identität in dieser zweiten Fassung entspricht damit genau dem, was bisher Selbstkonzept genannt wurde. D. R. *Miller* (1963) und auch *Krappmann* (1971) setzen diese Begriffe sogar expressis verbis gleich, bevorzugen jedoch den Begriff der Identität, da bei dem Begriff »Selbstkonzept« nicht immer die sozialen Beziehungen impliziert seien.

Nach unserer Terminologie entspricht der Begriff des »sozialen Selbstes« dem von D. R. *Miller* verwendeten Begriff der »subjective public identity«, während die »self-identity« nach D. R. *Miller* oder die »Ich-Identität« bei *Erikson* einen integralen Bestandteil des »zentralen Selbstes« darstellt. Die »soziale Identität« nach *Goffman* ist dann etwa der »objective public identity« nach D. R. *Miller* gleichzusetzen, nämlich jenen Eigenschaften des Individuums, wie sie den Gruppenmitgliedern erscheinen. Es ist vielleicht noch anzumerken, daß *Goffman* offensichtlich mit dem Begriff seiner sozialen Identität weniger an gruppenspezifische Ausformungen, sondern eher an einheitliche, gesellschaftsspezifische, stereotype Interpretationsschemata denkt, wie er dies auch selbst zum Ausdruck bringt, wenn er etwas unklar von einem »Stereotypisieren oder ›Profilieren‹ unserer normativen Erwartungen« (1967, S. 68) spricht. Der unspezifische Allgemeinheitsgrad dieser Aussagen von *Goffman* wird übrigens auch von *Argyle* (1969) sehr deutlich kritisiert.

Krappmann (1971) entzieht sich der diskutierten begrifflichen Problematik insofern, als er vom Standpunkt eines interaktionistischen Ansatzes seinen Identitätsbegriff ausdrücklich auf die aktuelle Präsentation einschränkt. Er definiert daher Identität als eine Leistung der »Balance« zwischen dem individuellen Bedürfnis, sich identisch darzustellen und den damit in Widerspruch stehenden Erwartungen seiner Interaktionspartner in einer aktuellen Situation, wobei *Krappmann* ausdrücklich die intrapsychischen Vorgänge bei seiner Betrachtung ausklammert. Besonders klar kommt dies in folgendem Zitat von *Krappmann* zum Ausdruck: »Die vom Individuum für die Beteiligung an Kommunikation und gemeinsamen Handeln zu erbringende Leistung soll hier mit der Kategorie der Identität bezeichnet werden. Damit das Individuum mit anderen in Beziehungen treten kann, muß es sich in seiner Identität präsentieren; durch sie zeigt es, wer es ist. Diese Identität interpretiert das Individuum im Hinblick auf die aktuelle Situation und unter Berücksichtigung des Erwartungshorizontes seiner Partner. Identität ist nicht mit einem starren Selbstbild, das das Individuum für sich entworfen hat, zu verwechseln; vielmehr stellt sie eine immer wieder neue Verknüpfung früherer und anderer Interaktionsbeteiligungen des Individuums mit den Erwartungen und Bedürfnissen, die in der aktuellen Situation auftreten, dar« (1971, S. 8 f.).

Diese Definition von *Krappmann* zeigt, daß er den Begriff »Identität« nur auf die aktuelle Handlungssituation bezieht, wobei er sich zwar von einem starren Selbstbild distanziert, dabei aber die strukturellen Merkmale, wie wir sie in Form der Konzepte herausgestellt haben, explizit eigentlich unbeachtet läßt. Aus diesem Grund scheint uns die Verwendung des Begriffes »Selbstkonzept« zweckmäßiger zu sein, wenn man entsprechende interne Differenzierungen unterscheidet.

Die unterschiedlich akzentuierten Identitätsbegriffe lassen sich aber u. E. zur Deckung bringen, wenn man berücksichtigt, daß sich das aktuelle »Gefühl« der Identität auf die *Erfahrung* der Einheit und Kontinuität bezieht, d. h. sich auf gleichgebliebene strukturelle Merkmale oder Inhalte stützt, wobei sich diese Erfahrung als Konzept konkretisiert. Definiert man daher Identität als perzipierte Behauptung einer hochbewerteten kognitiven Struktur, die man etwa mit der Marke »Ich«, »Person« u. a. bezeichnen kann, so sind die unterschiedlichen Versionen lediglich Aspekte ein und des gleichen Sachverhaltes. Es kann daher folgendes zusammenfassend festgestellt werden:

1. Die aktuell erlebte Identität ist das Ergebnis erfolgreicher Behauptungen des Selbstkonzepts innerhalb vielfacher Interaktionsbeziehungen, gespeichert durch die Gedächtnisfunktionen. Sie stützt sich auf die typische und einzigartige Kombination von Merkmalen und der damit verbundenen sozialen Reaktionen und Bewertungen als Verankerung des Konzeptes. *T. Parsons* (1968 a) definiert Identität übrigens ähnlich, indem er Identität als einen Begriff »im

technischen Sinne« für das Kernsystem jener Bedeutungen (meanings) eines Individuums bezeichnet, die sich daraus ergeben, daß man das Individuum aus der Sicht des Interaktionssystems, dem es angehört, d. h. als Objekt innerhalb eines heterozentrischen Bezugssystems, auffaßt (vgl. *Parsons*, 1968 a, S. 14). Die Erfahrung früherer Behauptungen des Selbstkonzepts ist also als kognitives Konzept direkt abrufbar, wie dies für alle anderen kognitiven Konzepte gleichermaßen gilt. Bei aktueller Infragestellung der Gültigkeit über die eigene Person tritt eine Identitätsgefährdung ein, deren Bewältigung wieder im Ergebnis als Konzept abgespeichert wird.
2. Diese erlebte Identität ist nicht zu verwechseln mit dem subjektiven Wahrnehmungsbezugspunkt, da bei den seltenen Fällen von »doppelter Persönlichkeit« zwar der Wahrnehmungsbezugspunkt, ebenso wie das Aktivitätsbewußtsein etc., nach wie vor gegeben ist, während die Identität als inhaltliches Konzept oder das »Persönlichkeitsbewußtsein« *(Jaspers)* in diesem Augenblick nicht zugänglich ist.
3. Die Identität als Ergebnis der Behauptung des Selbstkonzepts ist offensichtlich prinzipiell auf die empirische Verifikation als Nachweis des Gleichbleibens angewiesen. Im Wandel der Ereignisse ist sie daher dauernd der Gefahr einer Extinktion ausgesetzt. Insofern ist jedes neue Erlebnis eine Gefährdung der subjektiven Identität.
4. Das zentrale Konzept der subjektiven Identität stützt sich seinerseits auf eine Reihe »verifizierter« Konstrukte wie Körper-Konzept, soziale Selbste etc., deren Beeinflussung oder Änderung durch neue Ereignisse mittelbar identitätsgefährdend wirkt.
5. Besonders verankert und damit auch besonders abhängig ist die subjektive Identität vom Gleichbleiben der folgenden Merkmale: Name, Körpergestalt, materielle und räumliche Umgebung, Gruppenzugehörigkeit und Kleidung (vgl. *G. W. Allport*, 1958, 1970; *Brocher*, 1969; *W. James*, 1901; *Young*, 1944). Die Bedeutung der genannten Merkmale wird in den folgenden Ausführungen noch genauer beschrieben.

4.2. Krisen der Identität und individuelle Entwicklung

Jedes neue Ereignis stellt für das Individuum potentiell eine Gefahr für das bisher behauptete Selbstkonzept dar, einschließlich des damit zusammenhängenden Idealkonzeptes und damit auch für die Identität, die als solche verteidigt wird. Dabei ist es freilich ausschlaggebend, welche Inhalte des Selbstkonzeptes bzw. des Idealkonzeptes als die positiv bewertete Extremform des Selbstkonzeptes konkret dem Identitäts-Konzept zugrunde gelegt werden, d. h. hinsichtlich welcher besonderen Merkmale sich das Individuum in wechselnden Situationen als mit sich selbst identisch erlebt. Insofern handelt es sich auch bei der Identität um eine spezifische Leistung des Individuums, die »Invarianzen« festzustellen oder zu bestimmen und diese dann abzusichern und zu behaupten. Da sich im Laufe der individuellen Biografie von der frühen Kindheit bis in das hohe Alter die relevanten Umweltbedingungen normalerweise außerordentlich stark verändern, ist es in Verbindung mit diesen Veränderungen eine systematische Notwendigkeit, auch den Inhalt des

Selbst- bzw. des Idealkonzeptes, auf den sich die Identität stützt, wenigstens partiell zu ändern (vgl. auch *Back* und *Gergen,* 1968). Jede solche Änderung des Inhaltes stellt aber eine Gefährdung der Identität dar, so daß es bei erzwungenen raschen Veränderungen zu einer ausgesprochenen »Identitäts-Krise« *(Erikson)* kommt, die aber gleichzeitig eine Chance zur Neu-Definition in schöpferischer Hinsicht bietet. Gerade die Freiheitsgrade der Entscheidungssituation gewähren eine Möglichkeit zur Auflösung der mehr oder weniger straffen Abhängigkeit von Sozialisationseinflüssen der frühen Kindheit, d. h. eine Chance zur Individuation und zur Entwicklung in Richtung einer »exemplarischen Persönlichkeit« *(Th. Scharmann).*

Das Ergebnis einer solchen gelungenen Identitäts-Änderung ist im positiven Fall ein Konzept, das den neuen inneren und äußeren Bedingungen besser angepaßt ist als das vorhergehende. Je radikaler eine solche Umorientierung durchgeführt wird, umso deutlicher ist subjektiv das Erlebnis des Identitäts-Wandels, der in extremen Fällen geradezu bis zu einem Identitäts-Wechsel gehen kann. Freilich bleibt auch in einem solchen Extremfall des subjektiv erlebten Identitäts-Wechsels ein Minimum an invarianten Merkmalen der »persönlichen Identität« *(Goffman)* erhalten, die bei früheren Interaktionspartnern durch ihre Signifikativwirkung einen Block von Vorstellungen, Erwartungen und Verhaltensweisen aktivieren, die tendenziell eine Bewahrung der früheren Identität bewirken. Ein ausgezeichnetes Beispiel für die zähe soziale Verankerung der subjektiven Identität hat *Max Frisch* in seiner Figur des Anatol Stiller gegeben.

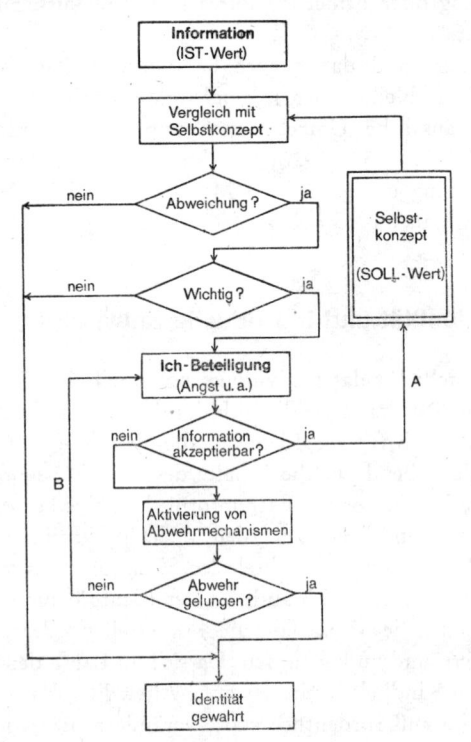

Abb. 2: Wahrung der Identität

Ähnlich wie dies *Festinger* (1957) aufgrund seiner Theorie der kognitiven Dissonanz vorausgesagt und teilweise auch empirisch gezeigt hat, ist das Individuum zunächst bestrebt, die gegebene Identität zu verteidigen, indem alles versucht wird, Dissonanzen zu reduzieren oder von vornherein in künftigen Situationen nicht auftreten zu lassen. In vereinfachter Form ist dieser Vorgang in Abbildung 2 dargestellt. Eine einlaufende Information wird zunächst im Sinne des allgemeinen Modells der Person (vgl. Kapitel 2.1.) unter Bezug auf das Selbstkonzept (oder genauer: von Substrukturen des Selbstkonzepts) auf Abweichung überprüft. Liegt keine Abweichung vor, dann ist die Identität gewahrt. Im Falle einer Abweichung ist es wesentlich, ob es sich um eine wichtige Abweichung handelt; als Kriterien spielen hier nach *Festinger* (1954) vor allem die Größe der kognitiven Dissonanz und die subjektive Bedeutsamkeit (d. h. die erlebte Zentralität der betroffenen Subkonzepte) eine Rolle. Handelt es sich anhand dieser Entscheidungskriterien um eine wichtige abweichende Information, dann tritt »Ich-Beteiligung« auf als eine spezielle Art der »Orientierungsreaktion« (vgl. Kapitel 2.1.3.) mit entsprechenden Begleitsymptomen, die von den rein physiologischen Reaktionen wie Erregung, Herzklopfen, Veränderung der peripheren Durchblutung u. a. bis hin zu mehr oder weniger heftigen emotionalen Reaktionen wie Betroffenheit, Ärger, Wut, aber vor allem auch Einsamkeit, Verlassenheit und Angst reichen. Dieser Zustand kennzeichnet das aktuelle Erlebnis der Identitätsgefährdung.

Ausschlaggebend für den weiteren Verlauf ist dann die Frage, ob diese abweichende wichtige Information subjektiv *akzeptiert* wird oder nicht. Im Falle der Akzeptierung kommt es über die Auflösung der kognitiven Dissonanz zu einer kontinuierlichen Veränderung des Selbstkonzepts bzw. seiner positiven Ausprägung als Idealkonzept im Sinne einer gleitenden Sollwert-Änderung, ein Vorgang, der zu einem angepaßten Selbstkonzept und zur vollständigen *Selbst-Akzeptierung* führt (Schleife A). Bei Nicht-Akzeptierung kommt es insbesondere zur Aktivierung von Abwehrmechanismen (Schleife B), die zwar kurzfristig erfolgreich sind, langfristig jedoch die Gefahr der Identitätsgefährdung erhöhen. Oft ergibt sich nach einem völligen Zusammenbruch des »Verteidigungssystems« eine Lösung nur durch eine *saltatorische Umorientierung* an anderen Leitbildern, die dann eine »neue Identität« ermöglichen. Solche Wechsel sind immer krisenhaft, oft sehr schmerzvoll und dramatisch. Im allgemeinen hat das Individuum danach das »Gefühl«, ein »ganz anderer Mensch« zu sein. Der Übergang selbst ist nach *Erikson* durch eine »Identitätsdiffusion« oder als treffendere Bezeichnung, wie *Erikson* in der Fußnote selbst anmerkt (1966, S. 154), durch eine »Identitäts-Dispersion« mit zumeist stark depressivem Charakter gekennzeichnet, die bei tiefgreifenden Störungen mit Suizidversuchen oder mit ähnlich dramatischen Handlungen (Eintritt ins Kloster, Meldung zur Fremdenlegion, Berufswechsel, Wohnortwechsel u. a.) gekoppelt sein kann.

Solche Identitäts-Dispersionen sind nach *Erikson* (1966) symptomatisch vor allem durch eine Störung der Leistungsbereitschaft und Leistungsabgabe, sowie durch eine Störung der Zeitperspektive gekennzeichnet. Auf Grund seiner Erfahrungen mit jungen Menschen berichtet *Erikson*, diese Störung der Zeitperspektive zeige sich vor allem darin, daß sich solche Personen irgendwie »alt« vorkommen, im allgemeinen sehr unpünktlich sind und auch einen gestörten Bezug zum Tageslauf aufweisen.

E.L. Shostrom (1969) stellte in einer Untersuchung über den individuellen Zeitbezug von Neurotikern und von reifen, ausgeglichenen Personen fest, daß neurotische Menschen viel stärker sowohl an der Vergangenheit hängen als auch Utopien nachträumen, d. h. einen wesentlich schwächeren Bezug zur Gegenwart aufweisen. Die Störung des Zeitbezuges bei verhaltensgestörten Jugendlichen wird auch von *Mönks* (1967, S. 13) besonders hervorgehoben.

Faßt man neurotisch gestörte Personen auf als Individuen, die durch die Behauptung eines weitgehend unrealistischen Selbstkonzeptes einer Dauergefährdung der Identität ausgesetzt sind, so läßt sich dieser Befund durchaus als Stützung der von *Erikson* gemachten Beobachtungen interpretieren.

Häufig findet sich nach *Erikson* bei einer solchen Identitäts-Krise auch temporär als Experiment eine Flucht in die »negative Identität«, womit *Erikson* die bewertungsmäßig negative Form des innegehabten Selbstkonzeptes meint, d. h. es findet eine Art Inversion des vorherigen Selbstkonzeptes statt. Als mögliche weitere Reaktionsform gibt es außerdem die »passive Identität« (*Erikson*, 1970), einen der Realität mehr oder weniger entrückten Zustand völliger Passivität oder kontemplativer Betrachtung. Wie die Beobachtungen der letzten Zeit über die Entwicklung solcher Bewegungen wie »Jesus-people« oder bestimmter buddhistischer Gruppen nahelegen, scheint sich diese Form als »Lösung« der Identitätskrise einer gewissen Beliebtheit zu erfreuen.

Selbst wenn die Störung oder Gefährdung der behaupteten Identität nicht so weitreichend ist, daß eine »neue« Identität gefunden werden muß, führt dies häufig zu deutlich depressiven Formen. So kann beispielsweise ein durch berufliche Mobilität bedingter Verlust der gewohnten Umgebung als Feld bisheriger »Verifikationen« zu solchen depressiven Symptomen führen, die erst nach einer Anpassungsphase, in der neue Selbstbestätigungsmerkmale gesucht werden, langsam wieder verschwinden. Erst dann fühlt man sich wieder »zu Hause« und sicher.

In diesem Sinne lassen sich die meisten Lebenskrisen als typische Identitätskrisen auffassen, so auch das sog. Trotzalter, die Pubertät, die Studentenkrise und die verschiedenen Individuations-Krisen. Im »*Trotzalter*« wird im allgemeinen versucht, die im Wege des Imitationslernens von den Elternpersonen entweder durch Beobachtung ihrer konkreten Aktivitäten (overt behavior) oder durch Erzählung der Eltern auf die Frage nach konkreten Aktivitäten mehr oder weniger perfekt gelernten komplexen Konzepte als Ganzes in die Tat umzusetzen. Die Kinder versuchen, das Gesamt-Konzept für sich als Selbstkonzept zu verwirklichen und zu behaupten. Üblicherweise will daher auch jedes Kind in diesem Alter den gegengeschlechtlichen Elternteil heiraten, d. h. eine konkrete Aktivität imitativ replizieren. Da aus naheliegenden Gründen von den Eltern nur ein Teil dieser Aktivitäten erlaubt wird, tritt die Problemsituation des Ödipus-Komplexes als Identitätskrise auf.

Wenngleich die von *Freud* gewählte Bezeichnung »Ödipus-Komplex« die Hauptstruktur und Hauptproblematik dieser Identitätskrise trifft, so ist der Begriff jedoch im Hinblick auf eine umfassende Bezeichnung dieser Krise zu eng und zu einseitig, da es sich hierbei im Grunde genommen um das Problem der Identitätsbehauptung aller Beteiligten handelt, wobei deren Lösung in einer Neudefinition und Neugestaltung der kindlichen Rolle liegt. Die Auffassung *A. Adler's* (1930), den Ödipus-Komplex im wesentlichen als einen Machtkonflikt anzusehen, versucht diesem Gesichtspunkt Rechnung zu tragen, ist aber ihrerseits ebenfalls zu eng (vgl. *H. u. R. Ansbacher*, 1975).

Erst die Tatsache der elterlichen Interventionen zwingt das Kind zu einer Modifikation des Selbstkonzeptes, die damit den »Untergang des Ödipus-Komplexes« *(Freud)* bewirkt. In der Tat ist damit die Wirksamkeit des vorher behaupteten Konzeptes nicht für die Zukunft verloren gegangen, da es als komplexes Verhaltensmuster weiter besteht und in Verbindung mit entsprechenden Motiven durch situative Merkmale reaktiviert werden kann. Als ein Beleg für diese Interpretation der Ödipus-Phase können die Ergebnisse der Untersuchung von *Kreitler* und *Kreitler* (1967) herangezogen werden, die ganz klar die Relevanz von Aktivitäten für die Entwicklung des Selbstkonzeptes in diesem Entwicklungsabschnitt aufzeigte.

In ähnlicher Weise findet in der *Pubertät* eine Identitätskrise statt, wenn die für das Schulkind adäquate und nützliche Rolle durch die Änderung objektiver Merkmale wie Körpergröße, Ausbildung sekundärer Geschlechtsmerkmale u. a. nicht mehr angemessen erscheint. »Die körperlichen Erfahrungen sind unübersehbare Zeichen des Erwachsenwerdens und werden in gewissem Sinn zum Symbol der entstehenden Männlichkeit und Weiblichkeit« *(Ausubel*, 1970, S. 140). Trotz dieser »unübersehbaren Zeichen des Erwachsenwerdens« erwächst aber gerade die Identitätskrise der Pubertät aus dem Übergang von der Rolle des Kindes zur Rolle des Erwachsenen (vgl. *Lewin*, 1963; *Bell*, 1965; *Tenbruck*, 1965; *Th. Scharmann*, 1966 d), da die Merkmale der »persönlichen Identität« in dieser Übergangszeit bei den verschiedenen Interaktionspartnern keine konsistenten Verhaltenserwartungen und damit auch keine übereinstimmenden Verhaltensweisen auslösen. Insofern stellt diese nicht klar definierte Situation eine zusätzliche Erschwernis für den Jugendlichen dar. Besonders erschwert wird dieser Konflikt noch durch die Akzentuierung der Blickwendung »nach innen«, nämlich durch die Entdeckung des »Fürsichseins« *(Spranger)* und durch eine distanziertere und kritischere Haltung sich selbst gegenüber (vgl. *Kroh*, 1933; *Busemann*, 1965; *Remplein*, 1966). *Busemann* konnte in einer Untersuchung im Jahre 1926 zeigen, daß die Unzufriedenheit mit sich selbst bei Knaben etwa zwischen dem 11. und dem 13. Lebensjahr sprunghaft zunahm (1965, S. 393). Ähnliche Ergebnisse fanden *Katz* und *Zigler* (1967), aber auch *Ausubel* (1970) in einer Reihe von empirischen Untersuchungen.

Ferner ist zu bedenken, daß der Jugendliche gerade zu diesem kritischen Zeitpunkt des Überganges vom Kind zum Erwachsenen durch den Berufseintritt mit der überaus komplizierten Organisation der industriellen Arbeitswelt konfrontiert wird, wodurch sich einerseits ein Experimentierfeld möglicher Selbstbestätigungen auftut, andererseits aber durch die frühzeitige Eingliederung in einförmige oder nicht überschaubare Arbeitsprozesse eine erhebliche Gefahr für eine positive und kontinuierliche Entwicklung besteht (vgl. *D. L. Scharmann*, 1966, 1970; *Th. Scharmann*, 1966 d).

Anders als in der Trotzperiode wird nun der Konflikt nicht nur auf der Ebene der Aktivitäten ausgetragen, sondern insbesondere anhand von verfügbaren normativen Ideal-Konzepten, die im Rahmen dieser Identitätskrise teilweise einschließlich ihrer negativen Gegenkonzepte experimentell erprobt werden. Äußere Zeichen für die prekäre Situation in der Pubertät als Identitätskrise sind vor allem auch z. T. höchst gefährliche Selbst-Präsentationen als verzweifelte Akte für den Erwerb sozialer Anerkennung nach dem jeweils gültigen Wertsystem der jugendlichen »peer-group«. So berichtet beispielsweise Leonhard *Frank* von sich in einem autobiographischen Roman über sehr gefährliche Kraftakte am Dach eines Kirchturms oder auf der Main-Brücke (vgl. *Bertlein,* 1966). Nach *Pettigrew* (1964) ist diese Phase für die amerikanischen Neger besonders schwierig, da die weißen Amerikaner die Neger-Jugendlichen nach Erreichung der Geschlechtsreife nicht mehr einladen und gewissermaßen schlagartig als Bezugsgruppe ihr Verhalten ändern.

Für die Interpretation der Pubertät als Identitätskrise, die sich auf generationsspezifisch angebotene Ideal- bzw. Wert-Konzepte bezieht, sprechen auch die Untersuchungen zum Ideal-Erleben von *A. Schlesinger* (1910, 1913), *K. Schmeing* (1934, 1935), *H. Glöckel* (1960), *W. Jaide* (1961, 1968) und vor allem auch die Untersuchungen von *H. Bertlein* (1960, 1966, 1970), aus denen klar hervorgeht, daß es eine »inhaltlich festgelegte Kulturpubertät nicht gibt« *(Bertlein,* 1966, S. 124).

Den Abschluß der Pubertät als Identitätskrise bildet die individuelle Festlegung auf ein erwähltes Konzept, das sich dann allerdings im sozialen Kontext als erfolgreich und zweckmäßig erweisen muß. Wenn solche Erfolge nur in einem bescheidenen Maße möglich sind, kann der Konflikt durch mehr oder weniger gravierende Veränderungen der gewohnten Umwelt jederzeit aktiviert werden. Auf diese Weise ist auch die sog. »Studentenkrise« *(Busemann)* zu erklären, die etwa nach dem 1. oder 2. Semester aufzutreten pflegt, nämlich dann, wenn die ungewohnte, neuartige soziale Umgebung bereits lange genug erfahren wurde, aber aus den verschiedensten Gründen noch keine entsprechenden neuen sozialen Kontakte aufgebaut worden sind (vgl. *Pfeiffer,* 1975).

Da die angebotenen einzelnen Idealkonzepte als Daseinsentwurfs-Konzepte oder »Letztziele« *(Allport)* einander ausschließen, kann in der Regel nur ein einziges dieser Wertmuster gewählt und verwirklicht werden. Die anderen bleiben jedoch als Entwurfs-Modell erhalten, gerade weil sie nicht gewählt wurden. Da das gewählte Muster der »Empirie« ausgesetzt ist, d. h. der »Verifikation« aber natürlich auch der »Falsifikation«, ist es möglich, daß die subjektive Wertigkeit eines nicht gewählten Musters in dem Maße zunimmt, wie das präsentierte Muster nicht befriedigend funktioniert. Als eine andere Möglichkeit ist es aber auch denkbar, daß solche nicht gewählten Muster auch dann an Wert gewinnen, wenn das behauptete Konzept »ausgelernt« ist. Auf diese Weise lassen sich dann auch *Individuationskrisen* als solche Situationen interpretieren, denen das Erlebnis der »Eingleisigkeit« des Selbstkonzeptes und der Einengung des Lebens auf wenige Dimensionen zugrunde liegt, woraus sich dann das Streben nach einer thematischen Ausweitung des Selbstkonzeptes ableitet, so etwa wenn sich beispielsweise der erfolgreiche Manager plötzlich für Kunst oder Religion zu interessieren beginnt. Der »Schatten« im *Jung'*schen Modell stellt daher nach unserer Auffassung nichts anderes dar als nicht gewählte Lebens-Konzepte, die zwar im Lauf der individuellen Entwicklung gelernt wurden, aber auf Grund allgemeiner stereotyper Verhaltenserwartungen bzw. deren spezieller Ausformungen von seiten der Familie oder der übrigen Gruppen praktisch nicht gewählt werden konnten. Besonders schwer zu verarbeiten ist der Rückgang der Leistungsfähigkeit bei älteren Menschen und das Aufgeben der Berufstätigkeit (vgl. *Theissen,* 1970).

Es wurde bereits an anderer Stelle aufgezeigt, daß durch die enge Beziehung zwischen der Zusammensetzung der Familie als Primärgruppe und der Art des individuellen Selbstkonzeptes jedes Hinzukommen oder Austreten von Personen einen maßgeblichen Einfluß ausübt. Die Auswirkungen sind um so gravierender, je dominanter die Rolle der ein- oder austretenden Person ist oder war und je neuartiger diese Erfahrungen für die Betroffenen sind. Während aber beispielsweise durch das Ausscheiden einer signifikanten Person aus der Familie durch die erforderliche Neuverteilung der relevanten Funktionen nach einer kritischen Übergangszeit eher eine Steigerung der Wertschätzung durch die übrigen Gruppenmitglieder und damit auch der Selbstwertschätzung verbunden ist, wird ein Wieder-Eintreten einer vorübergehend abwesenden signifikanten Person durch die Rückforderung der ihr zustehenden Funktionen eine wesentlich gravierendere Identitätskrise für das Kind oder den Jugendlichen verursachen. So läßt sich in Anamnesen im Hinblick auf die kriegsbedingte Abwesenheit des Vaters bei Männern häufig eine »vor-kritische« glückliche und eine »nach-kritische« Phase erkennen, wobei zumeist eine stark emotionale Bindung an das »vor-kritische« Verhaltens-Konzept besteht. Daraus erklärt sich auch der Befund *Rosenberg*'s (1965), der eine besonders starke Beeinträchtigung der Selbstwertschätzung gerade bei solchen Jugendlichen fand, deren Mutter sich nach der Scheidung wieder verheiratete.

Die Behauptung der individuellen Identität als das »Mit-sich-selbst-identisch-bleiben« hat nicht nur einen Einfluß auf die gegenwärtige Art der Selbst-Präsentation und der Auswahl der sozialen Beziehungen, sondern greift auch aus in die Zukunft als Daseins-Entwurf, aber auch zurück in die Vergangenheit durch die Art der Interpretation vergangener Ereignisse. Da das Identitäts-Konzept zwangsläufig die Kontinuität der eigenen Entwicklung fordert, wird die persönliche Vergangenheit aus der Perspektive des gegenwärtig behaupteten Konzeptes gesehen und um-interpretiert. *Krappmann* drückt diesen Sachverhalt wie folgt aus: »Eine gelungene Identitätsbildung ordnet die sozialen Beteiligungen des Individuums aus der Perspektive der gegenwärtigen Handlungssituation zu einer Biografie, die einen Zusammenhang, wenngleich nicht notwendigerweise eine konsistente Abfolge, zwischen den Ereignissen im Leben des Betreffenden herstellt« (1971, S. 9). Durch den Inhalt des behaupteten Konzeptes folgt also nicht nur eine verbindliche Extrapolation als Vorgriff auf künftiges individuelles Verhalten, sondern man »wählt« sich ebenso seine eigene Vergangenheit. In seinem Roman »Mein Name sei Gantenbein« macht *Max Frisch* die Auswirkungen eines solchen Identitätswandels und seine Bedeutung für die erforderliche Neu-Interpretation der eigenen Vergangenheit deutlich anhand einer Geschichte von einem Mann, der annahm, ein Pechvogel zu sein. Eines Tages gewann er das große Los; es stand in der Zeitung, er konnte es nicht leugnen. Aber zur »Verifikation« seines Selbstkonzeptes verlor er schließlich die Brieftasche mit dem Gewinn. »Ein anderes Ich, das ist kostspieliger als der Verlust einer vollen Brieftasche, versteht sich, er müßte die ganze Geschichte seines Lebens aufgeben, alle Vorkommnisse noch einmal erleben und zwar anders, da sie nicht mehr zu seinem Ich passen —« (1968, S. 49).

Diese Tatsache, daß im Sinne des Konsistenz-Prinzips die Vergangenheit umgedeutet wird, wirft auch ein kritisches Licht auf Bemühungen, die anhand von Biografien ein teleologisches Prinzip aufzuzeigen versuchen (vgl. *Ch. Bühler* u. a.), da ein biografischer Bericht tendenziell logischer sein muß als der wirkliche Ablauf.

Erikson (1970) hat in einer eingehenden Analyse den Individuationsweg *Lu*-

ther's untersucht und dabei aufgezeigt, wie bei *Luther* nach erfolgreichem Studienabschluß mit Magistergrad eine Identitätskrise auftrat, deren Ergebnis ein momentaner Identitätswechsel zum »mütterlichen« Konzept, nämlich des zurückgezogenen, frommen Lebens war, wobei schließlich doch das leistungsbetonte »väterliche« Konzept zum Zuge kam. Wenngleich gerade bei diesem Beispiel Vergleiche sehr schwer zu ziehen sind, so mag sich vielleicht gerade hier eine eher typische Identitätskrise manifestieren, die sich nach Durchlaufen einer Institution einstellt, wenn eine Neuorientierung mit nachfolgender Entscheidung für den weiteren Lebensweg notwendig wird. Auf die Bedeutung der Institutionalisierung und Ritualisierung solcher Übergänge wird im folgenden noch näher eingegangen.

4.3. Bedingungen des Identitätswandels

Es wurde bereits darauf hingewiesen, daß die Identität an einigen wesentlichen Merkmalen verankert ist, deren Veränderung einen unmittelbaren Einfluß auf die zentrale Struktur des Selbstkonzeptes ausübt. Solche bedeutsamen Merkmale sind vor allem Eigenname, Körpergestalt und Aussehen, Eigentum und materielle Umgebung (Heimat), sowie Familie, Verwandtschaft und sonstige Gruppenbeziehungen.

Grundsätzlich hat jede Änderung dieser Faktoren, falls sie subjektiv akzeptiert und zur Kenntnis genommen wird, einen mehr oder weniger starken Einfluß auf eine direkte Änderung des behaupteten Selbstkonzeptes und damit auch auf die Identität. Wegen dieser Wirkung werden die genannten Merkmale, allerdings in unterschiedlichem Ausmaß, vor allem im institutionellen Rahmen ganz gezielt zur Herbeiführung oder zur Absicherung eines zu vollziehenden Identitätswandels herangezogen und benützt (vgl. *Strauss*, 1974).

4.3.1. Eigenname

Der Eigenname ist wohl ein Wort, welches das Individuum mit Abstand am intensivsten gelernt hat und bei dessen Erwähnung man unmittelbar, gleichsam körperlich betroffen ist.

Die Nennung des eigenen Namens bewirkt im allgemeinen wohl — vor allem wenn man etwa in einer anonymen Situation nicht damit rechnet — eine unmittelbare Ich-Beteiligung (ego-involvement) als eine Art Weck-Reaktion, die sogar von physiologischen Symptomen begleitet sein kann. Dies allein beweist schon den direkten Bezug des Namens zur Identität. Es ist daher verständlich, daß die Veränderung des Eigennamens, auch wenn sie nur eine partielle Änderung darstellt wie z. B. der Namenswechsel bei Verheiratung, eine Identitätskrise auslösen kann, die zu einem Identitätswandel führt. Ebenso ist der Eintritt in Institutionen häufig mit einer Veränderung des Eigennamens verbunden, um durch die Dokumentation der Zugehörigkeit einen mehr oder minder deutlichen Identitätswandel zu indizieren und im Wege der sozialen Kontrolle zu vollziehen. Beispiele dafür sind die Verleihung eines Berufstitels oder eines akademischen Grades, die Hinzufügung des Dienstgrades beim Militär oder ein völliger Namenswechsel beim Eintritt in das Kloster, wobei gerade im letzten Beispiel durch die Möglichkeit einer individuellen Wahl des neuen Namens die beabsichtigte Richtung des zu vollziehenden Indentitätswandels unterstrichen werden kann.

W. I. Thomas (1937) beschreibt in seinem Buch »Primitive Behavior«, daß ein ähnlicher Brauch bei den nordamerikanischen Indianern bestand:

>»Bei den nordamerikanischen Indianern sind Eigennamen mehr als sonst üblich austauschbar. Hierdurch ist die Möglichkeit gegeben, daß jemand sich selbst und seinen Status durch die Namengebung fortlaufend kennzeichnet ... gewisse entscheidende Lebensabschnitte und wichtige Ereignisse geben Anlaß zum Namenswechsel — Pubertät, der erste Kriegszug, eine bemerkenswerte Heldentat, ... eine Krankheit oder die Zurückziehung vom aktiven Leben ...« (zit. n. *Hartley* und *Hartley,* 1955, S. 181).

In unserer Gesellschaft gibt es kaum solche Möglichkeiten des Namenswechsels oder der Namensänderung als einen offiziellen Ausdruck des Identitätswandels. In diesem Zusammenhang sei aber daran erinnert, daß man sich gerade in »peergroups« einen bestimmten Namen als »Spitznamen« erwirbt, der durchaus solchen Identitätsänderungen angepaßt wird. *Spranger* macht interessanterweise auf eine weitere Form der äußeren Dokumentation eines zumindest beabsichtigten Identitätswandels durch Änderung des Namens aufmerksam, die wohl besonders typisch für die Zeit nach dem ersten Weltkrieg war, aber vielleicht auch heute in der einen oder der anderen Weise durchgeführt wird: die Adaptierung des Vornamens in der Pubertät.

>»Daß man sich dabei selber als einen Menschen fühlt (vita nuova), erhält bei Mädchen einen charakteristischen Ausdruck durch Selbstumnennungen: Aus einer Helene wird jetzt eine Hella, aus einer Anna eine Anita, aus einer Lise eine Lisa«. (*Spranger,* 1960, S. 50).

Zusammenfassend läßt sich feststellen, daß gerade der Name und die Veränderung des Eigennamens für das Individuum, aber besonders auch für die Gesellschaft, einen wichtigen Indikator für den Status und für die Identität einer Person darstellen.

4.3.2. Körpergestalt und Aussehen

Körpergestalt, Kleidung und Aussehen sind ein weiterer wesentlicher Merkmalskomplex für die Verankerung der Identität. Die Absicherung der Identität an äußeren Merkmalen drückt *Gottfried Benn* in seinem Gedicht »Fragmente« sarkastisch wie folgt aus: »... das ist der Mensch von heute, das Innere ein Vakuum, die Kontinuität der Persönlichkeit wird gewahrt von den Anzügen, die bei gutem Stoff zehn Jahre halten.«

Im Zusammenhang mit den Problemen des Heranwachsens und der Pubertät wurde bereits auf die Bedeutung des Körpers und der Körpergestalt hingewiesen (vgl. *Ausubel,* 1970). So erhalten gerade für das Vorschulkind, aber auch für das Schulkind die Körpergröße und die Körperkraft eine zentrale Bedeutung für das Selbstverständnis. Jede Veränderung wird genau registriert und die soziale Rangordnung in den Peer-groups folgt in diesem Alter häufig diesen Merkmalen.

Wenn auch später die körperlichen Veränderungen im allgemeinen wesentlich langsamer vor sich gehen, tritt doch irgendwann der Punkt ein, in dem das Altern mehr oder weniger zwangsläufig zur Kenntnis genommen werden muß, sodaß sich daraus eine Identitätskrise entwickeln kann, die umso heftiger ist, je starrer vorher mit allen Mitteln ein Konzept behauptet wurde, das im Laufe der Zeit naturgemäß immer unrealistischer wurde. Krankheiten, schwere Unfälle und Altern sind wohl letztlich zu sehen als Konfrontationen mit der »Absurdität des Todes« (*Sartre*), d. h. als fundamentale Bedrohung der Identität und damit als eigentliche existentielle Problematik (*Bugental*, 1969; *Tillich*, 1965).

Gerade in der Beziehung zum eigenen Körper kann die Wirksamkeit der Distanzierung als Abwehrmechanismus gut beobachtet werden, nämlich dann, wenn die Veränderungen des Körpers — »falls« sie zentrale Bedeutung für die individuelle Kernstruktur hätten — eine Gefährdung des Selbstkonzeptes und der Selbstwertschätzung mit sich brächten. In diesem Fall verschiebt sich zumeist die subjektive Bewertung des Körpers im Hinblick auf seine Wichtigkeit für die Person. So kann es dazu kommen, daß ein »tiefes Fremdheitsgefühl« gegenüber dem eigenen Körper auftritt, das sich nach *Spranger* auf die Formel bringen läßt: »Du bist überhaupt nicht ich, du gehörst im strengsten Sinne gar nicht zu mir.« (vgl. *Spranger*, 1960, S. 318).

Eine Änderung des Körpers und der allgemeinen Erscheinung kann aber auch unterstützend bei einem beabsichtigten Wechsel der Identität vorgenommen werden. In diesem Sinne ist die Uniformierung beim Militär oder beim Eintritt ins Kloster zu werten, ähnlich auch die bewußten Veränderungen des Aussehens etwa nach Überstehen von gefährlichen Verkehrsunfällen (Haarschnitt, Bartwuchs, etc.) oder auch bei Hinterbliebenen nach Ablauf der Trauerfrist (neue Frisur, Haarfarbe etc.), um zu dokumentieren, daß man gewillt ist, ein »neues Leben« zu beginnen.

In spielerischer Form treten solche »Gefährdungen« der Identität beispielsweise im Spiegelkabinett auf, wobei sich der fröhliche Affekt wohl in der Hauptsache — ähnlich wie *Freud* die Wirkung des Witzes interpretiert — aus den aktivierten, aber nicht notwendigen Mechanismen der Selbstverteidigung bzw. Selbstbehauptung ableitet. Ähnliche Wirkungen spielen wohl auch eine Rolle bei Maskierungen, die allerdings darüber hinaus die Möglichkeit zu spielerischen experimentellen Präsentationen bieten, die sonst nicht in der Reichweite des Individuums liegen.

4.3.3. Besitz

In einer Welt des »demonstrativen Konsums« (*Veblen*) ist die Bedeutung des persönlichen Besitzes als Anker der Identität bzw. als Zeichen eines Identitätswechsels offensichtlich. Trotzdem zeigt sich aber nach *Goffman* die Bedeutung des persönlichen Eigentums als »Identitäts-Ausstattung« gerade in Situationen, in welchen durch den institutionellen Zwang die übrigen Anker der Identität weitgehend unwirksam sind, nämlich etwa bei Insassen von Gefängnissen, psychiatrischen Kliniken und bis zu einem gewissen Ausmaß auch bei Schülern in Internaten. In solchen Fällen ist zu beobachten, daß sich die Personen gegen die Wegnahme ihrer Identitäts-Ausstattung wehren und sich bemühen, durch Aktivitäten unterhalb des Zugriffs der Institutionen (»underlife«) sich diese Möglichkeiten zu erhalten. Die subjektive Bedeutung der privaten Gegenstände ist dabei umso größer, je enger diese Gegenstände mit Aktivitäten verknüpft sind, die einen wesentlichen Bestandteil des zentralen Selbstkonzeptes ausmachen, wie z. B. die private Bibliothek für einen geistig Schaffenden.

Grundsätzlich bekommen aber alle persönlichen Besitztümer durch ihren Gebrauch eine Bedeutung für die Identität, wobei diese »Besitztümer« im weitesten Sinne von der Wohnung einschließlich Wohnungseinrichtung über die Wohngegend und Heimat bis zur »eigenen« Muttersprache reichen. Die Bedeutung minimaler »Identitäts-Ausstattung« wurde vor allem von *Solschenizyn* in seiner Erzählung »Ein Tag des Ivan Denissowitch« meisterhaft geschildert, findet sich aber auch sehr eindrucksvoll in der Veröffentlichung von *V. Frankl* »Ein Psycholog erlebt das Konzentrationslager« (1946).

4.3.4. Soziale Beziehungen

Die Bedeutung der Gruppenbeziehungen für das individuelle Selbstkonzept wurde bereits an anderer Stelle ausführlich beschrieben. Die sozialen Beziehungen sind für das Individuum außerordentlich bedeutsam, so daß jede Änderung der Gruppenmitgliedschaft prinzipiell einen Einfluß auf die Bewahrung der Identität ausübt.

Da das Selbstkonzept durch die Teilstrukturen der »sozialen Selbste« dem Inhalt nach wesentlich mitbestimmt wird, ist sogar anzunehmen, daß gerade die sozialen Beziehungen den wichtigsten Faktor für eine Verteidigung oder Veränderung des individuellen Selbstkonzeptes darstellen. Aus diesem Grunde bezieht sich wohl auch *Krappmann* (1971) in seinem theoretischen Ansatz schwerpunktmäßig auf diesen Bereich.

Die erste bedeutsame Erweiterung der sozialen Beziehungen für das Kind stellt der Eintritt in die Grundschule dar, der bereits einen zumindest zeitweiligen Wechsel in ein fremdes soziales Medium mit sich bringt, in dem sich das Kind zum ersten Mal selbständig zu behaupten hat (vgl. *Nickel,* 1975). In der Folgezeit gilt es dann noch eine Reihe von Änderungen der sozialen Beziehungen zu meistern, wobei die wohl einschneidensten Erfahrungen dieser Art vor allem mit dem Verlassen der Institution »Schule« und mit dem Eintritt in das Berufsleben verbunden sind (vgl. *Bertlein,* 1970; *D. L. Scharmann* und *Th. Scharmann,* 1968).

Zur Erleichterung dieser notwendigen Umorientierungen, wie sie die Ablösung von der Familie darstellt, wird im allgemeinen besonderer Wert auf die *Ritualisierung des Überganges* gelegt. Der Vorteil einer Ritualisierung ist vor allem darin zu sehen, daß die Institution oder die Gesellschaft fertige Verhaltensmuster für alle Beteiligten anbietet, die durch ihren normativen und überpersönlich-verbindlichen Charakter den durch die Veränderung der Bedingungen notwendigen Identitätswandel mehr oder weniger auf eine geradezu sachliche Ebene transponieren, wobei die Verhaltensweisen, Art und Dauer des Überganges zum Teil bis in die Einzelheiten festgelegt sind. Beispiele für solche Ritualisierungen sind etwa die Initiationsriten kirchlicher oder säkularer Art beim Eintritt in die Grundschule (Schultüte u. a.), beim Übergang vom Jugendlichen zum Erwachsenen, sowie auch die Hochzeit als Ritual der Familiengründung und Verselbständigung, der gesamte Verhaltenskomplex im Zusammenhang mit dem Tod einer Person einschließlich einzelner Trauervorschriften, aber auch das »Freisprechen« von Gehilfen, Maturafeiern, Sponsionen u. a. (vgl. *Strauss,* 1974).

In gleicher Weise wie jedoch diese traditionalen Regeln in der Gegenwart Gefahr laufen, ihre allgemeine Anerkennung und Verbindlichkeit zu verlieren, wird der Einzelne immer mehr gezwungen, solche Probleme der Identität für sich alleine auf individuelle Weise zu lösen. Es hat den Anschein, als wenn diese Befreiung von stereotypen kollektiven Erwartungen gleichzeitig durch das Fehlen entsprechender vorbildlicher Verhaltensmuster eine nicht zu unterschätzende Erschwerung des individuellen Überganges bedeutet, vor allem für jene, die in ihrer bisherigen Biografie nicht gelernt haben, gravierende Probleme selbstverantwortlich zu lösen.

Der Vollständigkeit halber sei noch erwähnt, daß die Methode der »Gehirnwäsche« sehr gezielt die meisten der genannten Fakten in Kombination heranzieht. K. *Thomas* (1970) nimmt Bezug auf einige Untersuchungen, die sich mit der Methode des »brain washing« befassen. Die angewendeten methodischen Schritte bestehen eigentlich immer in einer radikalen sozialen und emotionalen Isolierung (»niemand kümmert sich um Sie«) bei gleichzeitiger Herbeiführung starker körperlicher Deprivationszustände. Es folgt dann zumeist eine genaue Kontrolle der Verhaltensweisen mit Lob und Tadel, wobei laufend genaueste Biografien, d. h. Umdeutungen des bisherigen Lebenslaufes aus der gegenwärtigen Sicht, sowie schriftliche Selbstkritiken verlangt werden. Zur Abwertung des Idealkonzeptes wird nach *Thomas* (S. 60) in China außerdem eine schriftliche und mündliche Denunziation des Vaters verlangt. Nach dem Neuaufbau eines entsprechenden Idealkonzeptes erfolgt dann die Aufnahme in die Gemeinschaft, die mit Freiheit, Macht und Geltung belohnt wird. Dies bedeutet, daß die Methode der »Gehirnwäsche« nichts anderes ist als eine systematische Änderung des Selbstkonzeptes einschließlich seiner idealen Ausprägung, wobei ziemlich genau ein Nachvollzug der Genese des primären Selbstes in der Familie erfolgt. Schließlich basiert auch die Wirksamkeit jeder Art von Gruppentherapie auf diesen Zusammenhängen (vgl. Kapitel 6).

4.4. Techniken der Identitätsstabilisierung

Da das Erlebnis der Identität auf der Behauptung des Selbstkonzeptes beruht, stellt grundsätzlich jede gelungene Präsentation oder »Selbstdarstellung« *(Krappmann)* eine Absicherung der Identität dar. Eine solche Stabilisierung und Absicherung ist grundsätzlich auf verschiedene Weise möglich, nämlich durch eine entsprechende Kontrolle und Beeinflussung der stabilisierenden objektiven Bedingungen zur Erzielung eines gewohnten oder erwünschten positiven »feedback« und durch die Aktivierung von bestimmten Abwehrmechanismen bei eventuellen negativen Informationen über die eigene Person.

4.4.1. Eklektizistische Verifikation

Ein Verfahren zur Vermeidung identitätsgefährdender Informationen besteht darin, die zu erwartenden Informationen und bewertenden Reaktionen aktiv zu beeinflussen und zu manipulieren. Als erste Technik ist hier die *selektive Interaktion* zu nennen. Dies bedeutet, daß das Individuum solche Personen oder Gruppen als Interaktionspartner auswählt, bei denen es sich wohlfühlt und mit denen es eingespielte Verhaltensmuster zur Selbst- und Fremdbestätigung etabliert hat. *Backman* und *Secord* (1962) konnten in einer Untersuchung zeigen, daß mit solchen Personen am meisten interagiert wird, von denen man annimmt, daß sie dem eigenen Selbstkonzept am ähnlichsten sind. Überdies sei hier auch an das *Homans*'sche Theorem (1968) erinnert, wonach Interaktionshäufigkeit und Sympathie positiv korreliert sind; die Bedeutung dieses Theorems wurde bereits an anderer Stelle diskutiert. Eine weitere Technik besteht darin, sich so darzustellen, daß eine bestimmte, gewünschte Reaktion bei den Interaktionspartnern ausgelöst wird (vgl. *Goffman*, 1969; *Gergen*, 1965; *Gergen* und *Wishnou*, 1965).

Voraussetzung für eine solche erfolgreiche *Selbst-Präsentation* ist jedoch ein hohes Maß an »Einfühlung« oder Sensitivität, die man auch als Fähigkeit zu aktuellem »role-taking« auffassen kann. Mit dem Terminus »role-taking« ist hier nicht nur die Übernahme einer Rolle im Sinne des Erwerbs gemeint, sondern auch im speziellen Fall die aktuelle Übernahme der augenblicklichen Rolle des Interaktionspartners, indem man sich an seine Stelle versetzt, um auf Grund dieser perzipierten Rolle zu extrapolieren, wie er auf ein bestimmtes Verhalten reagieren wird (vgl. *Reber*, 1973). Unter Berücksichtigung dieser mutmaßlichen Reaktionsweise kann sich dann das Individuum so präsentieren, daß es sich möglichst seinem Konzept entsprechend durchzusetzen vermag. Dies bedeutet, daß das Individuum durch die Art seiner Selbstdarstellung (sei es in direkter verbaler Art oder mittelbar durch das Verhalten) in gezielter Form weitgehend positive Reaktionen im Sinne seines Selbstkonzeptes auslösen kann. Durch gegenseitige »Ko-Orientierung« *(Newcomb,* 1959 b) wird für alle beteiligten Interaktionspartner ein »kommunikatives Handeln« *(Siegrist)* ermöglicht, bei dem gleichzeitig »die Verhaltensabsichten der Interaktionspartner realisiert und eigene Anpassungen daraus abgeleitet werden« *(Siegrist,* 1970, S. 146). Bei sozialen Kontakten mit »relativer Dauer« etabliert sich dann im allgemeinen ein Satz von Interaktionsmustern, die der gegenseitigen Selbstbehauptung dienen und die auf die Selbstdarstellungen der Interaktionspartner mehr oder weniger gut abgestimmt sind. Solche Entwicklungen spielen vor allem bei Kleingruppen eine große Rolle (vgl. *Th. Scharmann,* 1966 c).

4.4.2. Manipulation der erfolgten Bewertung

Ein weiteres Verfahren zur Verteidigung bzw. Stabilisierung der Identität besteht als einer Art von Abwehrmechanismus darin, solche Informationen zu bezweifeln oder abzuwerten, die inkongruent mit dem behaupteten Selbstkonzept sind. Hierbei ergeben sich eine Reihe von Möglichkeiten zur Dissonanzreduktion. Es besteht einmal die Möglichkeit, die Glaubwürdigkeit der Information in Frage zu stellen, d. h. die *Informationsquelle abzuwerten* und damit die Information unwichtig zu machen. Ein Beispiel dafür wurde bereits im Zusammenhang mit der Informationsgewinnung bezüglich des eigenen Körper-Konzeptes genannt, wo eine nicht zum subjektiven (seitenverkehrten) Körper-Konzept passende Fotografie mit der Behauptung abgetan wird, man sei auf diesem Bild nicht gut »getroffen«. Die Ergebnisse experimenteller Untersuchungen von *Cooper* und *Jones* (1970) zeigen, daß bereits die Erwartung dissonanter Informationen im Hinblick auf eine Beeinflussung der Selbstwertschätzung entsprechende Abwehrmaßnahmen des Individuums veranlaßt. Eine andere Möglichkeit besteht darin, daß man die dissonante Information insofern für unverbindlich erklärt, als sie zwar eine objektive Bewertung des eigenen Verhaltens darstellt, jedoch die eigene Verhaltensweise als nicht repräsentativ für die eigene Person angesehen wird. Diesen Sachverhalt bezeichnet *Argyle* (1969, S. 386 f.) als »*Abwertung der Bewertung*«. Die wichtigste Technik der Manipulation einer erfolgten Bewertung ist die »*Rollen-Distanz*« *(Goffman)*. Hierbei distanziert man sich von seiner Präsentation der »Persona« *(Jung)*, so daß ein wahrgenommener Mißerfolg lediglich der Rolle und nicht sich selbst zugeschrieben wird. Eine ähnliche Technik der Distanzierung ist auch der Mechanismus, der mit dem Schlagwort der »inneren Emigration« angesprochen wird. Erwähnt wurde bereits ebenfalls das Beispiel einer Distanzierung vom eigenen Körper, die unter existenzbedrohenden Bedingungen sogar bis zu einer Distanzierung von den eigenen Schmerzen oder Qualen reicht. Nach den Beobachtungen *Bettelheim*'s (1965) scheint in solchen extremen Situationen der Haft eine Zuflucht zu einem innersten Prinzipiensystem möglich zu sein, das *Bettelheim* als »autonome Persönlichkeit« bezeichnet. *Frankl* (1946) beschreibt anhand seiner Beobachtungen im Konzentrationslager, daß das Aufgeben der Verbindlichkeit dieses innersten Prinzipiensystems innerhalb von wenigen Tagen zum Tod des Betroffenen führt. Die Preisgabe dieser inneren Prinzipien zeigte sich vor allem an einer plötzlich einsetzenden Lethargie und Interesselosigkeit stark autistischer Art. Wenn solche Symptome auftraten, versuchten die Kameraden durch gutes Zureden aber auch durch Zufügen von körperlichen Schmerzen, den Lebenswillen und damit die Verbindlichkeit dieses innersten Prinzipiensystems wieder herzustellen.

Als weitere Möglichkeit der Verarbeitung bewertender dissonanter Informationen nennt *Krappmann* (1971) die »*Ambiguitätstoleranz*«. Er meint damit die Beobachtung, daß bei ausgeglichenen und selbstsicheren Personen negative Bewertungen zur Kenntnis genommen werden, ohne daß damit eine Identitätsgefährdung verbunden ist. Eine solche Toleranz ist freilich nur bei einer erheblichen Selbstwertschätzung denkbar, die sich ihrerseits auf eine breitgefächerte Zahl von unterschiedlichen Verhaltensbereichen stützt. In einem solchen Fall mit einem fest gegründeten Selbstbewußtsein werden wohl vereinzelte Mißerfolge keinen entscheidenden Einfluß ausüben, freilich nur dann, wenn sie nicht gehäuft und vor allem nicht auf einem Gebiet auftreten, für das man sich als besonders kompetent betrachtet, so etwa — wie W. *James* selbst schreibt — Zweifel an seiner Fähigkeit als Psychologe.

4.4.3. Abwehrmechanismen

Im Falle des Vorliegens gefährlicher dissonanter Informationen gibt es noch die Möglichkeit der Aktivierung von eigentlichen Abwehrmechanismen zur Verhinderung von Identitätsgefährdungen. Hier gibt es beispielsweise die Möglichkeit, Informationen mehr oder weniger unbewußt falsch aufzufassen (»misperception«). In Fällen, wo die aktuellen Erwartungen der Interaktionspartner nicht mit dem Selbstkonzept oder dem Verhalten der Person kongruent sind, ist es manchmal möglich, die angenommenen Erwartungen der anderen Personen falsch zu interpretieren (vgl. *Nisbett* und *Gordon*, 1967). Es gibt eine Reihe von Untersuchungen, die gezeigt haben, daß zwischen dem Selbstkonzept einer Person und ihrer Annahme, wie sie von anderen Personen gesehen wird, eine wesentlich größere Übereinstimmung besteht als bei einem objektiven Vergleich des Selbstkonzeptes und der Annahmen der Interaktionspartner über diese Person (vgl. *Miyamoto* und *Dornbusch*, 1956; *Reeder, Donohue* und *Biblarz*, 1960).

Diese Fehlinterpretation kann sogar bis zu einer Wahrnehmungsabwehr oder Wahrnehmungsunterdrückung gehen. So konnte *Chodorkoff* (1954) zeigen, daß die Tendenz zur Wahrnehmungsabwehr umso geringer ist, je größer die Übereinstimmung zwischen Selbstbeschreibung und objektiver Beschreibung ist. *Cowen, Heilizer* und *Axelrod* (1955) wiesen beispielsweise nach, daß für konfliktindizierende Wörter eine erhöhte Lernschwelle besteht. Diese beiden Untersuchungen seien nur als Beispiele für eine ganze Reihe von Experimenten über das Phänomen der Wahrnehmungsabwehr genannt (vgl. *Graumann*, 1956, 1966).

Als besonders typisch für eine Identitätsabsicherung durch Abwehrmechanismen nennt *Krappmann* die »autoritäre Persönlichkeit« (nach *E. Frenkel-Brunswik, Adorno* u. a.). In unserer Terminologie ausgedrückt, hat die autoritäre Persönlichkeit ein ganz bestimmtes, in sich geschlossenes Konzept der eigenen Person. Alles andere ist uninteressant und wird nicht ernstgenommen bzw. heftig bekämpft. Diese ego- bzw. ethnozentrische Einstellung ist daher nichts anderes als ein Versuch, sich ein widerspruchsfreies System zu erhalten. Allerdings wird in einem solchen Fall jede abweichende Meinung mit schärfsten Mitteln bekämpft, um die sozusagen nur mit Scheuklappen gesicherte, aber nicht erarbeitete Identität zu wahren.

5. Auswirkungen unterschiedlicher Selbstkonzepte

Nach der Entwicklung des individuellen Selbstkonzeptes und der damit verbundenen Selbstwertschätzung, die vor allem durch die Herkunftsfamilie entscheidend beeinflußt und determiniert sind, ergeben sich im Sinne des Konsistenz-Prinzips daraus eine Reihe von erlebens- und verhaltensrelevanten Konsequenzen (vgl. *Ossorio* und *Davis,* 1968).

5.1. Selbstwahrnehmung und Umweltbezug

Übereinstimmend wird von *Engel* (1959), *Rosenberg* (1965) und *Coopersmith* (1967) berichtet, daß Personen mit einer geringen Selbstwertschätzung gleichzeitig durch eine Instabilität des Selbstbildes oder Selbstkonzeptes gekennzeichnet sind. Offensichtlich ist diese Instabilität des Selbstbildes ein Ausdruck der inneren Unsicherheit, die entweder als »chronifiziertes« Ergebnis *(Thomae)* früherer instabiler Bewertungen durch signifikante Personen oder als Begleiterscheinung einer momentanen Identitätskrise mit Zweifel an der Verbindlichkeit des bisher behaupteten Idealkonzeptes bzw. als Kumulation beider auftreten kann. Die Furcht vor einem unerwarteten Mißerfolg läßt bei einem solchen Zustand der Instabilität im allgemeinen nur sporadische euphemistische Phasen entstehen, die dann wieder von eher depressiven Phasen abgelöst werden. Gekoppelt ist diese Instabilität des Selbstbildes bei Personen mit geringer Selbstwertschätzung häufig mit Angstsymptomen *(Coopersmith,* S. 132) und mit einer überdurchschnittlichen Anzahl von psychosomatischen Symptomen wie Kopfschmerzen, Schlaflosigkeit, Handschweiß u. a. (vgl. *Rosenberg,* S. 152; *Coopersmith,* S. 136).

Die Ungewißheit über sich selbst, d. h. wie man nun »eigentlich« ist und welche Eigenschaften man »eigentlich« hat, ist auch der Grund, daß die eigene Person tatsächlich in verschiedenen Situationen, vor allem innerhalb sozialer Beziehungen, ziemlich verschieden erscheint und daß daher ein Effekt einer »self-fulfilling prophecy« *(Merton)* in Richtung einer »Verifikation« dieser Instabilität auftritt. Aus der mangelnden Genauigkeit des Selbstkonzeptes folgt also eine ebenso mangelnde Genauigkeit des Umwelt-Konzeptes. Bei einer vorhandenen allgemeinen Empfindlichkeit und Verletzbarkeit zeichnen sich diese Personen daher gleichzeitig häufig durch einen eklatanten Mangel an sozialem Einfühlungsvermögen aus oder sie verfügen als Orientierungshilfe über einen hohen Grad an Sensitivität als Mittel einer bestmöglichen passiven Anpassung an den jeweiligen Interaktionspartner. Personen mit einer niederen Selbstwertschätzung versuchen daher entweder unbekannte soziale Situationen völlig zu meiden oder sie verhalten sich eher passiv, hören bei Gesprächen eher zu, um sich nicht zu exponieren und der Gefahr einer herabsetzenden Kritik auszusetzen (vgl. *Coopersmith,* S. 52 f.). Andererseits gibt es neben einer Reihe von Möglichkeiten, die im Abschnitt über die identitätsfördernden Faktoren beschrieben wurden, vor allem die Möglichkeit, sich hinter einer erfolgreichen »Persona« *(Jung)* zu verstecken, die als Vorspiegelung einer bestimmten Rolle gedacht ist und von deren Scheitern man sich relativ leicht distanzieren kann.

Da eine negative Selbstwertschätzung gleichzeitig die Zuordnung von negativen Eigenschaften zur eigenen Person impliziert, müßte bei solchen Personen als Abwehrmechanismus eine verstärkte Tendenz zu einer willkürlich gesteuerten Selbst-Präsentation zum Zwecke der Provozierung positiver Bewertungsreaktionen zu beobachten sein, gleichzeitig aber auch — bedingt durch die Willkürlichkeit der Darstellung — eine Störung der Unmittelbarkeit und Echtheit des Bezugs. *Rosenberg* versuchte das Erlebnis der Selbst-Präsentation mit den folgenden zwei Items zu erfassen:

1. Ich ertappe mich oft dabei, »eine Schau abzuziehen«, um andere zu beeindrucken.
2. Ich neige dazu, gegenüber anderen eine bestimmte Fassade zu zeigen (1965, S. 154).

Es ergab sich eine deutliche Beziehung: Je niederer das Selbstwertgefühl war, um so häufiger erfolgte eine Zustimmung zu diesen Items, d. h. um so eher besteht beim Individuum das »Gefühl«, sich verstellen zu müssen. Diese Distanzierung »nach innen« infolge einer unechten Selbst-Präsentation, die zumeist selbst situativ orientiert und abgestimmt ist, bringt es mit sich, daß man sich unverstanden fühlt. Gekoppelt damit ist das Erlebnis der seelischen Isolierung, das wohl besonders typisch für die Pubertät ist. *Rosenberg* fand auch für das Erlebnis der Isolierung bei seiner Stichprobe jugendlicher Befragter eine signifikante Korrelation konsistenter Art mit der Höhe der individuellen Selbstwertschätzung.

Das Verhältnis zur Außenwelt und besonders zu anderen Personen ergibt sich aus der Komplementarität des Umwelt-Konzeptes zum eigenen Selbstkonzept (vgl. *Maslow* und *Mittelmann,* 1951).

Levy (1956) konnte in einer Studie nachweisen, in der er die Items von *Butler* und *Haigh* verwendete, daß eine positive Korrelation zwischen dem Grad der Zufriedenheit mit sich selbst, gemessen am Grad der Übereinstimmung zwischen Selbst- und Ideal-Konzept, und dem Grad der Zufriedenheit mit der eigenen Heimatstadt besteht, d. h. mit einer Substruktur des Umwelt-Konzeptes.

Besonders klar zeigt sich diese komplementäre Beziehung im Verhältnis zu anderen Personen wie aus einer ganzen Reihe von Untersuchungen hervorgeht. *J. S. Peters* (zit. n. *Osgood, Suci* und *Tannenbaum,* 1957, S. 242) fand bei einer Untersuchung der semantischen Einschätzungen des Selbstkonzeptes und des Konzeptes über »die andere Person« (other concept) eine positive Korrelation zwischen beiden Konzepten. Ähnliche Ergebnisse fanden *E. M. Berger* (1952), *K. T. Omwake* (1954), *E. L. Phillips* (1951) und *R. M. Suinn* (1961), wobei sich für die verschiedensten Stichproben wie Patienten, Gefangene, High School-Studenten, College-Studenten u. a. signifikante Beziehungen fanden. Alle diese Ergebnisse deuten darauf hin, daß die für spezifische soziale Situationen erworbenen Erwartungsstrukturen über die Art des individuellen Selbstkonzeptes auch auf alle weiteren sozialen Situationen in Form allgemeiner Erwartungen des Erfolges der eigenen Präsentation in Interaktionsbeziehungen übertragen werden. *Festinger, Torrey* und *Willerman* (1954) konnten eine situative Beeinflussung insoferne feststellen, als Personen in einer Gruppe um so stärkere Gefühle der »inadequacy« (Unzulänglichkeit) zeigten, wenn sie weniger als die übrigen Gruppenmitglieder leisteten, je höher ihr Status in der Gruppe war. Diese Ergebnisse verweisen auf die Wichtigkeit sozialer Vergleichsprozesse für die Aufrechterhaltung einer bestimmten Selbstwertschätzung, die im Zusammenhang mit der Leistungsmotivation erneut aufgegriffen wird.

Während bei etablierten Gruppenbeziehungen bereits eine solche Abklärung und Abstimmung auf die jeweils zu behauptenden Selbstkonzepte der Gruppenmitglieder im Laufe der Zeit erfolgt ist, die nur noch gelegentlichen Störungen unterliegt, bedeutet die Neuaufnahme von sozialen Beziehungen grundsätzlich eine Identitätsgefährdung. Gerade in diesem Fall zeigt sich aber bei Personen unterschiedlicher Selbstwertschätzung ein anderer individueller Stil, auf die Anforderungen der Umwelt einzugehen, indem sie sich anfänglich je nach Selbstvertrauen mehr oder weniger konformistisch, d. h. fremdbestimmt verhalten (vgl. auch *Costanzo*, 1970).

In den Untersuchungen von *Hovland, Janis* und *Kelly* (1953), *A. R. Cohen* (1959 a, 1959 b), *Leventhal* und *Perloe* (1962), sowie *Gelfand* (1962) konnte mit verschiedenen Versuchsanordnungen nachgewiesen werden, daß eine negative Korrelation zwischen Persuasibilität und der Höhe der individuellen Selbstwertschätzung besteht; je weniger sich eine Person selbst zutraut, um so mehr neigt sie dazu, die Meinung des (höher bewerteten) Interaktionspartners zu übernehmen. *Lesser* und *Abelson* (1959) konnten den gleichen Effekt auch bei Kindern feststellen. Umgekehrt zeigen Personen mit hoher Selbstwertschätzung im allgemeinen mehr Widerstand gegen Beeinflussung (vgl. *Lehmann*, 1970) und haben auch mehr Mut zu kreativen Ideen, d. h. zu unüblichen Ansichten und Gedankenverbindungen (vgl. *Coopersmith*, S. 52 f.).

Allerdings gibt es auch zum Teil widersprechende Befunde. So zeigte sich bei einer Untersuchung von *Rule* und *Rehill* (1970), daß Personen mit hoher Selbstwertschätzung bei Ablenkung besonders leicht beeinflußt werden konnten, während ohne diese Ablenkungs-Bedingungen keine Unterschiede beobachtet wurden. Es ist aber hier zu vermuten, daß die Art der Versuchsanordnung einen besonderen Einfluß auf das Ergebnis hatte.

Die starke Abhängigkeit der Personen geringer Selbstwertschätzung von situativen Faktoren konnte vor allem in zwei Untersuchungen von *Dittes* (1959 a und 1959 b) gezeigt werden. In Versuchen mit Gruppendiskussionen unter Kontrolle eines fiktiven Akzeptierungsgrades durch die Gruppe zeigte sich, daß Personen mit niederer Selbstwertschätzung impulsiver und unmittelbarer auf situative Bewertungen reagierten. Es konnte weiterhin gezeigt werden (1959 b), daß sich Personen, die sich von der Gruppe voll akzeptiert fühlen, generell der Gruppe mehr verbunden fühlen als solche, die nicht akzeptiert werden. Interessanterweise ist jedoch diese Differenz mit Personen geringer Selbstwertschätzung signifikant größer. Das Ergebnis bedeutet, daß diese Personen offensichtlich stärker auf die in der Experimentalgruppe erfahrenen positiven Bewertungen angewiesen sind.

Besonders klar zeigte sich die Verschiedenartigkeit der Erfolgserwartung bei einer Untersuchung von *Fitch* (1970). Unter der experimentellen Bedingung einer manipulierten Erfolgsrückmeldung suchten Personen mit geringer Selbstwertschätzung bei Mißerfolg den Fehler mehr in inneren Ursachen, d. h. bei sich selbst; Personen mit hoher Selbstwertschätzung hingegen suchten den Fehler häufiger in anderen, außerhalb ihrer Person gelegenen Ursachen (vgl. *Rotter*, 1966). Bestätigt werden diese Befunde durch Ergebnisse einer Untersuchung von *Morse* und *Gergen* (1970) über die Auswirkungen sozialer Vergleichsprozesse unter verschiedenen Bedingungen. Verglichen mit einer sehr positiven Modellperson trat generell eine aktuelle Minderung der Selbstwertschätzung ein, während eine negative Modellperson erhöhend wirkte. Die selbstwertreduzierende Wirkung war allerdings bei Personen geringer Selbstwertschätzung besonders deutlich.

Unter Berücksichtigung dieser Ergebnisse läßt sich im Hinblick auf die Selbstwahrnehmung und Selbsteinschätzung folgende *idealtypische Beschreibung* für Personen mit extrem niederer und extrem hoher Selbstwertschätzung vornehmen:

Eine Person mit *hoher Selbstwertschätzung* hält sich selbst für eine wichtige Person, mindestens so wichtig wie andere Personen. Sie ist von ihren guten Eigenschaften überzeugt, weiß daß sie sich mit ihren Ansichten meist durchsetzt und befaßt sich gerne mit neuen, herausfordernden Aufgaben. Im ganzen besitzt sie eine positive Zukunftserwartung, wobei angenommen wird, daß alle Probleme grundsätzlich lösbar sind. Damit verbunden ist auch die geradezu selbstverständliche Erwartung, daß man von seinen Interaktionspartnern beachtet und akzeptiert wird, und daß man letztlich auch hier sich gut in Szene zu setzen vermag.

Personen mit einer *niederen Selbstwertschätzung* halten sich eher für eine unwichtige und unbeliebte Person, ja letztlich für eine nicht liebenswerte Person, die sich nur dann Anerkennung verschaffen kann, wenn sie sich mehr oder weniger selbst verleugnet und sich in einer bestimmten Rolle präsentiert. Es wird dabei vermutet, daß die anderen Personen enttäuscht sein werden, wenn sie die Person so kennen lernen, wie sie »eigentlich« ist. Bei einem Gefühl der seelischen Isolierung ist man eher Außenseiter, versucht sich anzupassen und macht mit halbem Herzen mit, da man innerlich nicht davon überzeugt ist. Im ganzen herrscht eher eine pessimistische Zukunftserwartung vor und man sucht Stabilität und Rückhalt in vertrauten Aufgaben und in einer verhältnismäßig routinemäßigen Ausführung.

5.2. Soziale Partizipation

Da grundsätzlich jedes Ereignis und jede soziale Beziehung, vor allem wenn ihr Ausgang unbekannt ist, eine Gefährdung der individuellen Identität darstellt, ist zu erwarten, daß besonders im Hinblick auf die soziale Partizipation je nach der Überzeugung der eigenen Durchsetzungsfähigkeit ein unterschiedliches Verhalten auftritt (vgl. *Esters*, 1971).

Die Bedeutung des Selbstkonzeptes und des damit korrespondierenden Konzeptes über die anderen Personen für die soziale Wahrnehmung und für die individuelle Interpretation objektiver Ereignisse erweist sich bereits an den Untersuchungsergebnissen von *McIntyre* (1952), *Fey* (1955) und *J. E. Williams* (1962). Die Untersuchungen belegen, daß Personen, die von sich überzeugt sind, auch dazu tendieren, sich von anderen akzeptiert zu fühlen. Wie in den genannten Untersuchungen außerdem gezeigt wurde, bestand zwischen der subjektiven Annahme und der aktuellen Akzeptierung durch die anderen Personen keine Beziehung. Trotzdem wird natürlich die subjektive Überzeugung von der eigenen Beliebtheit und Anerkennung die Art der individuellen Selbst-Präsentation und ihre Behauptung maßgeblich beeinflussen, da ein wahrgenommener interpersoneller Erfolg eine günstigere Sicht sich selbst gegenüber bedingt, die sich wiederum steigernd auf die soziale Partizipation auswirkt (vgl. *Coombs*, 1969). Wie E. *Stotland* und Mitarbeiter in einer Reihe von Untersuchungen nachwiesen (1957, 1958, 1962 a, 1962 b, 1963), schützen sich Personen, die von sich selbst überzeugt sind, in einer Gruppe besser gegen ungünstige Bewertungen als Personen mit einer niederen Selbstwertschätzung, da von sich selbst überzeugte Personen zur Abwehr negativer Bewertungen mit direkt geäußerten Aggressionen reagieren (vgl. *Veldman* und *Worchel*, 1961). Personen mit niederer Selbstwertschätzung neigen hingegen in sozialen Frustrationssituationen eher dazu, ihre Aggressionen zurückzuhalten oder gegen »unschuldige« Ziele zu verschieben (*Rothaus* und *Worchel*, 1960). Diese Personen rechnen offensichtlich damit, sich vor allem gegenüber Autoritätspersonen nicht durchsetzen zu können. *Rosenbaum* und *Stanners* (1961) fanden allerdings — vermutlich auf Grund ihrer Methode — keine Beziehungen zwischen Selbstwertschätzung und Aggressivität.

Die bisher genannten Ergebnisse sprechen im ganzen dafür, daß die Person im Sinne des Konsistenz-Prinzips bemüht ist, die eigene Identität zu behaupten, d. h. den gewohnten Grad der Selbstwertschätzung zu sichern. Dies bedeutet, daß Personen mit hoher Selbstwertschätzung natürlich gleichermaßen versuchen, ihren gewohnten Status auch in neuen sozialen Beziehungen zu wahren (vgl. auch *Pillisuk*, 1962). Dafür spricht insbesondere das Ergebnis einer Untersuchung von *Aronson* und *Mills* (1959), die fanden, daß Personen generell nicht gerne akzeptieren, daß sie besser oder schlechter sind, als sie selbst von sich annehmen. Nach diesen Autoren wird im allgemeinen die Dissonanz zwischen dem augenblicklichen objektiven Ergebnis und der subjektiven Beurteilung zu Gunsten der gewohnten Erfahrung geändert. Bei der Kommentierung eines aktuellen Erfolges oder Mißerfolges wird aber nicht nur auf das eigene Selbstkonzept Bezug genommen, sondern vor allem auch die Wirkungsweise dieses Erfolges oder Mißerfolges auf den Interaktionspartner berücksichtigt. Nach den Befunden von *Schneider* (1969) besteht eine solche »taktische Selbst-Präsentation« darin, daß man eigene Fehler zu »überspielen« versucht, während man sich bei Erfolg wesentlich bescheidener gibt.

Die Bedeutung des eigenen Selbst- und Ideal-Konzeptes für die Personenwahrnehmung geht aus einer Untersuchung von *Fiedler*, *Warrington* und *Blaisdell* (1952) hervor.

Jede Versuchsperson hatte in Form einer soziometrischen Wahl ihr beliebtestes und unbeliebtestes Gruppenmitglied anzugeben, eine Beschreibung des eigenen Selbst- und des Idealkonzeptes anzugeben, sowie eine Vorhersage der Selbstbeschreibungen des beliebtesten und unbeliebtesten Gruppenmitgliedes zu geben. Im Ergebnis zeigte sich, daß die befragten Personen ihre soziometrisch gewählten Gruppenmitglieder als wesentlich ähnlicher mit sich selbst, aber auch mit ihrem eigenen Idealkonzept einschätzten. Hingegen bestanden keine objektiven Ähnlichkeiten der Selbstbeschreibungen. Eine ähnlich gelagerte Untersuchung von *Lundy*, *Katkovski*, *Cromwell* und *Shoemaker* (1955) erbrachte im wesentlichen die gleichen Ergebnisse. *Kipnis* (1961) fand ferner, daß Freunde ebenfalls ähnlicher wahrgenommen werden. Wo bei ihrer Stichprobe von Studenten Diskrepanzen feststellbar waren, hatten sich diese nach 6 Wochen signifikant verringert.

Ein unterschiedliches Selbstkonzept wirkt sich jedoch nicht nur auf die Personwahrnehmung aus, sondern über die den anderen Personen zugeschriebenen

Eigenschaften insbesondere auch auf das Sozialverhalten und auf den aktuell eingenommenen sozialen Rang in Gruppen. *F. D. Horowitz* (1962) wies bei Kindern nach, daß ein negativ akzentuiertes Selbstkonzept mit manifesten Angstsymptomen zusammen auftritt, wobei beide Merkmale negativ mit dem soziometrischen Status in der Gruppe korreliert sind. Freilich darf hier kein einseitiges Kausalverhältnis zwischen Selbstwertschätzung und soziometrischem Rang angenommen werden, da nach den Befunden von *Manis* (1955) das Selbstkonzept seinerseits von der Meinung der anderen Gruppenmitglieder abhängt (vgl. auch *Gergen*, 1965). Dabei übten allerdings die Freunde einen größeren Einfluß aus als die Nicht-Freunde, da vor allem bei ungünstiger Beurteilung in diesem Fall keine Abwehrmechanismen aktiviert werden. Es scheint daher in Übereinstimmung mit dem allgemeinen theoretischen Ansatz ein mehrschichtiges Interdependenzverhältnis zwischen der aktuellen Gruppenposition und dem behaupteten Selbstkonzept zu bestehen.

Ähnliche Ergebnisse, wie sie *F. D. Horowitz* bei Kindern feststellte, fanden sich bei Jugendlichen in den Untersuchungen von *Brownfain* (1952), *Rosenberg* (1965), *Turner* und *Vanderlippe* (1958), sowie *Turner* (1968). Im Gesamtergebnis ist übereinstimmend zu beobachten, daß sich Personen mit hoher Selbstwertschätzung ganz klar hinsichtlich der Art und der Intensität der sozialen Kontakte von Personen mit geringer Selbstwertschätzung unterscheiden. Personen, die von sich überzeugt sind, kennen nach *Brownfain* mehr Personen, pflegen mehr soziale Beziehungen und sind auch selbst besser bekannt und beliebt. Andererseits werden von Personen mit einem negativen bzw. unrealistischen Selbstkonzept alle jene sozialen Kontakte signifikant stärker gemieden, die zu einer engeren Bindung oder die als deren Voraussetzung zu einer »intimen« Kenntnis führen würden, um einer Aktivierung identitätsgefährdender kognitiver Dissonanzen nach Möglichkeit zu entgehen. Dies gilt sowohl für die aktive Mitgliedschaft in Gruppen oder Vereinen, wie auch im Hinblick auf die Ausübung von leitenden Funktionen in solchen Gruppen (vgl. *Neubauer*, 1967, 1974 b; *Rosenberg*, 1965).

Eine bemerkenswerte Ausnahme fand *Rosenberg* für die Mitgliedschaft bei Chören, bei denen sich eine umgekehrte Beziehung zwischen der Selbstwertschätzung und dem Grad der sozialen Partizipation ergab. Dieser Befund beweist, daß Personen mit einer geringen Selbstwertschätzung durchaus ein Bedürfnis nach sozialen Kontakten haben, aber bevorzugt solche soziale Beziehungen eingehen, die keine oder nur geringe Spontankontakte mit sich bringen. So ist man im Chor zwar unter Menschen und kann sogar kollektive Leistungen erbringen, jedoch nach fremdbestimmten Regeln, denen man sich anpaßt und wobei man nach Möglichkeit nicht aufzufallen hofft.

Eine Anzahl von Befunden der Jungarbeiter-Untersuchung (*Neubauer*, 1967) weist darauf hin, daß Personen mit einem negativen Selbstkonzept im Vergleich mit den übrigen Befragten bestimmte Techniken benützen, um trotz sozialer Kontakte identitätsgefährdende Konfrontierungen vermeiden zu können, wie dies beispielsweise die Beschäftigung mit dem Apparat beim Fotografieren darstellt. Diese Technik hat zudem den Vorteil, daß man selbst nicht mit aufgenommen werden kann. Andererseits nennen diese Personen aber auch häufiger ausgesprochen »autistische« Hobbies wie Malen, Basteln, Arbeit mit Tonbandgerät u. a., deren Ausführung ebenfalls eine Minimierung der sozialen Kontakte einschließt. Sehr häufig genannt wurde von diesem Personenkreis auch der Kinobesuch als offensichtlicher Ersatz für eigene Interaktionsbeteiligungen. Ihre geringe Neigung zu interpersonellen Kontakten ließ sich sogar bei den jungen Arbeitern in einer unterschiedlichen Einstellung zum Tanzen und im Bereich der Einstellung zu Intimbeziehungen nachweisen, wobei eine geringe Bereitschaft zu einer persönlichen Bindung an ein Mädchen deutlich wurde (vgl. 1967, S. 122 f.). Eine Analyse der von den Befragten genannten Filmtitel, wo signifikant häufiger Natur-, Tier- und Heimatfilme genannt wurden, läßt vermuten, daß bei Personen mit einem abweichenden Selbstkonzept eine Verschiebung der emotionalen Beziehung auf den außermenschlichen Bereich in Form einer besonderen inneren Verbundenheit mit Tieren (Hund, Pferd etc.) oder mit der Heimat erfolgt, da in diesen Bereichen nicht mit einem negativen »feed-back« gerechnet werden muß.

Im Gegensatz dazu zeigen Personen mit einer hohen Selbstwertschätzung eine erhöhte spontane Kontaktbereitschaft und sind eher bereit, bestimmte Funktionen in Gruppen oder Organisationen zu übernehmen. Jedenfalls nehmen sie nach *Rosenberg* signifikant häufiger einen höheren sozialen Status in Gruppen ein.

Übrigens scheint die erhöhte spontane Kontaktbereitschaft dieser Personen hoher Selbstwertschätzung nach *Maslow* und *Sakoda* (1952) auch eine beachtliche Fehlerquelle der *Kinsey*-Studie darzustellen. *Maslow* und *Sakoda* fanden nämlich bei der Untersuchung von Personen, die sich freiwillig zu einem Test gemeldet hatten, daß in 4 von 5 Gruppen die mittlere Selbstwertschätzung der Freiwilligen wesentlich höher war als bei den Kontrollgruppen von Nicht-Freiwilligen. *Maslow* hatte außerdem in einer früheren Studie festgestellt, daß die Höhe der Selbstwertschätzung mit 0,71 positiv mit der Neigung zu unkonventionellem Sexualverhalten und negativ mit —0,66 mit Virginität korrelierte. Diese genannten Befunde sprechen gewissermaßen ebenfalls für eine Tendenz zu spontaner Kontaktneigung und Kreativität bei Personen hoher Selbstwertschätzung.

5.3. Interessen und Leistungseinstellung

Die Tendenz von Personen geringer Selbstwertschätzung, im Bereich des Gewohnten zu bleiben und sich dabei mehr für die »harmlosen« Dinge des täglichen Lebens zu interessieren, macht sich insbesondere bei den allgemeinen Interessen und bei der Leistungseinstellung bemerkbar. So zeigt sich bei einer Untersuchung von *Mussen* und *Porter* (1959) neben einer geringeren Tendenz zu sozialen Kontakten auch eine geringere Leistungsmotivation. Ähnliche Ergebnisse einer Korrelation zwischen Selbstwertschätzung und Leistungsmotivation fand *Coopersmith* (1959).

Zu erwähnen sind in diesem Zusammenhang auch die Befunde von *Martire* (1956) und *Reimanis* (1964), die allerdings nicht so ohne weiteres zugeordnet werden können. Bei diesen Untersuchungen wurde festgestellt, daß hochleistungsmotivierte Personen eine größere Diskrepanz zwischen Selbst- und Idealkonzept aufwiesen als die weniger motivierten Personen. Die Leistungsmotivation wurde hierbei jedoch nur global erhoben, d. h. nicht getrennt für Erfolgs- und Mißerfolgsmotivation, so daß die Zuordnung zu der Ausprägungsform der Leistungsmotivation unklar bleibt.

Die Verschiedenartigkeit der Befunde über die Beziehung zwischen Selbstkonzept, Selbstwertschätzung und Leistungsmotivation weist jedoch daraufhin, daß man nicht von einfachen Analogieannahmen ausgehen kann.

Nach den Ergebnissen der umfangreichen Untersuchung von *Coopersmith* (1967), aber auch von *Schaefer* (1969) findet sich bei Personen mit einer geringen Selbstwertschätzung eine geringere Fähigkeit zu kreativen Denkleistungen. Demgegenüber sind selbstsicherere Personen weit eher in der Lage, sich nicht nur innerhalb sozialer Beziehungen zu behaupten, sondern auch bei neuartigen Problemen sich gegen gewohnte Denkstrukturen durchzusetzen. Diese unterschiedliche allgemeine Haltung beider Extremgruppen läßt sich ziemlich durchgängig in den verschiedenen Interessenbereichen beobachten. Personen geringer Selbstwertschätzung zeigen übereinstimmend nach den Befunden von *Rosenberg* und von *Neubauer* ein auffallend geringes Interesse für politische Fragen, aber besonders auch eine signifikant geringere Bereitschaft zu einem politischen Engagement. Diese typische Interessenhaltung einer »Nah-Orientierung« (vgl. *Neubauer,* 1967) spiegelt sich in konsistenter Weise bei den Befunden der Jungarbeiter-Befragung in den geäußerten Präferenzen im Hinblick auf Fernseh-Sendungen, Rundfunksendungen, sowie in den genannten bevorzugten Zeitungsartikeln wider. Auch die Lesehäufigkeit und die Lesegewohnheiten lassen bei Personen mit einem negativen Selbstkonzept eine Tendenz erkennen, die Gefahr der Konfrontation mit dissonanten Informationen nach Möglichkeit zu reduzieren (vgl. *Canon,* 1964).

In gleicher Weise drückt sich die unterschiedliche Höhe der Selbstwertschätzung in der Einstellung zur beruflichen Leistung und zum Aufstieg aus. So haben Personen mit einer geringen Selbstwertschätzung zwar im allgemeinen ein ähnliches berufliches Leitbild wie alle übrigen Befragten, befürchten aber gleichzeitig, daß die an sich erwünschte berufliche Laufbahn nicht zu schaffen sei. Auf Grund ihrer negativen Erfolgs-Rückkopplung in ihrer bisherigen Biografie antizipieren sie aber berufliche Frustrationserlebnisse, wobei die im Sinne des Konsistenz-Prinzips wirksamen Abwehr- und Vermeidungsreaktionen gleichzeitig mit eine Ursache für das tatsächliche Versagen darstellen (*Rosenberg,* S. 231 f.). Diese Ergebnisse stimmen in bemerkenswerter Weise mit den Befunden der Jungarbeiter-Untersuchung (vgl. *Neubauer,* 1967) und der Untersuchung bei jungen Angestellten (vgl. *Neubauer,* 1974 b) überein. Auch hier zeigen sich deutliche Unterschiede im Hinblick auf die Einstellung zum persönlichen Aufstieg und zum Vorwärtskommen. Die Erfahrung instabiler Bewertungs- und Gratifikationsbedingungen führt aber offensichtlich auch hier bei Personen niederer Selbstwertschätzung zu einem stark situationsabhängigen, mehr oder weniger opportunistischem Verhalten, so daß eine mittel- oder langfristige Planung der eigenen Lebensgestaltung, vor allem auch in beruflicher Hinsicht, weniger häufig gelingt. Dies gilt ebenso für die Berufswahl (vgl. *Tageson,* 1960) als auch für die Wahl der besonderen Tätigkeit, wobei man sich an den augenblicklichen Bedingungen wie Einkommenshöhe, spezielle Arbeitsbedingungen u. a. orientiert und weniger an effektive Aufstiegsmöglichkeiten denkt. Bei einer entsprechend großen Diskrepanz zwischen Selbst- und Ideal-Konzept kann es dann zu einer generalisierten Unzufriedenheit kommen, die ihrerseits in einem engen Zusammenhang mit Arbeitsunzufriedenheit, aber auch Nervosität und Gesundheitszustand als psychomatische Symptome steht (vgl. *Hanhart,* 1964, S. 213 f.; *Neubauer,* 1971). Bei Neurotikern kann allerdings die Zielsetzung eine kompensatorische Funktion erhalten (vgl. *Horney, Seifert*). So fand *L. D. Cohen*

(1954) bei Extremgruppen von Neurotikern eine kurvilineare Beziehung zwischen Zielsetzungsverhalten und dem Grad der Selbstakzeptierung. Personen, die mit sich unzufrieden waren, d. h. solche, die sich wegen ihres negativen Selbstkonzeptes nicht akzeptieren konnten, setzten entweder das Ziel extrem niedrig oder extrem hoch. Letztlich muß bei beiden Zielsetzungen eine Bestätigung des negativen Bildes erfolgen, da bei einer extrem hohen Zielsetzung als Kompensation für nicht vorhandene wahrgenommene positive Eigenschaften notwendigerweise eine Frustration insoferne eintreten muß, da dieses Ziel effektiv nicht erreichbar ist.

Demgegenüber sind Personen mit hoher Selbstwertschätzung im allgemeinen eher durch selbständiges, individuelles Leistungsstreben bei »Fern-Orientierung« in räumlicher, zeitlicher und sachlicher Art gekennzeichnet. Besonders charakteristisch ist für solche Personen mit einer stabilen, positiven Wertschätzung die aufgeschobene Bedürfnisbefriedigung im Sinne des »deferred gratification pattern« (vgl. *M. A. Strauss,* 1962; *Schneider* und *Lysgaard,* 1953) zugunsten einer Befriedigung auf höherem Niveau. Ein solches rationales, planendes Verhalten auf längere Sicht ist natürlich nur möglich, wenn in der Kindheit durch eine hinreichende Stabilität der Bedingungen eine Extrapolation auf künftige Situationen grundsätzlich möglich und entsprechend erfolgreich war.

Weiterhin kennzeichnend für Personen mit hoher Selbstwertschätzung ist ein gesundes Selbstvertrauen und die Fähigkeit zur Schaffung neuer sozialer Kontakte, sowie die Toleranz gegenüber vorübergehender sozialer Isolierung, da der individuelle Aufstieg immer das Risiko einer vorübergehenden »Umweltverfremdung» (*Fürstenberg,* 1962) mit sich einschließt. Ein beruflicher und sozialer Aufstieg setzt immer die Möglichkeit zur Lösung bestehender Bindungen bis zu einem gewissen Grade voraus und die Fähigkeit zur Entwicklung von intensiven sozialen Kontakten zu anderen Personen der neuen Bezugsgruppe (vgl. *Neubauer,* 1972 a).

Der hier herausgearbeitete Unterschied zeigt sich in wohl besonders typischer Form in der Untersuchung von *Biäsch* und *Vontobel* (1966, S. 402 ff.) über Herkunft, Studienwahl und Durchführung des Studiums erfolgreicher und weniger erfolgreicher Studenten, wobei sich die Unterschiede zwischen beiden Extremgruppen vor allem in ihrer Leistungseinstellung und Leistungserwartung, in ihrem Arbeitsverhalten und in der Art ihrer sozialen Kontakte deutlich manifestieren.

6. Therapeutische Möglichkeiten einer Veränderung der Selbstwahrnehmung

Schwierigkeiten und Probleme mit anderen Personen aber auch mit sich selbst beruhen sehr häufig darauf, daß die kognitiven Modelle der Interaktionspartner und der eigenen Person nicht realistisch sind. Da die kognitiven Konzepte notwendigerweise für die Orientierung des Verhaltens und für die Interpretation des Verhaltens-feedback dienen (vgl. Kapitel 2.1.), ergeben sich daraus Mißverständnisse, die dann selbst wieder zu unangemessenen Konsequenzen führen. Es wurde bereits darauf hingewiesen, daß die Wahrscheinlichkeit für solche Probleme um so größer ist, je unrealistischer die kognitive Repräsentanz der eigenen Person im Selbstkonzept beschaffen ist.

Für das Zustandekommen eines solchen unrealistischen Selbstkonzeptes gibt es sicher eine Reihe von Faktoren. Die wichtigsten davon sind folgende:

1. Veränderung der tatsächlichen Merkmale

Bei einer langsamen aber kontinuierlichen Veränderung der Körpermerkmale oder anderer »Ankervariablen« für das Selbstkonzept kann der Inhalt des Selbstkonzepts nach einiger Zeit deutlich von den tatsächlichen Merkmalen der Person abweichen. Beispiele dafür sind die Entwicklung der sekundären Geschlechtsmerkmale in der Pubertät oder die Abnahme der Leistungsfähigkeit durch Krankheit oder Alter.

2. Unrealistisches feedback

Da ein maßgeblicher Teil der Informationen über die eigene Person innerhalb des sozialen Kontextes gewonnen werden, bestimmen vor allem die Eltern als Interaktionspartner in der Primärgruppe die Art des Selbstbildes. Je einseitiger die Eltern das Verhalten ihres Kindes beurteilen und bewerten, um so einseitiger und gruppenspezifischer wird auch das Selbstbild des Kindes. Dies gilt in gleicher Weise sowohl für eine zu positive als auch für eine zu negative Bewertung des kindlichen Verhaltens. Jeder Wechsel in eine andere soziale Beziehung (beispielsweise Eintritt in die Grundschule) bringt dann für das Kind unerwartete Informationen über das eigene Verhalten.

3. Restriktive Norm-Orientierung

Die Strenge des Idealkonzepts bestimmt, welche Merkmale überhaupt für die eigene Person »zulässig« sind. Bei einer stark restriktiven Norm-Orientierung führt dies dazu, daß nur bestimmte, positive Merkmale anerkannt werden, während negativ bewertete Merkmale, die im Verhalten durchaus vorhanden sein können, keine adäquate kognitive Repräsentanz besitzen. Da es sich hierbei um Lernprozesse im Rahmen der individuellen Sozialisation handelt, stellt der hier genannte Bedingungskomplex einen Spezialfall einseitiger gruppenspezifischer Beziehungen dar.

Ist einmal ein solches einseitiges und unrealistisches Selbstkonzept gebildet, so werden zur Wahrung der Identität jene Techniken verwendet, die im Kapitel 4.4. beschrieben wurden. Da bei einem unrealistischen Selbstkonzept notwendigerweise sehr häufig Erlebnisse der Identitätsgefährdung auftreten, die mit Unsicherheit und Angst verbunden sind, kommt es sekundär zur Ausprägung von Verhaltensmustern, diesen Situationen einer Konfrontation mit negativer Bewertung der eigenen Person zu entfliehen oder am besten von vornherein zu meiden (vgl. *Fürntratt*, 1974). Die empirischen Untersuchungen über die Beziehung zwischen der Ausprägung des Selbstkonzepts und der sozialen Partizipation bestätigen im wesentlichen diese Verhaltenstendenzen (vgl. Kapitel 5.2.). Es kommt bei solchen Personen zu einer ausschließlichen Beschränkung der Interaktionen auf einen Personenkreis, der das gewünschte feedback liefert. Da gerade die Familie (Mutter, Vater u. a.) als Primärgruppe ganz wesentlich die Art des Selbstkonzeptes mitbestimmt hat, bleiben bei den Jugendlichen aber oft auch noch bei den Erwachsenen ihre Interaktionen im wesentlichen auf die Familienmitglieder beschränkt. Gleichzeitig wird der Kontakt mit anderen Personen reduziert oder in schweren Fällen ganz gemieden, wobei die Unfähigkeit zu sozialen Kontakten gerade bei Jugendlichen häufig durch die Pflege isolationistischer Hobbies (Fotografieren, Briefmarkensammeln u. a.) ergänzt wird. Gerade durch die Ausbildung solcher Vermeidungsreaktionen, die kurzfristig im Sinne der Dissonanzreduktion unter Vermeidung von Erlebnissen der Identitätsgefährdung durchaus erfolgreich sind, wird aber ein klassischer Teufelskreis aufgebaut: Die Person hindert sich selbst daran, neue soziale Beziehungen einzugehen, die alleine in der Lage wären, jene Befürchtungen zu falsifizieren. Die Person hat sich also selbst in diesem System gefangen.

Zur Überwindung dieses Teufelskreises ist es daher unerläßlich, gezielt Lernprozesse zu veranlassen, die eine Veränderung des Selbstkonzeptes im Sinne realistischerer Annahmen über die eigene Person herbeiführen. Das *Ziel* der Therapie muß es daher sein, neue und/oder zwar bekannte aber nicht akzeptierte Informationen über die eigene Person so darzubieten, daß sie von der Person akzeptiert werden. Auf diese Weise kann dann eine »kompensatorische Selbst-Ergänzung« *(Seifert)* geleistet werden.

Grundsätzlich gibt es selbstverständlich sehr verschiedene Möglichkeiten, dieses Therapieziel anzugehen und zu erreichen. Unabhängig von der Art des Vorgehens muß jedoch jede Methode in der Lage sein, wenn sie erfolgreich sein soll, folgende *Teilziele* zu erreichen:

1. Vermittlung von realistischen Informationen über die eigene Person;
2. Subjektive Akzeptierung dieser Informationen.

Angesichts der Wirksamkeit der beschriebenen Schutzmaßnahmen zur Aufrechterhaltung der Identität gelingt es in der Praxis durchaus nicht ohne weiteres, beide Teilziele zu realisieren. Zur Verdeutlichung sollen einige grundlegende Strategien exemplarisch aufgezeigt werden.

Eine erste grundlegende Strategie ist die *direkte Mitteilung* der notwendigen Informationen an die betroffene Person. Der Experte (Therapeut u. a.) interpretiert aufgrund von Beobachtungen, Testergebnissen oder anderer Analysedaten das Verhalten und die Persönlichkeitsstruktur des Klienten. Die Informationen sind hinsichtlich ihres Inhaltes eindeutig und liegen bereits im verbalen Kodierungssystem vor, so daß sie ohne weiteres in das Selbstkonzept integriert werden könnten (Teilziel 1). Da jedoch bei der Konfrontation mit abweichenden Informationen das Abwehrsystem der Person aktiviert wird, erhebt sich das Problem der Akzeptierung dieser kognitiv dissonanten Informationen in voller Schärfe (Teilziel 2). Positiv für die Akzeptierung ist die Motiviertheit des Klienten infolge des Leidensdruckes und die Tatsache, daß die Güte der Information nicht angezweifelt werden kann, da es sich um einen Experten handelt, der diese Aussage gemacht hat. Trotz dieser allgemeinen Bedingungen kommt es in der Regel im Laufe der Behandlung zu mehr oder weniger aggressiven Formen der Abwehr, die als sog. »Widerstand« in der psychoanalytischen Behandlung eine bekannte Erfahrung ist. Eine andere Form des Widerstandes besteht natürlich auch darin, den behandelnden Experten nicht mehr aufzusuchen. Eine besonders versteckte Form der Abwehr identitätsgefährdender neuer Informationen ist die innere Distanzierung, bei der man sich in einer passiv-akzeptierenden Rolle repräsentiert. Die Distanzierung gelingt dann bequem, wenn der Experte selbst die anstehenden Probleme löst: Man braucht sich selbst nicht mit dem Problem zu befassen, die Lösung wird passiv übernommen und falls die Realisierung der Lösung nicht gelingt, kann man die Schuld auf den Experten (d. h. auf eine externe Bedingung) schieben. Die Abwehr erfolgt also in diesem Falle dadurch, daß die Ich-Beteiligung abgelehnt wird. Der Experte kann jedoch dann eine Veränderung der Selbstwahrnehmung erzielen, wenn er die Abwehrmechanismen selbst zum Gegenstand seiner Analyse macht und von daher den Weg für die subjektive Akzeptierung ebnet.

Eine zweite Strategie, die ebenfalls den direkten Weg der Mitteilung von Informationen benützt, ist die Methode der *Sensitivitäts-Gruppen*. Hier sind es die Gruppenmitglieder selbst, die sich gegenseitig feedbacks über ihr Verhalten liefern (vgl. *Blank* et al., 1971). Die offene Auseinandersetzung erzwingt ein volles persönliches Engagement, das eine Distanzierung wegen der Fortdauer der Interaktionsbeziehungen nicht zuläßt. Gerade die Wirkungslosigkeit der Abwehrbemühungen (Aggressionen usw.), die sofort als solche analysiert und diskutiert werden, führt über eine Phase der Verunsicherung dann zu einer entsprechenden Korrektur des Selbstkonzepts. Kritisch ist dabei jedoch anzumerken, daß auch das korrigierte Selbstbild zunächst ebenfalls lediglich gruppenspezifisch modifiziert ist, so daß dessen Gültigkeit nicht ohne weiteres auf andere soziale Beziehungen übertragbar ist.

Die Strategie der *klient-zentrierten Therapie* ist deshalb bemerkenswert, da hier das Problem der Akzeptierung kommunizierter Informationen von vornherein nicht besteht (vgl. *Rogers*, 1973 a; 1973 b). Der Klient wird bei dieser Strategie nur mit solchen Inhalten konfrontiert, die er selbst produziert, wobei der Experte die Inhalte aufgreift und wiederholt. Außerdem hilft er dem Klienten bei der Verbalisierung von »Gefühlen«. Der Experte hilft also einerseits bei der Umkodierung von Informationen in das verbale Kodierungssystem und leistet dabei einen entscheidenden Beitrag zur Verdeutlichung der kognitiven Dissonanzen, die gerade im verbalen System am klarsten abgebildet werden können. Da er außerdem keine fertigen Problemlösungen anbietet, gibt es auch keine Möglichkeit der inneren Distanzierung, falls tatsächlich ein drängendes Problem vorliegt. Damit bestehen genau jene Bedingungen, die für eine Veränderung des Selbstkonzepts vorliegen müssen (vgl. *Rokeach*, 1968). Überdies liefert der Experte selbst ein positives Modell für Akzeptierung, da er selbst nicht bewertet und damit eine positive Verstärkung des Verhaltensmusters »Sprechen über sich selbst« liefert.

In Untersuchungen über den Erfolg psychotherapeutischer Behandlung von *Rogers* und *Dymond* (1954), *Butler* und *Haigh* (1954), aber auch in umfangreichen klinischen Beobachtungen von *Maslow* (1954, 1973) konnte gezeigt werden, daß sich charakteristische Veränderungen des Selbstkonzeptes bei erfolgreichen Behandlungen zeigen, wobei das Selbstbild dem Idealbild oder Wunschbild deutlich angenähert wurde. Obwohl es außerordentlich schwierig ist, den Therapieerfolg in diesem Bereich adäquat zu erfassen, sprechen die vorliegenden Befunde dafür, daß mit entsprechenden therapeutischen Strategien eine Verbesserung der Selbst-Akzeptierung erreicht werden kann, die zu einer ungefährdeteren Identität führt.

7. Thesen zum Erzieherverhalten

Die Untersuchung der Genese des Selbstkonzepts und der Selbstwertschätzung ist zwar für sich genommen bereits eine interessante wissenschaftliche Aufgabe, doch stellt sich vor allem für den Erzieher die praktische Frage, welche konkreten Bedingungen gegeben sein müssen, um eine möglichst günstige individuelle Entwicklung zu gewährleisten. Unter Berücksichtigung der vorhandenen, teilweise doch recht verschiedenartigen empirischen Untersuchungen soll daher versucht werden, einige grundlegende Aussagen zum Erzieherverhalten zu machen, das geeignet erscheint, folgende *Ziele* zu realisieren:

— positive Selbstwertschätzung
— realistisches Selbstkonzept und Selbstakzeptierung
— perzipierte Verantwortlichkeit für das eigene Verhalten
— Selbständigkeit und Selbstkontrolle

Wenn es auch vielleicht für die einzelnen Aussagen aufgrund der vorhandenen Untersuchungen eine hinreichende empirische Evidenz gibt, so ist jedoch der hier vorgetragene Gesamtansatz als weitgehend spekulativ zu betrachten. Die folgenden »Thesen zum Erzieherverhalten« sind daher einerseits als ein Resumé, aber andererseits auch als eine Anregung für eine vertiefende Forschung zu betrachten, zu einer weiteren Aufklärung der Mittel-Ziel-Relationen im Erziehungsbereich beizutragen.

7.1. Förderung der eigenen Aktivität des Kindes

Die Bedeutung der eigenen Aktivität für die Entwicklung der Leistungsmotivation wurde von *Heckhausen* (1972) wiederholt betont, ist aber auch eine wesentliche Vorbedingung für die Entwicklung einer positiven Selbstwertschätzung. Für das Kleinkind und für den Heranwachsenden ist es wichtig zu erfahren, daß die eigenen Handlungsimpulse (Motive) in ein zielführendes Verhalten umgesetzt werden können. Beim Kleinkind ergeben sich für den Erzieher daraus insoferne Konflikte, als das Kind mit der Aneignung freier Fortbewegungsmöglichkeiten (Krabbeln, Laufen) durch die vielen neuartigen Reize eine ungeheure Aktivität entwickelt, die für das Kind echte Gefährdungen mit sich bringen kann. Erst nach dem Erwerb entsprechender Schemata (»gebranntes Kind scheut das Feuer«) ist das Kind dann in der Lage, sich besser in der Umwelt zu orientieren. Für den Erzieher ergibt sich dabei das Problem der Begrenzung des Verhaltensspielraumes, das in These 2 angesprochen ist. Eine wichtige Möglichkeit nichtdirekter Steuerung des kindlichen Verhaltens bietet sich jedoch in der »anregenden Aktivität« (vgl. *Tausch* und *Tausch*, 1973). Der Erzieher bietet dem Kind neuartige oder interessante Handlungsalternativen (verschiedenes Spielzeug, Tätigkeiten u. a.), die bereits eine positive (ungefährliche oder erwünschte) Selektion darstellen.

7.2. Handlungsspielraum und Begrenzung

Selbständigkeit, Planung des eigenen Verhaltens und Entscheidungsfähigkeit können von einem Kind nur dann gelernt werden, wenn entsprechende Freiheitsgrade des Verhaltens gegeben sind. Trotzdem wäre eine völlige Handlungsfreiheit im Sinne eines »laissez-faire«-Erziehungsstils für das Kind außerordentlich ungünstig, da für die Strukturierung und die Bewältigung keine geeigneten Schemata vorhanden sind, die das Kind in die Lage versetzen würden, Problemsituationen möglichst umfassend zu meistern. Es ist daher eine Begrenzung des Handlungsspielraumes in mehrfacher Hinsicht notwendig.

Grundsätzlich erscheint es geboten, die situativen Bedingungen des Handlungsfeldes so zu gestalten, daß nach Möglichkeit keine unerwarteten, schreckhaften Erlebnisse oder Gefährdungen des Kindes auftreten können. Schon durch eine solche sachliche Gestaltung des Handlungsfeldes erübrigen sich viele direktive Eingriffe des Erziehers, die etwa bei Anwesenheit von gefährlichen Gegenständen (offene Steckdosen, Messer u. a.) notwendig wären (vgl. *Nickel*, 1974). In der Praxis wird man jedoch mit diesem Verfahren alleine nicht auskommen, da beispielsweise die Wohnung nicht nur im Hinblick auf die Erziehungsaufgabe struktuiert werden kann, besonders wenn Kinder verschiedenen Alters vorhanden sind. Als zweite Strategie der Begrenzung muß daher der Erzieher Verhaltensspielregeln einführen, d. h. der Erzieher zeigt durch sein Verhalten an, welche Handlungen des Kindes gestattet oder nicht gestattet sind. Die Verhaltensnormen dienen dabei einerseits zur Ergänzung der Maßnahmen einer sachlichen Veränderung der Handlungssituation, sind aber andererseits unentbehrlich als Kriterien für die Kontrolle negativen sozialen Verhaltens (vgl. *Axline,* 1972). Obwohl ein Mindestmaß von Verhaltensbegrenzungen grundsätzlich notwendig ist, muß auch berücksichtigt werden, daß solche Begrenzungen durch den Erzieher gesetzt werden, so daß sich beim Kind — völlig unabhängig von der Güte der Setzung — das Problem der Akzeptierung ergibt.

Schließlich gibt es die bereits angesprochene Möglichkeit der Anregung, die auch als nicht-direktive Form der Verhaltensbegrenzung angesehen werden kann. Durch die Art der Anregungen gibt der Erzieher selbst Hinweise für erlaubte Verhaltensweisen, deren Durchführung er positiv verstärken kann. Anregend wirkt aber auch das eigene Verhalten des Erziehers, das von dem Kind im Wege imitativen Lernens übernommen wird. Durch die konkreten Möglichkeiten der Anregung hat der Erzieher ferner einen wesentlichen Einfluß auf den Schwierigkeitsgrad der Aufgaben, für die sich ein Kind interessiert. Zur Herstellung einer »optimalen Herausforderung« *(Heckhausen)* erscheint es notwendig, gerade solche Aufgaben anzuregen, die vom Kind gerade noch oder schon ausgeführt werden können. Auf diese Weise wird sichergestellt, daß Erfolgserlebnisse auftreten, die zur Erfolgszuversichtlichkeit generalisiert werden. Gerade durch solche Erfahrungen wird ein Konzept aufgebaut, auch neue oder ungewohnte Aufgaben bewältigen zu können. *Diggory* (1966) konnte empirisch die enge Beziehung zwischen der subjektiven Erfolgswahrscheinlichkeit und der Selbstwertschätzung nachweisen.

Der abgegrenzte Verhaltensspielraum soll und muß die Freiheit für Erfolg und für Mißerfolg zulassen, damit ein angemessenes Entscheidungsverhalten gelernt werden kann. Trotzdem sollte dabei nach Möglichkeit abgesichert sein, daß es sich bei dem potentiellen Mißerfolg um ein sachlich begrenztes Scheitern handelt, dessen Ergebnis durch einen Neuversuch revidierbar ist. Außerdem muß gewährleistet sein, daß es nicht zu einer Generalisierung der Mißerfolgsängstlichkeit kommt (vgl. These 4 und These 5).

7.3. Ermöglichung von „Origin"-Erfahrungen

Besonders wichtig ist es, dem Kind Gelegenheit zu geben, eine Tätigkeit ohne Hilfe ausführen zu können. Die Situation muß so beschaffen sein, daß das Kind deutlich sieht oder genau weiß, daß der Erzieher bei dem Zustandekommen eines gelungenen Handlungsergebnisses nicht mitgeholfen hat. Nur unter dieser Bedingung kann das Kind sich eindeutig als Ursache für Erfolg oder Mißerfolg im Sinne des »Origin«-Erlebnisses nach *deCharms* (1968) erleben. Das Kind kann dadurch zielführende Verhaltensweisen erlernen oder entsprechend korrigieren. Nur auf diese Weise kann ein Kind korrekte Ziel-Mittel-Konzepte erwerben und lernen, anhand der erlebten Konsequenzen entsprechende Entscheidungen zu treffen. Diese Erfahrungen ermöglichen es auch, ein sachlich begründetes realistisches Konzept der eigenen Fähigkeiten zu gewinnen. Zur Reduzierung der Mißerfolgswahrscheinlichkeit kann es zwar bei einer schwierigen Aufgabe geboten sein, allgemeinere Hinweise im Sinne eines strategischen Konzepts zur Findung von Lösungen zu geben, jedoch sollte niemals die Lösung selbst vorgegeben werden. Vor allem bei hoher Ich-Beteiligung des Kindes (z. B. in Wettbewerbssituation mit den Erwachsenen) kann das Kind durch das selbständige Finden der Lösung (z. B. eines Schreibfehlers bei den Hausarbeiten) aus der Bewältigung der Aufgabe eine positive Selbstbestätigung ableiten; außerdem hat das Kind durch den allgemeinen Hinweis eine formale Lösungsstrategie gelernt. Im anderen Fall einer direkten Kennzeichnung des Fehlers durch den Erzieher ist dem Kind keineswegs geholfen, weil ihm der Erzieher etwa die Mühe abgenommen hätte. Für das Kind resultieren aus einem solchen Erzieherverhalten folgende negative Effekte: Der Erwachsene hat seine Überlegenheit demonstriert und das Kind hat gelernt, daß es im Wettbewerb mit anderen unterliegt. Die Folge davon ist ein abnehmendes Interesse an solchen Aufgaben und eine nachlassende Aufmerksamkeit, die vom Kind her gesehen als Maßnahmen zum Schutze einer positiven Selbstwertschätzung notwendig sind, jedoch vom Erzieher in der Regel als Bestätigung für die Hilflosigkeit des Kindes perzipiert werden.

7.4. Bereitstellung von geeigneten Konzepten

Eine Anzahl von Untersuchungen im Zusammenhang mit der Attributionstheorie haben die Wichtigkeit der subjektiven Zuordnung von Kausalfaktoren für die Erklärung von Erfolg und Mißerfolg klar herausgearbeitet (vgl. *Meyer*, 1973). So ist es für das Kind entscheidend, ob das Eintreten eines Mißerfolgs von dem Erzieher als fehlende Begabung (internaler, invariabler Faktor) oder als fehlende Anstrengung (internaler, variabler Faktor) interpretiert wird. Kann beispielsweise ein Kind mit Mengen oder mit Rechenoperationen nicht korrekt umgehen und der

Erwachsene »erklärt« die beobachteten Mißerfolge aus der »fehlenden Begabung«, dann wird der Erzieher selbst, aber auch das Kind, keine weiteren Anstrengungen mehr unternehmen, um ein positives Ergebnis zu erzielen. Damit wird ein punktueller Mißerfolg auf einen gesamten Verhaltensbereich generalisiert. Gerade durch solche Erklärungen des Erziehers über die Verursachung von Handlungsergebnissen werden beim Kind entsprechende kognitive Konzepte aufgebaut, die als Interpretationsschemata wirksam werden. Das Konzept der Selbstverantwortlichkeit für Erfolg und Mißerfolg kann dabei nur aufgebaut werden, wenn vorwiegend internale Kausalfaktoren attribuiert werden. *Pyroth* (1975) konnte in einer empirischen Untersuchung von Vorschulkindern im Alter von fünf bis sechs Jahren nachweisen, daß bereits in diesem Alter ein erstaunlich konsistentes System der Kausalattribution von Erfolg und von Mißerfolg besteht. Zwischen den Messungen im Abstand von 14 Tagen ergaben sich erstaunlich hohe positive Korrelationen, die für Erfolg bei 0,77 und für Mißerfolg bei 0,75 lagen.

Bedeutsam sind für den Aufbau entsprechender kognitiver Konzepte besonders die verbalen Kennzeichnungen der Handlungen des Kindes und deren Bewertung durch die Bezugspersonen. Schon die Benennung von Handlungen liefert für das Kind wichtige Kategorien für die Deutung der eigenen Person. Bei der Bewertung von Handlungen sollte streng darauf geachtet werden, daß auf keinen Fall negative Globalbewertungen abgegeben werden (z. B. »Du bist unbegabt« oder »Du bist faul«). Negative Globalbewertungen sind Aussagen, die immer eine Abwertung der Gesamtperson bedeuten. Negative Bewertungen — falls sie nicht ganz gemieden werden können — sollten sich also nur auf das Handlungsergebnis beziehen (z. B. »das Wort ist nicht richtig geschrieben«), so daß das Selbstkonzept und die Selbstwertschätzung nicht negativ beeinflußt werden. Günstig für den Aufbau eines positiven Selbstkonzepts ist die positive Bewertung eines gelungenen Handlungsergebnisses mit Bezug auf das Kind als »Ursache«. Die Befunde von *Rosenberg* (1967) haben aber gezeigt, daß auch eine sachlich ungerechtfertigte positive Bewertung des Kindes negative Effekte haben kann. Bei einem Wechsel der sozialen Beziehung erfährt dann das Kind, daß die anderen Personen (z. B. Lehrer) seine Begabung »verkennen«.

7.5. Allgemeine Wertschätzung und Anerkennung von Erfolg

Die Anerkennung der tatsächlich erbrachten Leistung führt zu einer Bekräftigung des Leistungsverhaltens und zu einer positiven Meinung über die eigene Leistungsfähigkeit. Die Anerkennung kann dabei als Lob nonverbal oder verbal erfolgen. Selbstverständlich kann sich ein Kind auch ohne soziale Bekräftigung selbst im Umgang mit Problemlösen verstärken, doch bezieht sich dann das Konzept primär nur auf Situationen ohne Wettbewerbscharakter. Eine experimentelle Verifikation in sozialen Situationen ist trotzdem erforderlich, um zu zeigen, daß die Wahrung der Identität dem sozialen Vergleichsprozeß standhält. Der Terminus »Leistung« wird hier nicht in einer eingeengten Bedeutung als soziale Durchsetzung verstanden, sondern ganz allgemein als Zustandebringen eines subjektiv angestrebten Handlungsergebnisses. In diesem Sinne manifestiert sich die allgemeine Wertschätzung der Person des Kindes im konkreten Verhalten des Erziehers als Aufmerksamkeit für solche »Leistungen« des Kindes und als hohes Ausmaß der persönlichen Zuwendung.

7.6. Konsistenz des feedback

Instabile Bewertungen und Verhaltensweisen durch die Erziehungspersonen können bei einem Kind nur zu einem instabilen Selbstkonzept führen. Es kann auf keinen Fall ein gesichertes Vertrauen in die eigenen Fähigkeiten entstehen, so daß ein instabiles Selbstkonzept auch mit einer ungünstigen Selbstbewertung zusammenfällt. Als besonders ungünstig erwiesen sich in den empirischen Untersuchungen sowohl ein wechselhaftes und instabiles Verhalten der Erzieher wie auch die Instabilität der Familie als Primärgruppe. Stabilität und Konsistenz der erfahrenen Bewertungen scheinen daher für die Entwicklung eines positiven Selbstkonzepts unerläßliche Bedingungen zu sein.

7.7. Fremdkontrolle und Selbstkontrolle

Selbstkontrolle als Erziehungsziel kann nur dann gelernt werden, wenn ein entsprechender Verhaltensspielraum möglich ist, Verhaltensregeln gelernt wurden und wenn die Einhaltung der Verhaltensregeln kontrolliert wird. Die praktischen Probleme für den Erzieher liegen nun darin, diese drei Bedingungen zu verknüpfen und zu realisieren.

Die Kontrolle des kindlichen Verhaltens durch den Erzieher, die gleichzeitig einen entsprechenden Verhaltensspielraum berücksichtigt, ist die *stichprobenartige* Kontrolle. In der Untersuchung von *Coopersmith* (1967) zeigte sich, daß eine positive Korrelation zwischen stichprobenartiger Kontrolle und einer positiven Selbstwertschätzung bestand. Sehr gut fügt sich hier auch der Befund von *Kemmler* (1970) ein, die bei guten Schülern ebenfalls häufiger eine stichprobenartige Kontrolle fand. Bei einer flexiblen Kontrolle besteht für das Kind zwar eine externe Veranlassung, sich selbst zu kontrollieren, wobei jedoch keine Abhängigkeit von der Kontrolle entstehen kann. Im Gegensatz dazu entwickelt sich bei einer lückenlosen Kontrolle eine »Satelliten«-Orientierung *(Ausubel)*, bei der sich das Kind blindlings auf den Erzieher verläßt. Beispiele dafür sind dann jene Schüler, die zwar zu Hause brav ihre Aufgaben erledigen, in anderen Situationen aber völlig versagen. Bezeichnenderweise fand *Kemmler,* daß schlechte Schüler häufiger entweder überhaupt keiner Kontrolle oder einer sehr strengen Kontrolle unterworfen waren. Auch die Untersuchungen von *Seitz* und *Jankowski* (1969), sowie von *Seitz, Wehner* und *Henke* (1970) zeigen, daß die Strenge der elterlichen Kontrolle bei den Kindern zu einer erhöhten Bereitschaft einer Erfüllung von Autoritätsanforderungen führt.

Die Orientierung an bestimmten *Verhaltensregeln* ist ebenfalls eine wichtige Voraussetzung für die Selbstkontrolle. Damit solche Normen überhaupt verhaltenswirksam werden können, müssen sie vorher vom Kind oder vom Heranwachsenden *akzeptiert* worden sein. Günstig für die Entwicklung eines positiven Selbstkonzepts ist aufgrund der vorliegenden Untersuchungsergebnisse die Einführung allgemeiner Verhaltensregeln, die von allen Mitgliedern (also auch von den Erziehern) in gleicher Weise als verbindlich akzeptiert werden und deren Einhaltung dann im Sinne einer Gruppennorm von allen Gruppenmitgliedern gleicherweise kontrolliert wird. Die Einführung von Verhaltensregeln, die vom Erzieher selbst mit dem Hinweis auf seinen privilegierten Status nicht eingehalten werden, wird schon bei dreijährigen Kindern Probleme der Akzeptierung erzeugen, falls es dem Erzieher nicht gelingt, dem Kind diese Unterschiede einsichtig zu machen. Ein kongruentes Modellverhalten der Erzieher ist gerade hier besonders notwendig.

Da nicht-akzeptierte Verhaltensnormen auch nicht verhaltenswirksam werden, stellt sich dann für den Erzieher verschärft das Problem der Kontrolle und *Sanktionierung* einer Einhaltung dieser Normen. Damit erklärt sich auch der Befund von *Coopersmith* (1967), daß Eltern von Kindern mit geringer Selbstwertschätzung häufiger zu körperlichen Strafen als Disziplinierungsmaßnahmen greifen. Demgegenüber verwenden Eltern von Kindern hoher Selbstwertschätzung häufiger Techniken des Entzugs von geschätzten Objekten oder Tätigkeiten. Diese Art der Disziplinierung hat den folgenden Vorteil, daß der Erzieher gleichzeitig sein Verständnis für den Wunsch des Kindes ausdrücken kann, obwohl die Verletzung der Verhaltensregeln negativ sanktioniert wird. Damit bezieht sich die negative Konsequenz eindeutig auf bestimmte Verhaltensweisen des Kindes, nicht jedoch auf die Anerkennung der Person des Kindes. In Verbindung mit der erlebten Selbstverantwortlichkeit als perzipiertes Ausmaß der Beeinflussung von Verhaltenskonsequenzen bestehen dann beim Kind jene notwendigen Voraussetzungen, die für das Erlernen der Selbstkontrolle und der Selbständigkeit erforderlich sind. Noch günstiger für die Entwicklung einer positiven Selbstwertschätzung ist selbstverständlich die positive Verstärkung von selbständigen Entscheidungsleistungen unter Berücksichtigung der Spielregeln für das soziale Zusammenleben.

7.8. Selbständigkeit und Erziehung

Eine gelungene Erziehung zur Selbständigkeit und zum Selbstvertrauen bringt es notwendigerweise mit sich, daß sich der Educandus mit jeder Information kritisch auseinandersetzt. Da Erziehung immer als Interaktionsprozeß zwischen Erzieher und Educandus abläuft, bleibt die erworbene Unabhängigkeit des Educandus gewiß nicht ohne Rückwirkung auf das Selbstkonzept des Erziehers. Gerade der schwierige Übergang von der kindlichen Rolle zur Rolle des jungen Erwachsenen kann bei den Jugendlichen zu einer einseitigen Betonung der Selbständigkeit und Unabhängigkeit im Verhalten führen, die zwar für die Verselbständigung von den engen sozialen Bindungen der Familie als Primärgruppe objektiv wichtig ist, von den Eltern oder Erziehungspersonen jedoch in der Regel nicht ohne das Erlebnis der Identitätskrise abläuft. Auch der Erzieher hat im Laufe der Jahre des Heranwachsens des Kindes durch das Interaktionsverhältnis mit dem Kind eine Modifikation seines eigenen Selbstkonzepts vorgenommen. Gerade dann ist es wichtig, auf der Basis gegenseitigen Vertrauens und gegenseitiger Akzeptierung solche Lernprozesse der Identitäts-Modifizierung auf beiden Seiten zu fördern. Ein stabiles, realistisches Selbstkonzept und eine positive Selbstwertschätzung sind gerade auch hier für den Erzieher wie auch für den jungen Erwachsenen die beste Voraussetzung, diese und jede andere Problemsituation kreativ zu bewältigen.

Literaturverzeichnis

Adler, A.: Praxis und Theorie der Individualpsychologie. München 1930 (reprografischer Nachdruck Darmstadt 1965).
Allport, G. W.: Persönlichkeit. Stuttgart 1949.
— Werden der Persönlichkeit. Bern, Stuttgart 1958 (engl.: Becoming, Basic considerations for a psychology of personality, New Haven 1955).
— The ego in contemporary psychology, in: *G. W. Allport:* Personality and social encounter. Boston 1960 a, 71—93 (1943).
— The trend in motivational theory, in: *G. W. Allport:* Personality and social encounter. Boston 1960 b, 95—109.
— Geneticism versus ego-structure, in: *G. W. Allport:* Personality and social encounter. Boston 1960 c, 137—151.
— The open system in personality theory. J.abnorm.soc.Psychol. 61 (1960 d) 301—311.
— Gestalt und Wachstum in der Persönlichkeit, Meisenheim/Glan 1970.
Altrocchi, J., Parsons, O.A., Dickhoff, H.: Changes in self-ideal discrepancy in repressors and sensitizers, J.abnorm.soc.Psychol. 61 (1960) 67—72.
Ansbacher, H. u. R. (Hrsg.): Alfred Adlers Individualpsychologie. Reinhardt, München, Basel 1975².
Argyle, M.: Social interaction. London 1969.
Arnold, M.B.: Emotion and personality, 2 Bde. New York 1960.
Arnold, W.: Person Charakter, Persönlichkeit. Göttingen, 1969³.
Aronson, E., Mills, J.: The effects of severity of initiation on liking for a group. J.abnorm. soc.Psychol. 59 (1959) 177—181.
Ausubel, D.P.: Relationship between shame and guilt in the socializing process, Psychol. Rev. 62 (1955) 378—390.
— Das Jugendalter — Fakten, Probleme, Theorie. München 1970².
Axline, V.: Kinder-Spieltherapie im nicht-direktiven Verfahren. München 1974³.
Back, K.W., Gergen, K.J.: The self through the latter span of life, in: *C. Gordon, K.J. Gergen (Hrsg.):* The self in social interaction. New York, London, Sydney, Toronto 1968, 241—250.
Backman, C.W., Secord, P.F.: Liking, selective interaction, and misperception in congruent interpersonal relations. Sociometry 25 (1962) 321—335.
Baldwin, J.M.: The self-conscious person, in: *C. Gordon, K.J. Gergen* (Hrsg.): The self in social interaction. New York, London, Sydney, Toronto 1968, 161—169.
Bandura, A., Walters, R.H.: Social learning and personality development. London 1963.
— Principles of behavior modification. New York 1969.
Bell, R.R.: Die Teilkultur der Jugendlichen, in: *L. v. Friedeburg (Hrsg):* Jugend in der modernen Gesellschaft. Köln, Berlin 1965.
Beloff, H., Beloff, J.: Unconscious self-evaluation using a stereoscope. J.abnorm.soc. Psychol. 59 (1959) 275—278.
Beloff, J., Beloff, H.: The influence of valence on distance judgements of human faces. J.abnorm.soc.Psychol. 62 (1961) 720—722.
Berger, E.M.: The relation between expressed acceptance of self and expressed acceptance of others. J.abnorm.soc.Psychol. 47 (1952) 778—782.
Berger, P.L., Luckmann, T.: The social construction of reality: A treatise in the sociology of knowledge. Garden City, N.Y. 1966.
Bergler, R.: Psychologie des Marken- und Firmenbildes Göttingen 1963.
— Psychologie stereotyper Systeme. Bern, Stuttgart 1966.
Bertlein, H.: Das Selbstverständnis der Jugend heute. Berlin, Hannover, Darmstadt 1960.
— Jugendleben und soziales Bildungsschicksal. Hannover 1966.
— Lebenspläne und Bildungsvorstellungen berufstätiger Jugendlicher. Frankfurt/M. 1970.
Bettelheim, B.: Aufstand gegen die Masse. München 1965².
Bexton, W.H., Heron, W., Scott, T.H.: Effects of decreased variation in the sensory environment, in: *D.E. Dulany, R.L. DeValois, D.C. Beardsley, M.R. Winterbottom* (Hrsg.): Contributions to modern psychology. New York 1963², 96—103 (1954).
Biäsch, H., Vontobel, J.: Beiträge zur Talentforschung — Eine Studie über die Studenten an der ETH. Bern, Stuttgart 1966.

Bieri, J., Lobeck, R.: Self-concept differences in relation to identification, religion and social class. J.abnorm.soc.Psychol. *62* (1961) 94—98.
Bindra, D.B.: Motivation — a systematic reinterpretation. New York 1959.
Bischof, N.: Psychophysik der Raumwahrnehmung, in: *W. Metzger* (Hrsg.): Der Aufbau des Erkennens, Hdb.d.Psychol., Bd. 1/1. Halbband. Göttingen 1966 a, 307—408.
— Stellungs-, Spannungs- und Lagewahrnehmung, in: *W. Metzger* (Hrsg.): Der Aufbau des Erkennens, Hdb.d.Psychol., Bd. 1/1. Halbband. Göttingen 1966 b, 409—497.
Blank, L., Gottsegen, G., Gottsegen, M.: Encounter: Confrontations in self and interpersonal awareness. New York 1971.
Bollnow, O.F.: Das Problem einer Überwindung des Existenzialismus. Universitas, VIII, 1953.
Bonn, R.: Untersuchungen zur familiären Situation bei 12—14jährigen Jungen und Mädchen, Dissertation. Bonn 1975.
Brandstädter, J., Schneewind, K. A.: Optimal human development: psychological aspects, Beitrag zur Konferenz „Human Development: Issues in Intervention", Pennsylvania State University, College of Human Development; 30. Mai bis 2. Juni, 1973.
Brehm, J.W., Cohen, A.R.: Explorations in cognitive dissonance. New York, London, Sydney 1965².
Brem-Gräser, L.: Familie in Tieren. München, Basel 1975³.
Brim, O.G.: Die Ziele der Erziehung, in: *L. v. Friedeburg* (Hrsg.): Jugend in der modernen Gesellschaft. Köln, Berlin 1965.
— Socialization trough the life cycle, in: *C. Gordon, K.J. Gergen* (Hrsg.): The self in social interaction. New York, London, Sydney, Toronto 1968, 227—240.
Brocher, T.: Das Ich und die Anderen in Familie und Gesellschaft. Stuttgart 1969³.
Brownfain, J.J.: Stability of the self-concept as a dimension of personality. J.abnorm.soc. Psychol. *47* (1952) 597—606.
Bruner, J.S., Olver, R.R., Greenfield, P.: Studien zur kognitiven Entwicklung. Stuttgart 1971.
Bühler, Ch: Das integrierende Selbst, in: *Ch. Bühler, F. Massarik* (Hrsg.): Lebenslauf und Lebensziele. Stuttgart 1969, 282—299.
Bugental, J.F.T.: Werte und existentielle Einheit, in: *Ch. Bühler, F. Massarik* (Hrsg.): Lebenslauf und Lebensziele. Stuttgart 1969, 328—336.
Bunge, M.: Scientific research, Bd. I und II. Berlin, Heidelberg, New York 1967.
Busemann, A.: Kindheit und Reifezeit. Frankfurt/M., Berlin, Bonn, München 1965.
Butler, J.M., Haigh, G.V.: Changes in the relation between self-concepts and ideal concepts consequent upon client-centered counseling, in: *C. R. Rogers, R. S. Dymond* (Hrsg.): Psychotherapy and personality change. Chicago 1954.
Canon, L.K.: Self-confidence and selective exposure to information, in: *L. Festinger* (Hrsg.): Conflict, decision and dissonance. Stanford, Cal. 1964, 83—96.
Capra, P.C., Dittes, J.E.: Birth order as a selective factor among volunteer subjects. J.abnorm.soc.Psychol. *64* (1962) 302.
Cartwright, D.S.: Self-consistency as a factor affecting immediate recall. J.abnorm.soc. Psychol. *52* (1956) 212—218.
Chodorkoff, B.: Self-perception, perceptual defense, and adjustment. J.abnorm.soc.Psychol. *49* (1954) 508—512.
Cofer, C.N., Appley, M.H.: Motivation: Theory and research. New York, London, Sydney 1964.
Cohen, A.R.: Situational structure, self-esteem and threat-oriented reactions to power, in: *D. Cartwright* (Hrsg.): Studies in social power. Ann Arbor, Mich. 1959 a.
— Some implications of self-esteem for social influence, in: *C.I. Hovland, I.L. Janis* (Hrsg.): Personality and persuasibility. New Haven 1959 b, 102—120.
Cohen, L. D.: Level-of-aspiration behavior and the feelings of adequacy and self-acceptance. J.abnorm.soc.Psychol. *49* (1954) 84—86.
Cooley, Ch.H.: Human nature and the social order. New York 1964 (Neuaufl. von 1922).
Coombs, R.H.: Social participation, self-concept and interpersonal valuation. Sociometry *32* (1969) 273—286.
Cooper, J., Jones, R.A.: Self-esteem and consistency as determinants of anticipatory opinion change. J.Pers.soc.Psychol. *14* (1970) 312—320.
Coopersmith, S.: A method for determining types of self-esteem. J.abnorm.soc.Psychol. *59* (1959) 87—94.
— The relationship between self-esteem and perceptual constancy. J.abnorm.soc.Psychol. *68* (1964) 217—221.
— The antecedents of self-esteem. San Francisco, London 1967.

Costanzo, P.R.: Conformity development as a function of self-blame. J.Pers.soc.Psychol. *14* (1970) 366—374.
Cowan, P.A., Langer, J., Heavenrich, J., Nathanson, M.: Social learning and Piaget's cognitive theory of moral development. J.Pers.soc.Psychol. *11* (1969) 261—274.
Cowen, E.L., Heilizer, F., Axelrod, H.S.: Self-concept conflict indicators and learning. J.abnorm.soc.Psychol. *51* (1955) 242—245.
Cranach, M. v., Irle, M., Vetter, H.: Zur Analyse des Bumerang-Effektes — Größe und Richtung der Änderung sozialer Einstellungen als Funktion ihrer Verankerung in Wertsystemen, in: *M. Irle* (Hrsg.): Texte aus der experimentellen Sozialpsychologie. Neuwied, Berlin 1969, 343—377.
Dahrendorf. R.: Homo sociologicus. Köln, Opladen, 1965⁵.
de Charms, R.: Personal causation. New York 1968.
de Levita, D.J.: Der Begriff der Identität, Frankfurt/M. 1971.
Dai, B.: A socio-psychiatrie approach to personality organization. Amer.social.Rev. *17* (1952) 44—49.
Davids, A., Lawton, M.J.: Self-concept, mother concept, and food aversions in emotionally disturbed and normal children. J.abnorm.soc.Psychol. *62* (1961) 309—314.
Dechêne, H. Ch.: Geschwisterkonstellation und psychische Fehlentwicklung. München 1967.
Degenhardt, A.: Zur Veränderung des Selbstbildes von jungen Mädchen beim Eintritt in die Reifezeit. Ztschr.Entw.psychol.Päd.Psychol. *3* (1971) 1—13.
Diggory, J.C.: Self-evaluation: Concepts and studies. New York, London, Sydney 1966.
Dittes, J.E.: Attractiveness of group as a function of self-esteem and acceptance by group. J.abnorm.soc.Psychol. *59* (1959 a) 77—82.
— Effect of changes in self-esteem upon impulsiveness and deliberation in making judgements, J.abnorm.soc.Psychol. *58* (1959 b) 348—356.
Dörner, D., Lutz, W., Meurer, K.: Informationsverarbeitung beim Konzepterwerb, Z. Psychol. *174* (1967) 194—230.
Eiduson, B.T.: Säuglingsalter und zielsetzendes Verhalten, in: *Ch. Bühler, F. Massarik* (Hrsg.): Lebenslauf und Lebensziele. Stuttgart 1969, 89—106.
Engel, M.: The stability of the self-concept in adolescence. J.abnorm.soc.Psychol. *58* (1959) 211—215.
English, H.B., English, A.C.: A comprehensive dictionary of psychological and psycho-analytic terms. New York 1958.
Epstein, S.: Unconscious self-evaluation in a normal and a schizophrenic group, J.abnorm. soc.Psychol. *50* (1955) 65—70.
Erikson, E.H.: Kindheit und Gesellschaft. Stuttgart 1965².
— Identität und Lebenszyklus. Frankfurt/M. 1966.
— Der junge Mann Luther. Reinbek 1970.
Ertel, S.: Selbstbeurteilung, Semantik und Persönlichkeit, Psycholog.Forsch. *33* (1970) 254—276.
Esters, E.-A.: Ego und Alter, Sozialpsychologischer Ansatz zu einer Theorie der sozialen Beeinflussung. Bremen 1971.
Festinger, L.: A theory of cognitive dissonance. New York 1957.
— (Hrsg.): Conflict, decision, and dissonance. Stanford, Cal. 1964.
— *Torrey, J., Willerman, B.:* Self-evaluation as a function af attraction to the group. Human Rel. *VII* (1954) 161—174.
Fey, W.F.: Acceptance by others and its relation to acceptance of self and others: A revaluation. J.abnorm.soc.Psychol. *50* (1955) 274—276.
Fiedler, F.E., Senior, K.: An exploratory study of unconscious feeling reactions in fifteen patient-therapist pairs. J.abnorm.soc.Psychol. *47* (1952) 446—453.
— *Warrington, W.G., Blaisdell, F.J.:* Unconscious attitudes as correlates of sociometric choice in a social group. J.abnorm.soc.Psychol. *47* (1952) 790—796.
Fitch, G.: Effects of self-esteem, perceived performance, and choice on causal attributions. J.Pers.soc.Psychol. *16* (1970) 311—315.
Foa, U.G.: Convergences in the analysis of the structure of interpersonal behavior. Psychol.Rev. *68* (1961) 341—353.
— The structure of interpersonal behavior in the dyad, in: *J.H. Criswell et al.* (Hrsg.): Mathematical methods in small group processes. Stanford, Calif. 1962, 166—179.
Frankl, V.E.: Ein Psycholog erlebt das Konzentrationslager. Wien 1946.
Freud, S.: Die Traumdeutung, Ges. Werke, Bd. II und III. London 1961³.
— Zur Einführung des Narzißmus, Ges Werke, Bd. X. London 1967⁴.
— Triebe und Triebschicksale, Ges. Werke, Bd. X. London 1967⁴.
— Das Ich und das Es, Ges. Werke, Bd. XIII. London 1967⁵.

— Neue Folge der Vorlesung zur Einführung in die Psychoanalyse, Ges. Werke, Bd. XV. London 1967⁴.
— Abriß der Psychoanalyse, Ges. Werke, Bd. XVII. London 1966⁴.
Frisch, M.: Mein Name sei Gantenbein. Frankfurt/M. 1968.
Fromm, E.: Escape from freedom. New York 1941.
Fürntratt, E.: Angst und instrumentelle Aggression. Weinheim, Basel 1974.
Fürstenberg, F.: Das Aufstiegsproblem in der modernen Gesellschaft. Stuttgart 1962.
Gelfand, D.M.: The influence of self-esteem on rate of verbal conditioning and social matching behavior. J.abnorm.soc.Psychol. 65 (1962) 259—265.
Gerard, H.B.: Some determinants of self-evaluation. J.abnorm.soc.Psychol. 62 (1961) 288—293.
Gergen, K.J.: The effects of interaction goals and personalistic feedback on presentation of self. J.Pers.soc.Psychol. 1 (1965) 413—425.
— Personal consistency and the presentation of self, in: *C. Gordon, K.J. Gergen* (Hrsg.): The self in social interaction. New York, London, Sydney, Toronto 1968, 299—308.
— The concept of self. New York 1971.
— *Wishnou, B.:* Other's self-evaluation and interaction anticipation as determinants of self-presentation. J.Pers.soc.Psychol. 2 (1965) 348—358.
Glöckel, H.: Eine Vergleichsuntersuchung zur Frage jugendlichen Idealerlebens. Psychol. Rdsch. 11 (1960) 1—20.
Goethe, J.W.v.: Dichtung und Wahrheit. Frankfurt/M. 1965.
Goffman, E.: Stigma — Über Techniken der Bewältigung beschädigter Identität Frankfurt/M. 1967.
— The presentation of self in everyday life. London 1969.
Goldstein, K.: The organism. New York 1939.
Gordon, C., Gergen, K.J. (Hrsg.): The self in social interaction, Vol.I: Classic and contemporary perspectives. New York, London, Sydney, Toronto 1968.
Graumann, C.F.: Social perception. Z.exp.angew.Psychol. 3 (1956) 605—661.
— Die Dynamik von Interessen, Wertungen und Einstellungen, in: *H. Thomae* (Hrsg.): Motivation, Hdb.d.Psychol., Bd. 2. Göttingen 1965, 272—305.
— Nicht-sinnliche Bedingungen des Wahrnehmens, in: *W. Metzger* (Hrsg.): Der Aufbau des Erkennens, Hdb.d.Psychol., Bd. 1/1. Halbband. Göttingen 1966, 1031—1096.
Gregory, R. L.: Auge und Gehirn. München 1966.
Guilford, J.P.: Persönlichkeit. Weinheim 1964.
Hall, C.S., Lindzey, G.: Theories of personality. New York 1966¹⁷.
Hanhart, D.: Arbeiter in der Freizeit — Eine sozialpsychologische Untersuchung. Bern, Stuttgart 1964.
Hartley, E.L., Hartley, R.E.: Die Grundlagen der Sozialplychologie. Berlin 1955.
Hartmann, H.: Ich-Psychologie und Anpassungsproblem. Stuttgart 1960. (Sonderdruck aus „Psyche")
Hausa, H.: Selbstbild und Anpassung von Mädchen, in: *L. Rosenmayr, S. Höllinger* (Hrsg.): Soziologie — Forschung in Österreich. Wien, Köln, Graz 1969, 473—510.
Hebb, D.O.: Einführung in die moderne Psychologie. Weinheim, Berlin 1967.
Heckhausen, H.: Hoffnung und Furcht in der Leistungsmotivation. Meisenheim/Glan 1963 a.
— Eine Rahmentheorie der Motivation in zehn Thesen. Z.exp.angew.Psychol. 10 (1963 b) 604—626.
— Leistungsmotivation, in: *H. Thomae* (Hrsg.): Motivation, Hdb.d.Psychol., Bd. 2. Göttingen 1965, 602—702.
— Die Entwicklung des Erlebens von Erfolg und Mißerfolg, in: *H. Haber* (Hrsg.): Begabung und Erfolg. Stuttgart 1969, 10—29.
— Die Interaktion der Sozialisationsvariablen in der Genese des Leistungsmotivs, in: *C.F. Graumann* (Hrsg.): Sozialpsychologie, Hdb.d.Psychol., Bd. 7/2. Halbband, Göttingen 1972, 953—1019.
— *Kemmler, L.:* Entstehungsbedingungen der kindlichen Selbständigkeit. Z.exp.angew. Psychol. 4 (1957) 603—622.
Heidbreder, E.: Self ratings and preferences. J.abnorm.soc.Psychol. 25 (1930) 62—74.
Heller, K.: Aktivierung der Bildungsreserven. Bern, Stuttgart 1970.
Helper, M.: Learning theory and the self concept. J.abnorm.soc.Psychol. 51 (1955) 184—194.
— Parental evaluations of children and childrens self-evaluations. J.abnorm.soc.Psychol. 56 (1958) 190—194.
Herber, H.-J.: Die Bedeutung der Leistungsmotivation für die Selbstverwirklichung, Dissertation. Salzburg 1972.

Herrmann, Th.: Psychologie der kognitiven Ordnung. Berlin 1965.
— Lehrbuch der empirischen Persönlichkeitsforschung. Göttingen 1969.
— *Schwitajewski, E., Ahrens, H.J.:* Untersuchungen zum elterlichen Erziehungsstil: Strenge und Unterstützung. Arch.ges.Psychol. *120* (1968) 74—105.
Hetzer, H.: Der Körper in der Selbstdarstellung von Kindern im Jahre 1926 und im Jahre 1957. Z.exp.angew.Psychol. 6 (1959) 14—21.
Hilgard, E.R.: Human motives and the concept of the self, in: *C. Gordon, K.J. Gergen (Hrsg.):* The self in social interaction. New York, London, Sydney, Toronto 1968, 371—381 (1949).
Höhn, E.: Entwicklung als aktive Gestaltung, in: *H. Thomae* (Hrsg.): Entwicklungspsychologie, Hdb.d.Psychol., Bd. 3. Göttingen 1959[2], 312—325.
Hofstätter, P.R.; Psychologie. Frankfurt/M. 1957.
— Über Selbsterkenntnis. Z.exp.angew.Psychol. 6 (1959) 22—39.
— Differentielle Psychologie. Stuttgart 1971.
Homans, G.C.: Theorie der sozialen Gruppe. Köln, Opladen, 1965[2].
— Elementarformen des sozialen Verhaltens. Köln, Opladen 1968.
Horney, K.: Our inner conflicts. New York 1945.
— Neurosis and human growth. New York 1950.
Horowitz, F. D.: The relationship of anxiety, self-concept, and sociometric status among fourth, fifth, and sixth grade children. J.abnorm.soc.Psychol. *65* (1962) 212—214.
Hovland, C.I., Janis, I.L., Kelley, H.H. (Hrsg.): Communication and persuasion. New Haven, London 1953.
— *Janis, I.L.* (Hrsg.): Personality and persuability. New Haven 1959.
Hull, C.L.: A behavior system. New Haven 1952.
Huntley, W.: Judgements of self based upon records of expressive behavior. J.abnorm. soc.Psychol. *35* (1940) 398—427.
Hurrelmann, K.: Unterrichtsorganisation und schulische Sozialisation. Weinheim, Berlin, Basel 1971.
Jacobi, J.: Die Psychologie von C.G. Jung. Zürich, Stuttgart 1959[4].
Jacobson, E.: The self and the object world. New York 1964.
Jaide, W.: Eine neue Generation? München 1961.
— Leitbilder heutiger Jugend. Neuwied, Berlin 1968.
James, W.: The principles of psychology. London 1901 (1890).
Jaspers, K.: Psychologie der Weltanschauungen. Berlin, Göttingen, Heidelberg 1960[5].
— Allgemeine Psychopathologie. Berlin, Heidelberg, New York 1965[8].
Joe, V.C.: Review of the internal-external control construct as a personality variable. Psychological Reports *28* (1971) 619—640.
Johnstone, H.W., Jr.: The problem of the self. London 1970.
Jorgensen, E.C., Howell, R.J.: Changes in self, ideal-self correlations from ages 8 through 18. J.soc.Psychol. *79* (1969) 63—67.
Jourard, S.M., Remy, R.M.: Perveived parental attitudes, the self and security. J.consult. Psychol. *19* (1955) 364—366.
Jung, C.G.: Aion; Psychol. Abhandlungen, Bd. VIII. Zürich 1951.
— Psychologische Typen. Zürich, Stuttgart 1960[9].
— Die Beziehungen zwischen dem Ich und dem Unbewußten. Zürich, Stuttgart 1966[7].
— Antwort auf Hiob. Zürich, Stuttgart 1967[4].
Kaminski, G.: Das Bild vom Anderen. Berlin 1959.
— Ordnungsstrukturen und Ordnungsprozesse, in: *R. Bergius* (Hrsg.): Der Aufbau des Erkennens, Lernen und Denken, Hdb. d. Psychol., Bd. 1/2. Halbband. Göttingen 1964. 373—492.
— Verhaltenstheorie und Verhaltensmodifikation. Stuttgart 1970.
Kant, I.: Kritik der reinen Vernunft. Hamburg 1956.
Katz, P., Zigler, E.: Self-image disparity: a developmental approach. J. Pers. soc. Psychol. *5* (1967) 186—195.
Keller, W.: Das Selbstwertstreben. München, Basel 1963.
Kelley, H.H.: Attribution theory in social psychology, in: *Levine, D.* (Ed.): Nebraska Symposium on Motivation, Band 15. Lincoln 1967, 192—237.
Kelly, G.A.: The psychology of personal constructs. New York 1955.
Kemmler, L.: Erfolg und Versagen in der Grundschule Göttingen 1970[2].
Kilian, H.: Das enteignete Bewußtsein — Zur dialektischen Sozialpsychologie. Neuwied und Berlin 1971.
Kipnis, D.M.: Changes in self concepts in relation to perceptions of others. J. Pers. *29* (1961) 449—465.

Klix, F.: Information und Verhalten — Kybernetische Aspekte der organismischen Informationsverarbeitung. Bern, Stuttgart, Wien 1971.
Kohlberg, L.: The development of children's orientation toward a moral order: I. Sequence in the development of moral thought. Vita Humana 6 (1963) 11—33.
Kohler, I.: Die Zusammenarbeit der Sinne und das allgemeine Adaptationsproblem, in: W. Metzger (Hrsg.): Der Aufbau des Erkennens, Hdb. d. Psychol., Bd. 1/1. Halbband. Göttingen 1966, 616—655.
Kottenhoff, H.: Was ist richtiges Sehen mit Umkehrbrillen und in welchem Sinne stellt sich das Sehen um? Meisenheim/Glan 1961.
Kovacs, A.L.: Ichpsychologie und Selbsttheorie, in: *Ch. Bühler, F. Massarik* (Hrsg.): Lebenslauf und Lebensziele. Stuttgart 1969, 123—147.
Krappmann, L.: Soziologische Dimensionen der Identität. Stuttgart 1971.
Krech, D., Crutchfield, R.S., Ballachey, E.L.: Individual in society. New York 1962.
Kreitler, H., Kreitler, S.: Die kognitive Orientierung des Kindes. München, Basel 1967.
Kretschmer, E.: Medizinische Psychologie. Stuttgart 1963[12].
Kroh, O.: Psychologie der Oberstufe. Weinheim 1965 (1933).
Künkel, F.: Einführung in die Charakterkunde. Stuttgart 1968[14].
Laing, R.D.: The self and others. London 1961.
Lawrence, D.H., Festinger, L.: Deterrents and reinforcement — The psychology of insufficient reward. London 1962.
Lazarus, R.S.: Emotions and adaption: Conceptual and empirical relations, in: *W.J. Arnold (Ed.):* Nebraska Symposium on Motivation. Lincoln 1968.
Lecky, P.: Self-consistency. A theory of personality. New York 1945.
— The theory of self-consistency, in: *C. Gordon, K.J. Gergen* (Hrsg.): The self in social interaction. New York, London, Sydney, Toronto 1968, 297—298..
Lefcourt, H.M.: Recent developments in the study of locus of control, in: *B.A. Maher* (Ed.): Progress in experimental personality research, Band 6, New York 1972, 1—39.
Lehmann, S.: Personality and compliance: A study of anxiety and self-esteem in opinion and behavior change. J. Pers. soc. Psychol. *15* (1970) 76—86.
Lehr, U.: Die Bedeutung der Familie im Sozialisationsprozeß. Stuttgart 1973.
— Die Rolle der Mutter in der Sozialisation des Kindes. Darmstadt 1974.
Lersch, Ph.: Aufbau der Person. München 1966[10].
Lesser, G.S., Abelson, R.P.: Personality correlates of persuasibility in children, in: *J.L. Janis,, C.J. Hovland* (Hrsg.): Personality and persuasibility. New Haven 1959, 187—206.
Leventhal, H., Perloe, S.I.: A relationship between self-esteem and persuasibility. J. abnorm. soc. Psychol. *64* (1962) 285—288.
Levy, L.H.: The meaning and generality of perceived actual-ideal discrepancies. J. consult. Psychol. *20* (1956) 396—398.
Lewin, K.: Feldtheorie in den Sozialwissenschaften. Bern, Stuttgart 1963.
Lidz, T.: Familie und psychosoziale Entwicklung. Frankfurt 1971.
Lindesmith, A.K., Strauss, A.L.: Symbolische Bedingungen der Sozialisation. Düsseldorf 1974.
Lindzey, G., Hall, C.S.: Theories of personality: Primary sources and research. New York, London, Sydney 1965.
Lückert, H.R.: Konfliktpsychologie. München, Basel 1972[6] a.
— Beiträge zur Psychologie der Gegenwartsjugend. München, Basel 1965.
— Die basale Begabungs- und Bildungsförderung, in: *H. R. Lückert* (Hrsg.): Begabungsforschung und Bildungsförderung als Gegenwartsaufgabe. München 1972[2] b.
Lukesch, H.: Erziehungsstile. Pädagogische und psychologische Konzepte. Stuttgart 1975.
Lundy, R.M., Katkovsky, W., Cromwell, R.L., Shoemaker, D.J.: Self acceptability and descriptions of sociometric choices. J. abnorm. soc. Psychol. *51* (1955) 260—262.
Lutte, G.: Leitbilder und Ideale der europäischen Jugend. Wuppertal-Ratingen 1970.
Maccobby, E.E.: The taking of adult roles in middle childhood. J. abnorm. soc. Psychol. *63* (1961) 493—503.
Mack, R.W., Murphy, R.J., Yellin, S.: The protestant ethic, level of aspiration and social mobility. An empirical test. Amer. sociol. Rev. *21* (1956) 295—300.
Manis, M.: Social interaction and the self concept. J. abnorm. soc. Psychol. *51* (1955) 362—370.
Marmet, O.: Soziales Lernen — Das Problem der Lerntheorien in der Sozialpsychologie. Zürich 1968.
Martire, J.G.: Relationships between the self-concept and differences in the strength and generality of achievement motivation. J. of Personality *24 (1956)* 364—375.

Maslow, A.H.: Motivation and personality. New York 1954.
— Psychologie des Seins. München 1973
— *Mittelmann, B.:* Principles of abnormal psychology — The dynamics of psychic illness. New York 1951.
— *Sakoda, J.M.:* Volunteer-error in the Kinsey Study. J. abnorm. soc. Psychol. 47 (1952) 259—262.
McCall, G., Simmons, J.L.: Identität und Interaktion. Düsseldorf 1974.
McClelland, D.C.: Personality. New York 1951.
— (Hrsg.): Studies in motivation. New York 1955.
— Die Leistungsgesellschaft. Stuttgart, Berlin, Köln, Mainz 1966.
— *Atkinson, J.W., Clark, R.A., Lowell, E.L.:* The achievement motive. New York 1953.
— *Baldwin, A.L., Bronfenbrenner, U., Strodtbeck, F.L.:* Talent and society. Princeton (N.J.), Toronto, London, New York 1958.
McDougall, W., Sozialpsychologie. Jena 1928.
McIntyre, C.J.: Acceptance by others, and its relation to acceptance of self and others. J. abnorm. soc. Psychol. 47 (1952) 624—626.
Mead, G.H.: Mind, self and society. Chicago, London 1963.
Meili-Dvoretzki, G.: Das Bild des Menschen in der Vorstellung und Darstellung des Kleinkindes. Bern, Stuttgart 1957.
Merenda, P.F., Clarke, W.V., Schulz, H., Strehse, W., Winneke, G.: Cross-cultural perceptions of the ideal selfconcept. Int. Rev. App. Psychol. 18 (1969) 129—134.
Merleau-Ponty, M.: Phänomenologie der Wahrnehmung. Berlin 1966.
Merton, R.K.: The self-fulfilling prophecy, in: *R.K. Merton* (Hrsg.): Social theory and social structure. New York 1957, 421—436.
Metzger, W.: Psychologie. Darmstadt 1954².
— Die Entwicklung der Erkenntnisprozesse, in: *H. Thomae* (Hrsg.): Entwicklungspsychologie, Hdb. d. Psychol., Bd. 3. Göttingen 1959, 404—441.
Meyer, W.U.: Leistungsmotiv und Ursachenerklärung von Erfolg und Mißerfolg. Stuttgart 1973.
— *Wacker, A.:* Die Entstehung der erlebten Selbstverantwortlichkeit in Abhängigkeit vom Zeitpunkt der Selbständigkeitserziehung. Arch. Psychol. 122 (1970) 24—39.
Miller, D.R.: The study of social relations: Situation, identity and social interaction, in: *S. Koch* (Hrsg.): Psychology: A study of a science, Bd. 5. New York 1963, 639—737.
Miller, N.E.: Liberalization of basic S-R concepts: Extensions to conflict behavior, motivation and social learning, in: *S. Koch* (Hrsg.): Psychology: A study of a science, Bd. 2. New York 1959, 196—292.
— *Dollard, J.C.:* Social learning and imitation. New Haven 1962².
Miyamoto, S.F., Dornbusch, S.M.: A test of interactionist hypotheses of self-conception. Amer. J. Sociol. 61 (1955/6) 399—403.
Mönks, F.: Jugend und Zukunft. München 1967.
Montada, L.: Die Lernpsychologie Jean Piagets. Stuttgart 1970.
Moreno, J.L.: Gruppenpsychotherapie und Psychodrama. Stuttgart 1959.
Morse, S., Gergen, K.J.: Social comparison, self-consistency, and the concept of self. J. Pers. soc. Psychol. 16 (1970) 148—156.
Mowrer, O.H.: Learning theory and personality dynamics. New York 1950.
Mueller, E.F.: Selbst-Aktualisierung, Überlastung und Gesundheit. Kölner Ztschr. f. Soziologie und Sozialpsychologie, 17 (1965) 855—878.
Müller, H.A.: Grundprobleme einer Psychologie der Selbstentfaltung. Arch. ges. Psychol. 113 (1961) 289—310.
— Spontaneität und Gesetzlichkeit. Bonn 1967.
— Problematik und Bedeutung des psychologischen Ich-Begriffs, in: *V.E. v. Gebsattel, P. Christian, W.J. Revers, H. Tellenbach* (Hrsg.): Jb. Psychol. Psychother. med. Anthropol. 17 (1969) 117—129.
Murphy, G.: Personality — a biosocial approach to origins and structure. New York, London, erw. Aufl. 1966.
Mussen, P.H., Porter, L.W.: Personal motivations and self-conceptions associated with effectiveness and ineffectiveness in emergent groups. J. abnorm. soc. Psychol. 59 (1959) 23—27.
Neidhardt, F.: Schichtspezifische Elterneinflüsse im Sozialisationsprozeß, in: *G. Wurzbacher* (Hrsg.): Die Familie als Sozialisationsfaktor. Stuttgart 1968, 174—200.
Neill, A.S.: Theorie und Praxis der antiautoritären Erziehung. Reinbek 1969.
Neubauer, W.F.: Selbsteinschätzung und Idealeinschätzung junger Arbeiter als Gegenstand sozialpsychologischer Verhaltensforschung, Dissertation. Nürnberg 1967.
— Selbstkonzept und Identität, unveröffentl. Habilitationsschrift. Linz/Donau 1971.

— Sozialpsychologie junger Angestellter. Wien, New York 1972.
— Implizite Führungstheorie und Lehrerverhalten. Psychol. in Erzieh. u. Unterr. *21* (1974 a) 233—245.
— Selbstkonzept und Verhalten bei jungen Angestellten, unveröffentl. Manuskript, 1974 b.
— Ein Modell der Person, in: *B. Rosemann, W.F. Neubauer:* Sozialpsychologie des Führungsverhaltens. Bonn 1975.
— Strukturen des Selbstkonzeptes und Verhalten bei jungen Arbeitern, in: *Th. Scharmann, E. Roth* (Hrsg.): Lebensplanung und Lebensgestaltung junger Arbeiter, Bd. 2. Bern, Stuttgart, Wien 1976.
Newcomb, T.M.: An approach to the study of communicative acts. Psychol. Rev. *60* (1953) 393—404.
— Sozialpsychologie. Meisenheim/Glan 1959 a.
— Individual systems of orientation, in: *S. Koch (Hrsg.):* Psychology: A study of a science, Bd. 3. New York, Toronto, London 1959, 384—422.
Nickel, H.: Entwicklungspsychologie des Kindes- und Jugendalters, Bd. I. Bern, Stuttgart, Wien 1972.
— Beiträge zur Psychologie des Lehrerverhaltens. München, Basel 1974.
— Entwicklungspsychologie des Kindes- und Jugendalters, Bd. II. Bern, Stuttgart, Wien 1975.
Nisbett, R.E., Gordon, A.: Self-esteem and suspectibility to social influence. J. Pers. soc. Psychol. *5* (1967) 268—276.
Nunnally, J.C.: An investigation of some propositions of self-conception: The case of Miss Sun. J. abnorm. soc. Psychol. *50* (1955) 87—92.
Nye, J.: Adolescent — parent adjustment; socio-economic level as a variable. Amer. sociol. Rev. *16* (1951) 341—349.
Oerter, R.: Struktur und Wandlungen von Werthaltungen. München 1970.
Österreich, K.T.: Die Phänomenologie des Ichs. Leipzig 1910.
Omwake, K.T.: The relationship between acceptance of self and acceptance of others shown by three personality inventories. J. consult. Psychol. *18* (1954) 443—446.
Opp, K.D.: Kognitive Dissonanz und positive Selbstbewertung. Psychol. Rdsch. *XIX* (1968) 189—202.
Osgood, C.E., Suci, G.J., Tannenbaum, P.H.: The measurement of meaning. Urbana 1965[5].
Ossorio, P.G., Davis, K.E.: The self, intentionality, and reactions to evaluations of the self, in: *C. Gordon, K.J. Gergen* (Hrsg.): The self in social interaction. New York, London, Sydney, Toronto 1968, 355—369.
Parsons, T.: The position of identity in the general theory of action, in: *C. Gordon, K.J. Gergen* (Hrsg.): The self in social interaction. New York, London, Sydney, Toronto 1968 a, 11—23.
— Sozialstruktur und Persönlichkeit. Frankfurt/M. 1968 b.
— *Shils, E.A.:* Values, motives and systems of action, in: *T. Parsons, E.A. Shils* (Hrsg.): Toward a general theory of action. Cambridge, Mass. 1962[5], 47—275.
Pawlow, I.P.: Sämtliche Werke, Bd. III/2. Berlin 1953.
Peck, R.F.: Family patterns correlated with adolescent personality structure. J. abnorm. soc. Psychol. *57* (1958) 347—350.
Pettigrew, T. F.: A profile of the negro American. Princeton 1964.
Pfeiffer, S.U.Ch.: Zum Selbstbild im Jugendalter. Eine Untersuchung zur Identitätsproblematik bei Studienanfängern, Dissertation. Bonn 1975.
Phillips, E.L.: Attitudes toward self and others: A brief questionaire report. J. consult. Psychol. *15* (1951) 79—81.
Piaget, J.: Das moralische Urteil beim Kinde. Zürich 1954.
— Psychologie der Intelligenz. Zürich, Stuttgart 1966[2].
— Das Erwachen der Intelligenz beim Kinde. Stuttgart 1969.
Pilisuk, M.: Cognitive balance and self-relevant attitudes. J. abnorm. soc. Psychol. *65* (1962) 95—103.
Pongratz, L.J.: Problemgeschichte der Psychologie. Bern 1967.
Popp, M.: Analyse elterlichen Erziehungsverhaltens. München, Basel 1974.
Pyroth, V.: Kausalattribution von Erfolg und Mißerfolg bei Kindern im Vorschulalter, Diplomarbeit. Bonn 1975.
Reber, G.: Personales Verhalten im Betrieb, Analyse entscheidungstheoretischer Ansätze. Stuttgart 1973.
Reeder, L.G., Donohue, G.A., Biblarz, A.: Conceptions of self and others, in: *B.H. Stoodley* (Hrsg.): Society and self, New York 1962, 69—78.

Reimanis, G.: Disparity theory and achievement motivation. J. abnorm. soc. Psychol. 69 (1964) 206—210.
Remplein, H.: Die seelische Entwicklung des Menschen im Kindes- und Jugendalter. München, Basel 1971[17].
Revers, W.J.: Philosophisch orientierte Theorien der Person und der Persönlichkeit, in: *Ph. Lersch, H. Thomae* (Hrsg.): Persönlichkeitsforschung und Persönlichkeitstheorie, Hdb. d. Psychol., Bd. 4. Göttingen 1960[2], 391—436.
Riesman, D.: Die einsame Masse. Reinbek 1957.
Rogers, C.R.: A theory of therapy, personality, and interpersonal relationships, as developed in the client-centered framework, in: *S. Koch* (Hrsg.): Psychology: A study of a science, Bd. 3. New York 1959, 184—256.
— On becoming a person. Boston 1961.
— Die klient-bezogene Gesprächstherapie. München 1973 a.
— Die nicht-direktive Beratung. München 1973 b.
— *Dymond, R.S.:* Psychotherapy and personality change. Chicago 1966[5] (1954).
Rohracher, H.: Die Ordnung im seelischen Geschehen, in: *H. Thomae* (Hrsg.): Ber. 22. Kongr. Dtsch. Ges. Psychol. Göttingen 1960, 1—9.
— Regelprozesse in psychischen Geschehen. Wien, Graz, Köln 1961.
— Einführung in die Psychologie. Wien, Innsbruck 1965[9].
Rokeach, M.: Beliefs, attitudes and values. San Francisco 1968.
Rosemann, B.: Der Mitmensch in unserem Urteil, Diplomarbeit. Heidelberg 1968.
— Vorgesetzte und Mitarbeiter, Rollenerwartungen und interpersonales Verhalten, Dissertation. Mainz 1973.
Rosen, B.C.: The achievement syndrom. Amer. sociol. Rev. 21 (1956) 203—211.
— Family structure and achievement motivation. Amer. sociol. Rev. 26 (1961) 574—585.
— *D'Andrade, R.:* The psychological origins of achievement motivation. Sociometry 22 (1959) 185—218.
Rosenbaum, M.E., Stanners, R.F.: Self-esteem, manifest hostility, and expression of hostility. J. abnorm. soc. Psychol. 63 (1961) 646—649.
Rosenberg, M.: Society and the adolescent selfimage. Princeton (N.J.) 1965.
Rosenmayr, L.: Soziale Schichtung, Bildungsweg und Bildungsziel im Jugendalter, in: *V. Glass, R. König* (Hrsg.): Soziale Schichtung und soziale Mobilität, S.H. 5 d. Kölner Ztschr. f. Soziologie u. Sozialpsychologie 1961, 268—283.
— Familienbeziehungen und Freizeitgewohnheiten jugendlicher Arbeiter. Wien, München 1963.
— *Kreutz, H.:* Eltern und Gleichaltrige als Faktoren sozialen Einflusses bei Jugendlichen und »jungen Erwachsenen«, in: *G. Wurzbacher* (Hrsg.): Die Familie als Sozialisationsfaktor. Stuttgart 1968, 201—247.
Roth, E.: Einstellungen als Determination individuellen Verhaltens. Göttingen 1967.
— Persönlichkeitspsychologie. Stuttgart, Berlin, Köln, Mainz 1969.
Rothaus, P., Worchel, P.: The inhibition of aggression under non-arbitrary frustration. J. Pers. 28 (1960) 108—117.
Rotter, J.B.: Social learning and clinical psychology. New York 1954.
— Generalized expectancies for internal versus external control of reinforcement. Psychol. Monographs, 80 (1966) 1—28.
— *Chance, J.E., Phares, E.J.:* Applications of a social learning theory of personality. New York 1972.
Rubinstein, S.L.: Sein und Bewußtsein. Berlin 1966.
Rudikoff, E.C.: A comparative study of the changes in the concepts of the self, the ordinary person, and the ideal in eight cases, in: *C.R. Rogers, R.S. Dymond* (Hrsg.): Psychotherapy and personality change. Chicago 1954.
Rule, B.G., Rehill, D.: Distraction and self-esteem effects on attitude change. J. Pers. soc. Psychol. 15 (1970) 359—365.
Sader, M.: Rollentheorie, in: *C.F. Graumann, L. Kruse, B. Kroner* (Hrsg.): Sozialpsychologie, Hdb. d. Psychol., Bd. 7/1. Halbband. Göttingen 1969, 204—231.
Sarbin, T.R.: Role theory, in: *G. Lindzey* (Hrsg.): Handbook of social psychology. Cambridge 1954, 223—258.
— A preface to a psychological analysis of the self, in: *C.Gordon, K.J. Gergen* (Hrsg.): The self in social interaction. New York, London, Sydney, Toronto 1968 (1962), 179—188.
Schachter, S.: Birth order, eminence and higher education. Amer. sociol. Rev. 28 (1963) 757—768.
— *Singer, J.E:* Cognitive, social and physiological determinants of emotional state. Psychol. Rev. 69 (1962) 379—399.

Schaefer, C.E.: The self-concept of creative adolescents. J. Psychol. 72 (1969) 233—242.
Scharmann, D.L.: Probleme der personalen Selbstentfaltung in der industriellen Arbeitswelt, in: Th. Scharmann (Hrsg.): Schule und Beruf als Sozialisationsfaktoren. Stuttgart 1966.
— Lebenserwartungen jungerMenschen — Illusion und Wirklichkeit, in: L. Prohaska, F. Haider (Hrsg.): Jugendgemäße Lebenskunde in der Entscheidung. Wien 1970, 29—44.
— Scharmann, Th.: Das Verhältnis von Familie, Beruf und Arbeit in ihren Sozialisationswirkungen, in G. Wurzbacher (Hrsg.): Die Familie als Sozialisationsfaktor. Stuttgart 1968, 248—307.
Scharmann, Th.: Das Kind im Schnittpunkt sozialer Beziehungen. Kölner Zeitschr. f. Soziologie und Sozialpsychologie 6 (1953/54) 464—476.
— Die individuelle Entwicklung in der sozialen Wirklichkeit, in: H. Thomae (Hrsg.): Entwicklungspsychologie, Hdb. d. Psychol., Bd. 3. Göttingen 1959², 535—582.
— Psychologische Beiträge zu einer Theorie der sozial-individualen Integration, in: G. Wurzbacher (Hrsg.): Der Mensch als soziales und personales Wesen. Stuttgart 1963 a.
— Rolle, Person, Persönlichkeit, in: G. Lienert (Hrsg.): Ber. über den 23. Kongreß d. Dt. Ges. f. Psychol. Göttingen 1963 b, 15—32.
— Persönlichkeit und Gesellschaft. Göttingen 1966 a.
— Beiträge zur Theorie und Empirie der sozial-individualen Integration, in: Th. Scharmann (Hrsg.): Schule und Beruf als Sozialisationsfaktoren. Stuttgart 1966 b.
— Zur Systematik des „Gruppen"begriffes in der neueren deutschen Psychologie und Soziologie, in: Th. Scharmann: Persönlichkeit und Gesellschaft. Göttingen 1966 c, 20—52.
— Jugend in Arbeit und Beruf. München 1966² d.
— Lebensplanung und Lebensgestaltung junger Arbeiter. Bern, Stuttgart 1967.
Schilder, P.: The image and appearance of the human body, in: C. Gordon, K.J. Gergen (Hrsg.): The self in social interaction. New York, London, Sydney, Toronto 1968, 107—114.
Schjelderup, H.: Einführung in die Psychologie. Bern, Stuttgart 1963.
Schlesinger, A.: Der Begriff des Ideals. Arch. ges. Psychol. 17 (1910) 186—265 und 29 (1913) 312—388.
Schmeing, K.: Ideal und Minusideal in der jugendlichen Entwicklung, in: O. Klemm (Hrsg): Ber. über den XIII. Kongreß d. Dt. Ges. f. Psychologie. Jena 1934, 171—173.
— Ideal und Gegenideal, eine Untersuchung zur Polarität der jugendlichen Entwicklung. Leipzig 1935.
Schmidt, L.R.: Selektives Behalten bewertender Aussagen über „den" Vater bei Kindern unter besonderer Berücksichtigung ihrer Einstellungen. Z. exp. angew. Psychol. XVI (1969) 138—156.
Schmidt, M.: Somatische und psychische Faktoren der Reifeentwicklung. München 1965.
Schmidtchen, G.: Gibt es eine protestantische Persönlichkeit? Zürich 1969.
— Religionssoziologische Analyse gesellschaftlicher Leistungsantriebe. Bern 1970.
Schneewind, K.A.: Methodisches Denken in der Psychologie. Bern, Stuttgart 1969.
— Entwicklung eines Fragebogens zur Erfassung internaler vs. externaler Bekräftigungsüberzeugungen bei Kindern, Arbeitsbericht 5 des Teilprojektes E aus dem Sonderforschungsbereich 22 der Deutschen Forschungsgemeinschaft an der Universität Erlangen-Nürnberg 1973 a.
— Zur Bedeutung der Psychologie in Forschung und Praxis, unveröffentl. Manuskript. Trier 1973 b.
— Auswirkungen von Erziehungsstilen. Überblick über den Stand der Forschung, Vortrag am 29. Kongreß der DGfP in Salzburg 1974.
— Bauer, I.: Über Identifikationslernen durch stellvertretende Verstärkung bei der Personwahrnehmung. Z. exp. ange. Psychol. XVI (1969) 636—650.
— Bogasch, V.: Zur Ähnlichkeitstheorie der Identifikation in der Personwahrnehmung. Z. exp. angew. Psychol. XVI (1969) 479—487.
Schneider, D.J.: Tactical self-presentation after success and failure. J. Pers. soc. Psychol. 13 (1969) 262—268.
Schneider, L., Lysgaard, S.: The deferred gratification pattern — a preliminary study. Amer. sociol. Rev. 18 (1953) 142—149.
Schwarz, H.: Einige Mechanismen der Änderung des Selbstbildes bei einstellungskonträrer Agitation, in: M. Vorwerg: Psychologische Probleme der Einstellungs- und Verhaltensänderung. Berlin 1971, 71—99.
Secord, P.F., Backman, C.W.: Personality theory and the problem of stability and change in individual behavior: An interpersonal approach. Psychol. Rev. 68 (1961) 21—32.

— Social psychology. New York 1964.
Seifert, K.H.: Grundformen und theoretische Perspektiven psychologischer Kompensation. Meisenheim/Glan 1969.
— Das Problem der Sozialisation des gehörlosen Menschen. Arch. Psychol. 122 (1970) 40—57.
Seitz, W., Jankowski, P.: Zusammenhänge zwischen elterlichem Erziehungsstil und Persönlichkeitszügen der Kinder. Zeitschr. f. erziehungswiss. Forschung 3 (1969) 88—116.
— *Wehner, E.G., Henke, M.:* Zusammenhänge zwischen elterlichem Erziehungsstil und Persönlichkeitszügen 7—8jähriger Jungen. Zeitschr. f. Entwicklungspsych. u. Päd. Psych. 2 (1970) 165—180.
Sherif, M., Cantril, H.: The psychology of ego-involvement. New York 1947.
— *Sherif, C.W.:* An outline of social psychology. New York, Evanston, London 1956.
Shoemaker, S.: Self-knowledge and self-identity. Ithaka (N.Y.), 1963.
Shostrom, E.L.: Die Zeit als integrierender Faktor, in: *Ch. Bühler, F. Massarik* (Hrsg.): Lebenslauf und Lebensziele. Stuttgart 1969, 300—307.
Siegrist, J.: Das Consensus Modell. Stuttgart 1970.
Skinner, B.F.: The behavior of organisms. New York 1966^7 (1938).
Snygg, D., Combs, A.W.: Individual behavior. New York 1949.
Sokolov, E.N.: Neuronal models and the orienting reflex, in: *M.A. Brazier* (Ed.): The central nervous system and behavior. New York 1960.
Solschenizyn, A.: Ein Tag des Ivan Denissowitsch, in: *A. Solschenizyn:* Im Interesse der Sache. Neuwied, Berlin, 1970^4, 283—452.
Speck, O.: Kinder erwerbstätiger Mütter. Stuttgart 1956.
Spitz, R.A.: Die Entstehung der ersten Objektbeziehungen. Stuttgart 1957.
— Vom Säugling zum Kleinkind. Stuttgart 1967.
— Nein und Ja. Stuttgart o. J. (Beiheft zur „Psyche").
Spranger, E.: Psychologie des Jugendalters. Heidelberg 1960^{26}.
Stapf, K.H., Herrmann, Th., Stapf, A., Stäcker, K.H.: Psychologie des elterlichen Erziehungsstils. Stuttgart 1972.
Steinert, H.: Die Strategien sozialen Handelns — Zur Soziologie der Persönlichkeit und der Sozialisation. München 1972.
Stern, W.: Psychologie der frühen Kindheit. Heidelberg 1965 (Leipzig 1927^4).
Steuer, W.: Reife, Umwelt und Leistung der Jugend. Stuttgart 1965.
Stoodley, B.H.: Society and self. New York 1962.
Stotland, E., Cottrell, N.: Similarity of performance as influenced by interaction, self-esteem, and birth order. J. abnorm.soc. Psychol. 64 (1962 a) 183—191.
— *Dunn, R.E.:* Empathy, self-esteem, and birth order. J. abnorm.soc. Psychol. 66 (1963) 532—540.
— *Hillmer, M.:* Indentification, authoritarian defensiveness, and self-esteem. J. abnorm. soc. Psychol. 64 (1962 b) 334—342.
— *Sherman, S.E., Shaver, K.G.:* Empathy and birth order — Some experimental explorations. Lincoln 1971.
— *Thorley, S., Thomas, E., Cohen, A.R., Zander, A.:* The effects of group expectations and self-esteem upon self-evaluation. J.abnorm.soc.Psychol. 54 (1957) 55—63.
— *Zander, A.:* Effects of public and private failure on self-evaluation. J. abnorm. soc. Psychol. 56 (1958) 223—229.
Strauss, A.L.: Spiegel und Masken. Frankfurt/M. 1974.
Strauss, M.A.: Deferred gratification, social class and the achievement syndrom. Amer. sociol. Rev. 27 (1962) 326—335.
Stodtbeck, F.L.: Family interaction, values, and achievement, in: *D.C. McClelland, A.L. Baldwin, M. Bronfenbrenner, F.L. Strodtbeck* (Hrsg.): Talent and society, Princeton, Toronto, London, New York 1958, 135—194.
Stryker, S.: Die Theorie des symbolischen Interaktionismus, in: *G. Lüschen, E. Lupri* (Hrsg.): Soziologie der Familie, S.H. 14 d. Kölner Zeitschr. f. Soziologie u. Sozialpsych. Opladen 1970, 49—67.
Suinn, R.M.: The relationship between self-acceptance and acceptance of others: A learning theory analysis. J. abnorm. soc. Psychol. 63 (1961) 37—42.
Symonds, P.M.: The ego and the self. New York 1951.
Tageson, C.F.: The relationship of self-perceptions to realism of vocational choice. Washington 1960.
Tausch, R., Tausch, A.: Erziehungspsychologie, Göttingen 1973^7.
Taylor, C., Combs, A.W.: Self-acceptance and adjustment, in: *D.E. Dulany, R.L. DeValois, D.C. Beardsley, M.R. Winterbottom* (Hrsg.): Contributions to modern psychology. New York 1963^2, 299—303.

Tenbruck, F.H.: Jugend und Gesellschaft. Freiburg 1965².
Theissen, A.K.Ch.: Untersuchungen zum Selbstbild älterer Menschen. Dissertation. Bonn 1970.
Thomae, H.: Persönlichkeit. Bonn 1955².
— Vorbilder und Leitbilder der Jugend. München 1965 a.
— Zur allgemeinen Charakteristik des Motivationsgeschehens, in: *H. Thomae* (Hrsg.): Motivation, Hdb. d. Psychol., Bd. 2. Göttingen 1965 b, 45—122.
— Das Individuum und seine Welt. Göttingen 1968.
Thomas, K.: Die künstlich gesteuerte Seele. Stuttgart 1970.
Tillich, P.: Der Mut zum Sein. Hamburg 1965.
Tolman, E.C.: A psychological model, in: *T. Parsons, E.A. Shils* (Hrsg.): Toward a general theory of action, Cambridge, Mass. 1962⁵, 279—361.
Toman, W.: Familienkonstellationen. München 1965.
— Motivation, Persönlichkeit, Umwelt. Göttingen 1968.
Topitsch, E.: Vom Ursprung und Ende der Metaphysik. (Neuaufl.) München 1972.
Turner, R.H.: The self-conception in social interaction, in: *C. Gordon, K.J. Gergen* (Hrsg.): The self in social interaction, New York, London, Sydney, Toronto 1968, 93—106.
— *Vanderlippe, R. H.:* Self-ideal congruence as an index of adjustment. J.abnorm.soc. Psych. 57 (1958) 202—206.
Veldman, D.J., Worchel, P.: Defensiveness and self-acceptance in the management of hostility. J. abnorm. soc. Psychol. 63 (1961) 319—325.
Vernon, P.E.: Personality assessment, A critical survey. London 1964.
Viney, L.: Self: The history of a concept. J. of the History of the Behavioral Sciences 5 (1969) 349—359.
Volkelt, H.: Grundfragen der Psychologie. München 1963.
Vontobel, J.: Leistungsbedürfnis und soziale Umwelt. Bern, Stuttgart, Wien 1970.
Wagner, R., Körner, O., Neubert, H.: Die Frau im Berufsleben. Stuttgart 1966.
Watzlawick, P., Beavin, J.H., Jackson, D.D.: Menschliche Kommunikation — Formen, Störungen, Paradoxien. Bern, Stuttgart 1969.
Weber, M.: Die protestantische Ethik und der Geist des Kapitalismus, Neudruck in: Gesammelte Aufsätze zur Religionssoziologie, Bd. 1. Tübingen 1947⁴.
Weiner, B., Frieze, I., Kukla, A., Reed, L., Rest, S., Rosenbaum, R.M.: Perceiving the causes of success and failure. New York 1971.
Williams, C.D.: The elimination of tantrum behavior by extinction procedures. J. abnorm. soc. Psychol. 59 (1959) 269.
Williams, J.E.: Acceptance by others and its relation to acceptance of self and others — A repeat of Fey's study. J. abnorm. soc. Psychol. 65 (1962) 438—442.
Winterbottom, M. R.: The relation of need for achievement to learning experiences in independence and mastery, in: *J.W. Atkinson* (Hrsg.): Motives in fantasy, action, and society. Princeton (N.J.) 1958, 435—478.
Witte, W.: Das Problem der Bezugssysteme, in: *W. Metzger* (Hrsg.): Der Aufbau des Erkennens, Hdb. d. Psychol., Bd. 1/1. Halbband. Göttingen 1966, 1003—1027.
Wössner, J.: Kirche — Familie — Sozialisation, in: *G. Wurzbacher* (Hrsg.): Die Familie als Sozialisationsfaktor. Stuttgart 1968, 308—352.
Wohlgenannt, R.: Was ist Wissenschaft? Braunschweig 1969.
Wolff, W.: The expression of personality. New York 1943.
Wylie, R.C.: The self-concept. Lincoln 1961.
Young, K.: Social psychology. New York. London 1944²
— Personality and problems of adjustment. New York 1952².
Zypkin, J.S.: Adaption und Lernen in automatischen Systemen. München, Wien 1966.

Namenverzeichnis

Abelson, R.P. 122
Adler, A. 17, 108
Adorno, T. 119
Ahrens, H.J. 88
Allport, W. 9, 14 f., 17, 19 ff., 23, 37, 44, 46 f., 62, 69 f., 76, 105, 110
Altrocchi, J. 86
Ansbacher, H. 109
Ansbacher, R. 109
Appley, M.H. 17, 34
Aquin, T. v. 54
Argyle, M. 53, 83, 104, 118
Aristoteles 11
Arnold, M.B. 33, 37
Arnold, W. 17
Aronson, E. 124
Ausubel, D.P. 55, 71, 73, 77, 85, 109, 113, 137
Axelrod, H.S. 119
Axline, V. 134

Back, K.W. 106
Backman, C.W. 43, 55 f., 58, 82, 117
Baldwin, J.M. 18, 69 f.
Ballachey, E.L. 32, 69
Bandura, A. 35, 52, 65, 67
Bateson, G. 67, 100
Bauer, I. 84
Bell, R.R. 109
Beloff, H. 74 f.
Beloff, J. 74 f.
Benn, G. 85, 113
Berger, E.M. 121
Berger, P.L. 26
Bergler, R. 31
Bernstein, B. 97
Bertlein, H. 69 f., 110, 115
Bettelheim, B. 118
Bexton, W.H. 60 f., 77
Biäsch, H. 128
Biblarz, A. 43, 119
Bieri, J. 88
Bindra, D.B. 34
Bischof, N. 63, 73, 76
Blaisdell, F.J. 124
Blank, L. 131
Bogasch, V. 84
Bollnow, O.F. 18
Bonn, R. 94
Brandstätter, J. 48
Brehm, J.W. 33, 43, 57
Brem-Gräser, L. 27
Brim, O.G. 49, 91
Brocher, T. 42, 105
Brownfain, J.J. 84, 125
Bruner, J.S. 25
Bühler, Ch. 17, 51, 111
Bugental, J.F.T. 114

Bunge, M. 36
Busemann, A. 72, 82, 109
Butler, J.M. 18, 52, 121, 132

Canon, L.K. 55, 127
Cantril, H. 49
Capra, P.C. 95
Cartwright, D.S. 55
Cassirer, E. 13
Chance, J.E. 48
Chodorkoff, B. 18, 55, 119
Claparede, E. 62
Clarke, W.V. 52
Cofer, C.N. 17, 34
Cohen, A.R. 33, 43, 122
Cohen, L.D. 57, 127
Combs, A.W. 10, 17, 21, 36 f., 53, 56, 86
Cooley, Ch.H. 18, 48, 80 f
Coombs, R.H. 17, 20 f., 36 f., 53, 56, 86, 124
Cooper, J. 117
Coopersmith, S. 9, 37, 65, 84, 87, 92, 94 f., 98 ff., 120, 126 f., 132, 137 f.
Costanzo, P.R. 122
Cowan, P.A. 70
Cowen, E.L. 119
Cranach, M. v. 67
Cromwell, R.L. 124
Crutchfield, R.S. 32, 69

Dahrendorf, R. 84
Dai, B. 49 f., 82
D'Andrade, R. 89
Davids, A. 100
Davis, K.E. 120
deCharms, R. 135
Dechêne, H.Ch. 65, 95
Degenhardt, A. 86
deLevita, D.J. 102
Decartes, R. 11
Dickoff, H. 86
Diggory, J.C. 9, 12 f., 37, 57, 87, 134
Dittes, J.E. 56, 95, 122
Dörner, D. 27
Dollard, J.C. 34
Donohue, G.A. 43, 119
Dornbusch, S.M. 43, 119
Dymond, R.S. 132

Eiduson, B.T. 44
Engel, M. 86, 120
English, A.C. 22
English, H.B. 22
Epstein, S. 74
Erikson, E.H. 39 ff., 103, 106 ff., 111
Ertel, S. 31
Esters, E.A. 123

Festinger, L. 33, 43, 74, 85, 101
Fey, W.F. 43, 123
Fiedler, F.E. 92, 121, 124
Fitch, G. 122
Foa, U.G. 64
Frank, L. 110
Frankl, V.E. 115, 118
Frenkel-Brunswik, E. 119
Freud, S. 10, 15 f., 20 f., 27, 30, 32, 43, 46 f., 51 ff., 69, 72, 84, 108 f., 114
Frisch, M. 106, 111
Fromm, E. 17
Fürntratt, E. 129
Fürstenberg, F. 128

Gagné, R.M. 35
Galton, F. 15
Gelfand, D.M. 122
Gerard, H.B. 56, 69
Gergen, K.J. 56 f., 72, 106, 117, 123, 125
Glöckel, H. 10, 110
Goethe, J.W. v. 10, 77
Goffman, E. 11, 17, 21 f., 42, 50, 83, 90, 103 f., 106, 115, 117 f.
Goldstein, K. 17, 37
Gordon, A. 118
Graumann, C.F. 11, 29 f., 34, 43, 76, 119
Gregory, R.L. 60
Guilford, J.P. 9, 19

Haigh, G.V. 18, 52, 121, 132
Hall, C.S. 22, 54
Hanhart, D. 127
Hartley, E.L. 37, 60, 113
Hartley, R.E. 37, 60, 113
Hartmann, H. 16, 45
Hausa, H. 86
Hebb, D.O. 60
Heckhausen, H. 33, 40, 78 f., 89, 133 f.
Heidbreder, E. 86
Heidegger, M. 17
Heilizer, F. 119
Hein, A. 60
Held, R. 60
Heller, K. 87
Helper, M. 65, 69, 84, 92
Henke, M. 137
Herber, H.J. 89
Hering, E. 62
Heron, W. 60 f., 77
Herrmann, Th. 25, 47, 65, 84, 87 f., 94
Hetzer, H. 82
Hilgard, E.R. 24, 52
Höhn, E. 17

151

Hofstätter, P.R.   10, 39, 49, 52, 62
Homans, G.C.   42, 117
Horney, K.   17, 20, 51, 127
Horowitz, E.L.   62 f.
Horowitz, F.D.   47, 125
Hovland, C.I.   67, 122
Howe, H.   52
Howell, R.J.   86
Hull, C.L.   34
Hume, D.   13
Huntley, W.   74
Hurrelmann, K.   85
Husserl, E.   15

Irle, .M   67

Jackson, D.D.   100
Jacobi, J.   17
Jacobson, E.   40, 73
Jaide, W.   69 f., 110
James, W.   13 ff., 18 ff., 37, 39, 46 ff., 51 f., 65, 102, 105, 117 f.
Janis, I.L.   67, 122
Jankowski, P.   137
Jaspers, K.   12 f., 17, 40, 46 f., 51, 76 f., 103, 105
Joe, V.C.   48
Johnstone, H.W.   13, 37, 44, 84
Jones, R.A.   117
Jorgensen, E.C.   86
Jourard, S.M.   99
Jung, C.G.   16 f., 19, 50, 110, 118, 121
Kafka, G.   15, 46
Kaminski, G.   25, 27, 38, 45, 47, 84
Kant, I.   13, 46, 80
Katkowski, W.   124
Katz, P.   86, 109
Keller, W.   23, 41, 54, 67
Kelley, H.H.   48
Kelly, G.A.   25, 67, 122
Kemmler, L.   78, 137
Kierkegaard, S.   18, 37
Kilian, H.   23
Kinsey, A.C.   126
Kipnis, D.M.   124
Klages, L.   16
Klix, F.   26
Körner, O.   48
Kohlberg, L.   71
Kohler, I.   60, 61, 63
Kottenhoff, H.   63
Kovacs, A.L.   45
Krappmann, L.   19, 21, 41, 44, 50, 66, 103, 104, 111, 115, 116, 118, 119
Krech, D.   32, 69
Kreitler, H.   82, 109
Kreitler, S.   82, 109
Kretschmer, E.   92

Kreutz, H.   93
Kroh, O.   109
Künkel, F.   13, 72

Laing, R.D.   78
Lawrence, D.H.   43, 85
Lawton, M.J.   100
Lazarus, M.   54
Lazarus, R.S.   33
Lecky, P.   41
Lefcourt, H.M.   48
Lehmann, S.   122
Lehr, U.   87
Leibniz, G.W.   11, 13, 16
Lersch, Ph.   16, 17, 27, 34, 46, 54
Lesser, G.S.   122
Leventhal, H.   122
Levy, L.H.   121
Lewin, K.   34, 109
Lidz, Th.   67, 100
Lindesmith, A.K.   19, 49
Lindzey, G.   22, 54
Lobeck, R.   88
Lorenz, K.   23
Luckmann, Th.   26
Lückert, H.R.   54, 70, 87
Lukesch, H.   68, 87
Lundy, R.M.   124
Luther, M.   111, 112
Lutte, G.   70
Lutz, W.   27
Lysgaard, S.   128

Maccoby, E.E.   79
Mack, R.W.   90
Manis, M.   125
Marmet, O.   52
Martire, J.G.   126
Maslow, A.H.   17, 18, 37, 40, 51, 53, 102, 121, 126, 132
McCall, G.   102
McClelland, D.C.   89, 96
McDougall, W.   20, 70
McIntyre, C.J.   43, 123
Mead, G.H.   18, 19, 31, 39, 48, 49, 64, 83, 84, 90, 93
Meili-Dvoretzki, G.   77
Merenda, P.F.   52
Merleau-Ponty, M.   12, 62
Merton, R.K.   48, 120
Metzger, W.   47, 54, 59, 62, 72, 73, 78, 79, 81
Meurer, K.   27
Meyer, W.U.   40, 48, 89, 135
Mill, J.S.   13
Miller, D.R.   21, 30, 34, 45, 49, 50, 51, 72, 103
Miller, N.E.   34
Mills, J.   124
Mittelmann, B.   18, 40, 121
Miyamoto, S.F.   43, 119
Mönks, F.   108
Montada, L.   27

Moreno, J.L.   13, 75
Morse, S.   123
Mowrer, O.H.   14
Mueller, E.F.   51
Müller, G.E.   63, 64
Müller, H.A.   15, 17, 44, 46, 59
Murphy, G.   41, 45, 47, 49, 62, 85
Murphy, R.J.   90
Mussen, P.H.   126

Neidhardt, F.   67, 87
Neill, A.S.   75
Neubauer, W.F.   16, 26, 30, 31, 48, 52, 65, 68, 87, 90 ff., 125, 127, 128
Neubert, H.   48
Newcomb, T.M.   30, 32, 37, 49, 55, 84, 85, 90, 98, 117
Nickel, H.   59, 68, 71, 115, 134
Nietzsche, F.   16
Nisbett, R.E.   118
Nunnally, J.C.   86
Nye, J.   88

Oerter, R.   33, 55
Österreich, K.T.   15, 46
Oevermann, U.   87
Omwake, K.T.   121
Opp, K.D.   55, 56
Osgood, C.E.   30, 121
Ossorio, P.G.   120

Parsons, O.A.   86
Parsons, T.   30, 64, 84, 85, 86, 104, 105
Pawlow, I.P.   35, 100
Peck, R.F.   98, 101
Perloe, S.I.   122
Peters, J.S.   121
Pettigrew, T.F.   110
Pfeiffer, S.U.Ch.   110
Phares, E.J.   48
Phillips, E.L.   121
Piaget, J.   25, 26, 27, 35, 43, 64, 69, 71, 72
Pilisuk, M.   124
Plato   11
Pongratz, L.J.   11, 12, 13, 15, 16, 19, 22, 59, 62, 102
Popp, M.   87
Porter, L.W.   126
Pyroth, V.   136

Raimy, V.   37
Rank, O.   17
Reber, O.   42, 117
Reeder, L.G.   43, 119
Reimanis, G.   126
Rehill, D.   122
Remplein, H.   80, 81, 109
Remy, R.M.   99

152

Revers, W.J. 16
Riesman, D. 22, 70, 71
Rogers, C.R. 17, 18, 21, 36 f., 53 f., 56, 86, 131, 132
Rohracher, H. 12, 28, 47, 57, 59, 61
Rokeach, M. 32, 33, 131
Rosemann, B. 42, 56
Rosen, B.C. 89
Rosenbaum, M.E. 124
Rosenberg, M. 37, 41, 50, 65, 83, 87 ff., 93 ff., 97, 111, 120, 121, 125 ff., 136
Rosenmayr, L. 88, 93
Roth, E. 32, 37
Rothaus, P. 124
Rotter, J.B. 32, 40, 48, 122
Rubinstein, S.L. 10
Rudikoff, E.C. 18, 52
Rule, B.G. 122

Sader, M. 19
Sakoda, J.M. 126
Sarbin, T.R. 50, 59, 65, 72, 84, 96
Sartre, J.P. 17, 114
Schachter, S. 33, 95
Schaefer, C.E. 127
Scharmann, D.L. 92
Scharmann, Th. 22, 23, 44, 52, 71, 80, 84, 92, 97, 106, 109, 115, 117
Schilder, P. 15, 19, 75, 76
Schjelderup, H. 73, 80
Schlesinger, A. 70, 110
Schmeing, K. 70, 110
Schmidt, L.R. 93
Schmidt, M. 81
Schmidtchen, G. 89
Schneewind, K.A. 25, 39, 44, 48, 68, 84, 87
Schneider, D.J. 57, 128
Schneider, L. 124
Schwarz, H. 51
Schwitajewski, E. 88
Scott, T.H. 60, 61, 77
Secord, P.F. 43, 82, 117

Seifert, K.H. 16, 17, 44, 47, 57, 81, 127, 130
Seitz, W. 79, 137
Senior, K. 92
Shaver, K.G. 85
Sherif, C.W. 37, 49
Sherif, M. 37, 49
Sherman, S.E. 85
Shils, E.A. 30
Shoemaker, D.J. 124
Shoemaker, S. 75, 81
Shostrom, E.L. 98, 108
Siegrist, J. 67, 117
Simmons, J.L. 102
Singer, J.E. 33
Sixtl, F. 65
Skinner, B.F. 67
Snygg, D. 17, 20, 21, 36, 37, 53, 56
Sokolov, E.N. 34
Solschenizyn, A. 115
Speck, O. 92, 93
Spinoza, B. 11
Spitz, R.A. 65, 73, 78
Spranger, E. 70, 85, 109, 113, 114
Stäcker, K.H. 65, 94
Stanners, R.F. 124
Stapf, A. 65, 94
Stapf, K.H. 65, 94
Steinert, H. 42
Stern, W. 70
Steuer, W. 82
Stoodley, B.H. 78
Stotland, E. 85, 124
Strauss, A.L. 49, 102, 112, 115
Strauss, M.A. 19, 128
Strodtbeck, F.L. 89
Stryker, S. 19
Suci, G.J. 30, 121
Suinn, R.M. 121
Sullivan, H.S. 17, 18, 37
Swedenborg, E. 19
Symonds, P.M. 49, 78

Tageson, C.F. 127
Tannenbaum, P.H. 90, 121
Tausch, A. 87, 95, 133

Tausch, R. 87, 95, 133
Taylor, C. 86
Tenbruck, F.H. 109
Theissen, A.K.Ch. 110
Thomae, H. 9 f., 15, 16, 19, 22, 37, 46, 49, 50, 52, 70, 75, 87, 103, 120
Thomas, K. 27, 54, 98, 113, 116
Tillich, P. 114
Tolman, E.C. 25, 30
Toman, W. 65, 85, 95, 97
Topitsch, E. 10
Torrey, J. 121
Turner, R.H. 36, 125
Vanderlippe, R.H. 125
Veblen, T. 114
Veldman, D.L. 124
Vernon, P.E. 19, 21, 22, 23, 36, 46, 49, 52, 87
Vetter, H. 67
Viney, L. 9, 12
Volkelt, H. 37
Vontobel, J. 57, 89, 128
Wacker, A. 89
Wagner, R. 48
Walters, R.H. 52, 65, 67
Warrington, W.G. 124
Watzlawick, P. 29, 66, 67, 94, 100
Weber, M. 89
Wehner, E.G. 137
Weiner, B. 40
Willerman, B. 121
Williams, C.D. 67, 121
Williams, J.E. 43, 123
Wishnou, B. 56, 117
Witte, W. 62
Wittels, F. 73
Wössner, J. 91
Wohlgenannt, R. 14
Wolff, W. 74
Worchel, P. 124
Wylie, R.C. 87
Yellin, S. 90
Young, K. 65, 105
Zigler, E. 86, 109
Zypkin, J.S. 65

Sachverzeichnis

Abwehrmechanismen 43 f., 107
Abwertung der Bewertung 118
— d. Informationsquelle 117
Akkommodation 35, 43
Ambiguitätstoleranz 118
Assimilation 35

Attitüden 32
Attributionstheorie 135
Bekräftigungskontrolle 48
Bewertung(s) 66 f., 98 f.
— Fremd- 66
— Konzepte 29 f., 65, 68 f., 71, 79 f.

— Manipulation der erfolgten - 117
— Selbst- 69 f.
Bewußtsein 12 f., 15, 16, 69
— Merkmale des 12
Bewußtseins-Subjekt 15, 45 f.
Beziehungsinformation 29

153

Bezugssysteme
— Aufbau von 61 ff.
— egozentrische 61 f.
— heterozentrische 63 f.

Dishabituation 34
double-bind-Hypothese 100

Einstellungen 32
ego-involvement (s. Ich-Beteiligung) 36, 49, 112
Erzieherverhalten 92 f., 133 f.
Erziehungsstil 65, 79

Familie 66 f., 80, 91 ff., 138
feedback 129, 137

Gefühl 32, 33 f., 102, 121, 131
Gegenstandsbewußtsein 12
Geschwisterposition 95 f.
Gewissen 70
— Muß- 70
— Sollte- 70
Gruppe 48 ff., 65 ff., 68 f., 71 f., 79 ff., 83 f., 97 ff., 103 f. 110 ff., 115 ff., 122, 124 ff., 128 ff., 131, 137 f.

Habituation 34

Ich
— als Bewußtseinssubjekt 45 f.
— als Entscheidungsinstanz 45 f.
— Ausdehnung 20, 21
— Begriff 15 f., 19
— Beteiligung (s. ego-involvement) 36, 71, 112, 131, 135
— Bewußtsein 12
— Identität 103
— rationales 20, 46
— subjektive Lokalisation des 62 f.
— wissendes 20, 21, 46
Idealkonzept 51 f., 69 ff., 84 ff., 88, 90 ff., 96, 98, 105 ff., 109 f., 116, 121, 124, 127
Identität(s) 23, 35, 37, 42, 49, 77, 84 f., 97 f., 102 f., 130, 132, 136, 138
— Ausstattung 11
— Begriff 102 f.
— Krisen 105 ff.
— Stabilisierung 116 ff.
— Wandel 112 ff.

Individuationskrisen 110, 138
Interaktion, selektive 116 f.
Interaktionismus, symbolischer 19
Interessen 126 f.

Kodierung
— konkret-sensorische 26, 29, 31 f., 61
— motorische 28
— symbolische 26, 27
— verbale 26, 31 f., 61, 68, 130 f.
Körperkonzept 72 f., 75 f., 80, 105, 117
— Subjektivität des 74
— Bedeutung des 75 f.
Konsistenz-Prinzip 55 ff., 65, 84, 92, 111, 120, 124, 127
Konstrukt 25, 31, 33, 46, 52, 62, 71
Kontrolle
— externe 71
— Fremd- 137
— Selbst- 137
Konzept (s. kognitive Schemata) 43 ff., 47 ff., 65 f., 69 f., 84 ff., 103 ff., 108 ff., 120 ff., 134 ff.

Leistungsmotivation 89, 126 f.
Lernen 35 f.
Lernprozesse 59 f.
— interpersonelle 65 f.

Metainformation 29, 67
Modell
— allgemeines, der Person 25 ff., 107
— der eigenen Person 49
— der Umwelt 29, 31 f., 61
— kybernetisches 57
Modellperson 66, 84 f., 92, 123, 132
Motiv 32 ff., 42, 55, 66, 68, 85, 133

Normorientierung, restriktive 129

Objektinformation 29
Orientierungsreaktion 34 ff., 107

Partizipation, soziale 123 f.
peer-group 42, 79, 86, 110, 113

Proprium-Theorie 14, 19 f.
Pubertät 109 f., 121, 129

Reiz 25, 28, 32, 34 f., 59 f., 133
Ritualisierung 115
Rollendistanz 118
Rollenspiel 84

Schemata 32, 35, 46 f., 68, 133 f., 136
— Aktivierung von 32 f.
— kognitive 28, 29, 32 ff., 39, 58, 67, 83
— nicht-kognitive 28, 32, 34 f.
— Systematik der 28
— Veränderung der 35
Seelenbegriff 10 ff., 62, 102
Selbst
— Achtung (s. Selbstwertschätzung) 20, 54
— Akzeptierung 53, 107, 128, 132 f.
— Begriff 16 ff., 19, 36
— Bild 36 ff., 36 f., 86 f.,
— Präsentation 71, 117, 121, 123
— Verwirklichung (Realisierung) 17, 20, 51
— Wahrnehmung 120 f.
— Wertschätzung 41 f., 53 ff., 71 ff., 84 ff., 88 ff., 111 f., 120 ff., 124 ff., 133 ff.
— — hohe 123 ff.
— — niedere 123 ff.
Sensitivitätsgruppen 131
Spiegel 73 f., 84, 102
Status, sozio-ökonomischer 88 f.

Therapie 130 ff.
Trotzalter 108

Überzeugungen, instrumentelle 31
Umorientierung, saltatorische 107

Verifikation, eklektizistische 42, 48, 116
Verlust signifikanter Personen 97

Wahrnehmung 32 f., 59
Wahrnehmungsbezugspunkt, subjektiver 62
Wert
— instrumenteller 30
— sozialer 30

KURT HELLER **Neu Juni '76**
Intelligenz und Begabung
ca. 80 Seiten. Pbck ca. DM 8,50   „Studienhefte Psychologie"

HORST NICKEL
Entwicklungsstand und Schulfähigkeit
Zur Problematik des Schulantritts und der Einschulungsuntersuchungen
47 Seiten. Pbck DM 7,80   „Studienhefte Psychologie"

MANFRED POPP
Einführung in die Grundbegriffe der allgemeinen Psychologie
197 Seiten. DM 17,80 (UTB 499) E. Reinhardt
Dieses Lehrbuch gliedert sich in drei Hauptabschnitte: 1. Einführung in die Allgemeine Psychologie, 2. Einführung in die Grundbegriffe der Allgemeinen Psychologie, 3. Perspektiven der Allgemeinen Psychologie für die Angewandte Psychologie. Das Buch bietet einen besonders übersichtlichen Aufbau, als Grundlage für einen breiten Informationsgewinn. Die Darstellung interessanter Versuchsergebnisse dient der Vertiefung des Stoffs ebenso wie die instruktiven Abbildungen. Besonders wertvoll für den Lernenden sind die Prüfungs- bzw. Kontrollfragen in den Zusammenfassungen am Schluß der einzelnen Kapitel. Somit eignet sich dieses Werk sowohl für den Studenten der Psychologie im Haupt- wie im Nebenfach wie auch für alle Dozenten in den Bereichen Psychologie, Pädagogik und Sozialwesen.

WOLFGANG BREZINKA **Neu Frühj. '76**
Erziehungsziele, Erziehungsmittel, Erziehungserfolg
Beiträge zu einem System der Erziehungswissenschaft
ca. 180 Seiten. ca. DM 18,– (UTB 548) E. Reinhardt
Grundbegriffe der Erziehungswissenschaft
2. Aufl., 246 Seiten. DM 18,80 (UTB 332) E. Reinhardt

CELIA STENDLER-LAVATELLI **Neu Febr. '76**
Früherziehung nach Piaget
Wie Kinder Wissen erwerben. Ein Programm zur Förderung kindlicher Denkoperationen.
146 Seiten. Pbck DM 15,80
Die Verfasserin unternimmt es, Piagets Gedanken für die Pädagogik fruchtbar zu machen. Sie beschreibt und erklärt, wie das Kind allmählich Begriffe von Klassifikation, Zahl, Maß, Raum und Seriation erwirbt. Ferner entwirft sie ein praktisches Programm für die Arbeit mit 4–7jährigen Kindern unter dem Aspekt, daß das Spiel eine große Bedeutung für die geistige Entwicklung und damit einen hohen erzieherischen Wert hat.

W.J. BUSH / M.T. GILES **Neu April '76**
Psycholinguistischer Sprachunterricht
Hilfen für die Elementar- und Primarstufe
ca. 200 Seiten, 57 Abb., Pbck ca. DM 24,–
Die Verfasser bieten therapeutische Anleitungen für Maßnahmen der Unterrichtspraxis in „auditiver und visueller Rezeption", „auditivem und visuellem Assoziieren", in „verbalem und manuellem Ausdruck" usw. Der Lehrer findet eine Gliederung in acht Lernstufen vor, entsprechend den Altersstufen von 6 (5) bis 14 Jahren, womit ihm eine höchst brauchbare Unterrichtshilfe geboten wird.

ERNST REINHARDT VERLAG MÜNCHEN BASEL

»ERZIEHUNG UND PSYCHOLOGIE«

Beihefte der Zeitschrift »Psychologie in Erziehung und Unterricht«

Auswahl aus den bereits erschienenen Heften:

7 Fr. Winnefeld (Hrsg.)
Pädagogischer Kontakt und pädagogisches Feld
5. Auflage, 173 S., 20 Abb., 15 Tafeln, Pbck. DM 12,80

12 Wilfried Hennig
Beiträge zur Erforschung des Stotterns
2. Aufl. 63 S., Pbck. DM 6,80

14 Fr. Biglmaier
Lesestörungen
Diagnose und Behandlung
4. Aufl., 227 S. Pbck. DM 19,80

16 Emil Schmalohr
Psychologie des Erstlese- und Schreibunterrichts
2. Aufl., 255 S., 12 Abb., 49 Tab., Ln. DM 34,—

20 André Berge
Autorität und Freiheit in der Erziehung
2. Aufl., 77 S., Pbck. DM 9,80

26 Waldemar Lichtenberger
Soziale Erziehung im Kindesalter
2. Aufl., 88 S., 16 Abb., Pbck. DM 9,80

35 Werner Correll
Pädagogische Verhaltenspsychologie
4. Aufl., 323 S., Ln. DM 34,—

37 Martin Götte
Die Bedeutung des Strafbedürfnisses und der Strafprovokation für das erzieherische Handeln
55 S., Pbck. DM 7,80

41 Fr. Fippinger
Intelligenz und Schulleistung
Eine experimentelle Untersuchung bei 9—10jährigen
2. Aufl., 84 S., Pbck. DM 12,80

44 Peter Lory
Die Leseschwäche
Entstehung und Formen, ursächliche Zusammenhänge, Behandlung
3. Aufl., 98 S., Pbck. DM 12,80

48 Lutz Rössner
Das Autosoziogramm. Eine Methode zur dynamischen Darstellung und Erfassung von Gruppenprozessen
2. Aufl., 48 S., 18 Abb., Pbck. DM 9,80

54 J. Kamratowski / R. Heitmann
Sexualerziehung vor der Reifezeit
77 S., 6 Abb., Pbck. DM 12,80

55 Richard G. E. Müller
Verhaltensstörungen bei Schulkindern
3. überarb. u. erw. Aufl., 202 S., Pbck. DM 23,80

58 Wilfried Ennenbach
Prototypen des Lernens und Unterrichtens
Psychologische Untersuchungen zum Problem der Didaktik
179 S., Pbck DM 28,—

61 Rainer Dieterich
Einführung in die methodischen Grundlagen der Pädagogischen Psychologie
2. Aufl., 119 S., Pbck. DM 16,50

62 Christa Schell
Partnerarbeit im Unterricht
Psychologische und pädagogische Voraussetzungen
2. Aufl., 95 S., 31 Tab., Pbck. DM 14,80

63 Hellmuth Walter
Lehrstrategie und Lehreffektivität
Ein kritischer Vergleich von programmierter Unterweisung und herkömmlichem Unterricht
178 S., Pbck. DM 18,80

65 J. L. Olivero / R. Brunner
Micro-Teaching — Ein neues Verfahren zum Training des Lehrverhaltens
78 S., Pbck. DM 12,80

66 Maria Wasna / Theodor Bartmann
Psychologische Forschungsberichte für die Schulpraxis
129 S., 20 Abb., Pbck. DM 14,80

67 Horst Nickel
Beiträge zur Psychologie des Lehrerverhaltens. Psychologische Aspekte einer nichtautoritären Erziehung
90 S., Pbck. DM 12,80

68 J. Langer / F. Schulz v. Thun
Messung komplexer Merkmale in Psychologie und Pädagogik — Ratingverfahren
191 S., 22 Abb., Pbck. DM 19,80

69 Manfred Popp
Analyse elterlichen Erziehungsverhaltens
73 S., 19 Abb., Pbck. DM 9,50

70 Geert Lotzmann
Sprechrehabilitation durch Kommunikation
114 S., Pbck. DM 15,80

71 Reinhard Brunner
Lehrertraining
ca. 240 S., Pbck. ca. DM 23,—

72 Heinz W. Krohne
Fortschritte der pädagogischen Psychologie
162 S., 16 Abb., Pbck. DM 22,80

Bitte Gesamtverzeichnis anfordern

ERNST REINHARDT VERLAG